# ハイブリッドに会う!!

地球にいるET大使の生活と使命

MEET THE HYBRIDS

THE LIVES AND MISSIONS OF ET AMBASSADORS ON EARTH

ミゲル・メンドンサ、バーバラ・ラム 著
古川晴子 訳

ナチュラルスピリット

MEET THE HYBRIDS
by Miguel Mendonça and Barbara Lamb



Japanese translation published by arrangement with
Miguel Mendonça and Barbara Lamb
through The English Agency (Japan) Ltd.

# 献辞

探求者へ。

ミゲル・B・メンドンサ

心優しいハイブリッド（遺伝的に二つ以上の種になるように変えられた存在）を生み出す宇宙の存在たちへ。
そして地球上に住み、私たちを教え、私たちを奮い立たせ、ワンネスとアセンションへと導く勇気あるハイブリッドたちへ。

バーバラ・M・ラム

宇宙の秘密を解明したいなら、エネルギー、周波数、振動の観点から考えなさい。

ニコラ・テスラ［電気工学者・発明家］

我々は進化し続けているはずだ。他の指と向かい合わせになる親指が生えたときに進化が終わったわけじゃない。分かってるよね？

ビル・ヒックス［米国のスタンダップ・コメディアン］

私の魂はどこか別の場所から来ている、絶対に。最後はそこに行き着くつもりだ。

ルーミー［13世紀イスラム神秘派スーフィーのマスター］

道は空にはない。道は心にある。

ブッダ

# 謝辞

バーバラの貢献、友情、視点、それに大西洋を越えて夜遅くまで延々と交わした楽しい会話の数々に心から感謝します。一緒にこの旅ができて光栄でした。

お世話になったたくさんの方々にも感謝しています。

私が子供のときに初めてＵＦＯの本を買ってくれて、映画『スター・ウォーズ』を見に連れていってくれた父に感謝します。私がこの話題に関心を持ったのは父のおかげです。

この本の出版プロジェクトが始まったときに意見やユーモアを共有してくれたマリー・ロドウェル、クリスチアン・クイロース、ジョアンヌ・サマースケールズに感謝します。

優先事項を見極めるのを助けてくれたデヴィッド・サウンダースに感謝します。

文字起こしを手伝ってくれたジョー、マット、シャーメインに感謝します。

道徳的なサポートをしてくれたＤＢ、技術サポートのティム、ジム、サム、リック、法律関係の助言をくれたハンナ・バッテン、様々なアドバイスをくれ、冗語法［必要以上の語句を付け加える表現法］を教えてくれたピーター・アーペスに感謝します。

ルイーズにはいつも感謝しています。この本は私たちのつながりの深さについて教えてくれている気がします。

そしてデクスター。兄弟、君がいなくて寂しい毎日だけど、君はいつも私と一緒にいるよ。

ミゲル

シンシア・クロフォードとフラン・ハリスに感謝します。あなたたちがハイブリッドであるという私の直感を検証し、ET・人間ハイブリッド［ETと人間のハイブリッドのこと］の現実を信じさせてくれました。そしてミゲル。この本の出版を思いついてくれたこと、私に協力を求めてくれたこと、これほどまでにハイブリッドたちに心を開き、彼らに触発されてくれたこと、情熱と喜びをもってこの大変な仕事の量をこなしてくれたことに感謝します。

バーバラ

我々の素晴らしい友人であるタティアナ、シンシア、シャーメイン、ロバート、ジュジュ、ヴァネッサ、ジャクリン、マットに、著者二人から深い感謝を伝えます。本当にたくさんの贈り物を私たちに与えてくれました。あなたたちの精神、勇気、知恵からはいつもインスピレーションをもらっています。

特にグラント・キャメロン、リンダ・モールトン・ハウ、マリー・ロドウェルのご協力とご意見に感謝します。

クリスティーン・ケサラ・デネットの美しいアートワークに感謝します。

原稿を校正してくれたジェニー・トーマスに感謝します。

---

凡例　訳注は［　　］で表す。

ハイブリッドに会う!!　地球にいるET大使の生活と使命

◉目次

## パート3　新たな世界への出発　319

※グラント・キャメロンは研究者であり、『Alien Bedtime Stories（寝る前に読むエイリアンの物語）』の著者です。
www.presidentialUFO.com

# まえがき

グラント・キャメロン（UFO研究者）

１９６２年10月16日、CIAの写真分析家アーサー・ランダールがジョン・F・ケネディ大統領の大統領執務室に入りました。ランダールはUFO関連のトップエキスパートであり、大統領にUFOの説明をした人物です。ランダールが担当する「ウィアード・デスク（奇妙なデスク）」には、UFOと超常現象の報告資料が保管されていました。その日ランダールがケネディに見せたのはキューバのミサイルとミサイル発射装置の写真で、そこからキューバの意図を見極めるのが目的でした。ケネディと軍事顧問たちはキューバへの侵略を検討せざるを得ない状況に立たされました。キューバと核戦争になる可能性もあり、その場合アメリカ人犠牲者の推定は８０００万人から1億人に上りました。

結局のところ、互いにどちらが悪か言い合って戦争になるよりも、交渉をしようということになりました。20世紀の合計死亡人数は約2億ですが、もし戦争になっていたら、この数字は大幅に増えていたことでしょう。そしてその数十年後、２０１５年7月20日にアメリカとキューバの外交関係が成立し、キューバ人が悪であるというアイデアは消えてなくなりました。かつての日本人、ドイツ人、北ベトナム人のように、キューバ人もアメリカの輸入品を買い、バケーション先を提供してくれる「善人」となったのです。

しかし、悪の捜索は決して終わりません。１９６２年のキューバのときのように、２０１５年現在、ＵＦＯ研究者たちは論議をしています。

「ＥＴは悪か？」

「ＥＴと対話して彼らから学ぶべきか、それとも彼らを殺すべきか？」

かつてキューバの指導者が悪事を企《たくら》んでいると信じていた人々がいたように、現在のＵＦＯ研究者の中には、ＥＴが悪事を企んでいると信じている人もいます。ＥＴが邪悪だと評価する人は、ＥＴが人間の権利を侵害し、女性をレイプしてきたと主張します。地球の資源を盗み、ハイブリッドで組織された軍隊を通して地球を乗っ取り、人間を奴隷化するか、最悪の場合は食べる計画だと。この考えの支持者たちは、「この世の終わりが近い。手遅れになる前に何かしなければ」と何十年も警告してきました。

ミゲル・メンドンサとバーバラ・ラムが至った結論はＥＴ邪悪論ではありません。二人はＥＴを肯定的に見ています。同じ見方をする研究者は増えていて、今では多数派となっています。そのような研究者たちはＥＴやＵＦＯに遭遇した体験を持つ人たち（以下、ＥＴ／ＵＦＯ体験者）とハイブリッドから集めた広範な証拠をもとに「我々と交流のあるＥＴは非常に慈愛深く、利他的であり、世界をより高い意識とアセンションへと導くために人類に奉仕し、人類を向上させるために地球に来ている」という結論に至りました。

本書『Meet the Hybrids: The Lives and Missions of ET Ambassadors on Earth』は、地球で人間と一緒に暮らしている8人のハイブリッドの物語です。21世紀に伝えられる物語の中でも非常に重要なものとなるでしょう。メンドンサとラムは、彼らの物語を公にした功績を高く評価されるべきです。

ET／UFO体験者の大規模な世論調査をすれば、著者が出した結論は強く支持されると思います。ETは善か悪かという議論はいつか科学の分野に入り、著者の結論が現実の状況に非常に近いことが示されるでしょう。私はまた、本書によって提起された他の多くの結論も、将来のET／UFO体験者の世論調査によって強く支持されると信じています。

私は、現代のミュージシャンとUFO現象の関係についての研究に基づき、ハイブリッドが多数現れているという現象はそれほど珍しいことではないと思っています。現代のミュージシャンで、UFO関連の歌詞で曲を書いている人も多くいます。多くがUFOを目撃しており、ET／UFO体験者であると自分から認めている人もいるし、おそらくそうであろうと思われる人も数多くいます。ハイブリッドとして宇宙とつながっていると主張するミュージシャンはたくさんいます。アフロ・フューチャリズム［一部の黒人アーティストが表現する宇宙思想］の創始者サン・ラー、グラム・ロック［1970年代に流行した、派手なファッションと退廃的な雰囲気が特徴のロック］の創始者デヴィッド・ボウイ、エレキギターの先駆的奏者だったジミ・ヘンドリックス、ダブ・レゲエ［リミックスの元祖と言われる、レゲエから発生した音楽手法］の先駆者リー・スクラッチ・ペリー、パンクの女王ことパティ・スミス、Pファンク［ファンクのサブジャンルであり、二組のバンド「パーラメント」と「ファンカデリック」の総称でもある］の創始者ジョージ・クリントン、歌手ヴィンス・テイラー、マーク・ボラン、マイケル・ジャクソン、エルヴィス・プレスリー、

そしてジョン・デンバーは「Spirit」という曲を書き、彼の出身が琴座の輪状星雲の近くだと歌っています。

ＵＦＯに関する謎を解明するためには、ＥＴ／ＵＦＯ体験者とハイブリッドが不可欠です。過去70年間、私たちはＵＦＯの目撃記録をつけてきましたが、70年前からほとんど進歩がありません。ＵＦＯの色、速度、動きなどに関する統計を集めても、そこから学べることがほとんどないためです。

謎を解明する唯一のチャンスは、ＵＦＯ現象の当事者に会った人たちの話を聞くことです。政府や軍は事情を知っているのかもしれませんが、情報公開をすることはまずないでしょう。それとは対照的に、ＥＴ／ＵＦＯ体験者やハイブリッドは私たちを宇宙船の中に案内し、ＥＴの意図や行動を内側から教えてくれるでしょう。

この本に登場する8人のハイブリッドは現実の核心部分に迫り、この世界は時空という制限に縛られた物質的な要素でできているのではなく、すべてに意識があり、すべてがつながっているスピリチュアルな場所であると語っています。

物事がどのように機能するかについてハイブリッドたちが説明するとき、その内容は、宇宙は自己組織化し、絡み合い、意識を持っているという、生物学と量子物理学によって定義された新しいパラダイムと一致します。

二重スリット実験をはじめ、数々の実験により、宇宙の主要な要素が意識であることと、物理的な世界、時間、空間はすべて錯覚にすぎないという可能性が提示されています。量子物理学の父ことマックス・プランクは、意識に関して、新しい理解を次のように定義しています。「意識は根源的であり、物質は意識の派生物である。意識の後ろ側に回ることはできない。私たちが話すことすべて、私たちが既存と見なすことすべてが、意識を前提としている」

２０１２年、私は絶対に正しいと思える気づきを得た瞬間がありました。それは「ＵＦＯ問題の答えは非局所的な意識（遠く離れていても互いに影響し合っている意識）に関連している」というシンプルなアイデアでした。このアイデアは、本書が伝えるメッセージの大部分を占めることになります。

その気づきを得た瞬間に、私は１９５０年11月にカナダ政府がアメリカ当局者によって「精神現象は空飛ぶ円盤現象の一部である」と言われていたことを思い出しました。それと１９９１年、元国防長官（後のペンシルバニア州立大学の学長）が、「ＥＳＰ［超感覚的知覚］がＵＦＯ現象の鍵なのだから、まずはＥＳＰを理解しなければ始まらない」と話していたことも思い出しました。さらに１９９３年、ロッキードのスカンクワークス［ロッキード社の一部門「ロッキード・マーティン先進開発計画」の通称］を率いるベン・リッチが、「ＥＳＰを促進するメカニズムがＵＦＯの推進機能の中心である」と言っていたことも思い出しました。

突然、ＵＦＯ現象への私の信念は、二重スリット実験を行った日のニュートン物理学のように崩壊しました。空や映像を眺めるのをやめて、メッセージに耳を傾けるべきだと気づいたのです。

そう気づいた途端、ＥＴと一緒に宇宙船に乗ったという何十人もの人との出会いがありました。ＥＴが邪悪だとしたら、宇宙船に乗せてくれるなんておかしな話です（この本にもそのような話が出てきます）。どうやって宇宙船を操縦するのかと尋ねると、１００％の人が答えました。「心で操る」と。

宇宙船の中でＥＴと遭遇した人々の話の中に、私たちの左脳に訴えるような物理的な要素が欠けていることに気づいたとき、私にとってのＵＦＯ物語の土台はバラバラに崩れました。ＥＴは高級な服を着ていないし、ときには服を着ていないこともあります。宇宙船には派手な家具はありません。ETが食事をしていたという報告はほとんどありません。ETには性器がありません。ETの目的は地球の黄金だと主張する人がいますが、ETが宝飾品を身に着けているという話は聞いたことがありません。さらに、メイクでもしていない限り、ET／UFO体験者たちが交流しているETはまったく年を取りません。ETが求めているものが物質的な利益ではないならば、なぜETは地球に来ているのでしょう？

私がET／UFO体験者やハイブリッドから聞いたメッセージは、この本の8人の証言とまったく同じメッセージです。意識を広げ、恐れと被害者意識から愛と理解へと移ること。「私、私、私！ 私だけが大事！」と鳴きながら地球を食いつくすバッタの群れのような精神状態から、全体像を認識し、すべてが生きていて、神聖で、つながっているという広い意識を持つ状態へと移行させることが、ETたちの目的です。私たちはどこから来たのか、どこへ行くのか、それに私たちの宇宙とのつながりは何なのか、ETが教えてくれます。

UFO物語は歴史上最も重要な物語であり、ハイブリッドは主要プレーヤーです。真実を理解したければ、実際に宇宙船に乗ってETと交流した人、ハイブリッド、ET本人の話に耳を傾けなくてはなりません。

この本は大きな物語の一部を私たちに伝えてくれる、皆が読むべき一冊です。かつてETがバーバラ・ラムに言ったように、「この情報を世に出して人々に知らせる時が来た」のです。

# パート1　下準備

## はじめに

1947年のロズウェル事件以来、人々はUFOへの関心を持ち続けてきました。70年近く経った今も謎めいているままで、私たちはワクワクすると同時に欲求不満を感じています。しかしインターネットの普及によって状況が変わりました。UFO研究が一気に新時代へと突入し、物理学、形而上学《メタフィジックス》［目に見えない本質や原理を追究する学問］、心理学、政治など、あらゆる方向に発展していったのです。今、人類が直面している重要な課題があります。「意識」とは何かを理解すること。地球にやさしく、平和に暮らす方法を見つけること。UFO研究は、これらと同じくらい複雑で重要な課題となるでしょう。ワクワクと欲求不満の中に見えてくるもの、それは「もっと大きな現実」です。

この本では、右に挙げたポイントを総括する存在であり、UFO研究者が研究結果として世に発表できるものの中で一番目に見えやすい存在と言える、**地球に暮らす「ＥＴ（地球外生命体）と人間のハイブリッド」**について探っていきます。闇の防衛産業がアメリカ国内外の秘密基地や研究所で、墜落した宇宙船の研究をしている間に、墜落を免れた宇宙船の中では新種の人間が作られていたようです。人間とＥＴの遺伝子を合わせ持つ彼らは、人類と地球の進化を助けるという使命のために作られました。その使命の一環として、合計15種類以上のＥＴの遺伝子を持つ８人のハイブリッドたちが、それぞれの経験や知識を共有してくれます。

　これを聞いて少しでも興味を掻《か》き立てられたなら、今まで聞いたことのない情報が必ず見つかります。可能性の扉がどんどん開き、ずっと求めていた答えが手に入るかもしれません。

　この本が書かれた目的は、何かを証明することではありません。どれだけ証拠を揃えても満足しない人が必ずいます。たとえ全員のＤＮＡを検査して、ハイブリッド本人が宣言したＥＴ遺伝子のパーセンテージに相当する量の不可解な遺伝子が見つかったとしても、検査が間違っているから他のラボで再検査しろと言ってきます。再検査で同じ結果が出ても、ただの偶然だ、何の証拠にもならない、と反論してきます。こういう人たちは否定のプロです。否定したくなる理由のひとつは恐怖でしょう。確かに、怖いアイデアは否定したくなるものです。怖い理由が分からないので深入りしたくないという気持ちは分かります。

　この本の目的はハイブリッドを信じたくない人の恐怖を膨らませることではなく、興味を持っている人に情報を提供することです。私たちは普通、自分に役立つことは受け入れるものです。この本に書かれていることがあなたの価値観や目標と一致するならば、この本から得られる情報は個人的にとても役立つものとなるはずです。いろいろな意味で、人生が変わるでしょう。筆者の経験から言えば、この本を読む前のあなたと読んだ後のあなたは同じ人ではありません。受け入れる姿勢を持っている人には、大きな変化と成長が待っています。

パート1の目的は当初、本書に出てくるコンセプトについてあらかじめいろいろな説明をしたり、背景を紹介したりして、読者がインタビューを読み始める前の下準備とするつもりでした。しかしインタビューを終えてみて、3つのことがよく分かりました。第1に、どれだけ準備しても足りないこと。第2に、インタビューで情報は十分に得られること。第3に、外部者の憶測よりハイブリッド本人の話の方がずっと面白いこと。結果として、パート1では必要最低限な知識だけカバーして、なるべく早くインタビューを読んでもらうのがいい、という結論に至りました。

読者のほとんどが、理解に苦しむ情報や、何かの引き金となる情報、さらには不快な気持ちになる情報に出会うでしょう。今まで思い描いていた可能性、宇宙の秩序、現実そのものが根本的に変わってしまうかもしれません。主流の西洋科学の観点から見れば、現在起こっているどんな現象も従来の科学で説明ができるし、他の星系から地球に来ている生命体など存在しない、ということになるでしょう。「人間にはできない。説明がつかない。だからあり得ない」というのが論点のようです。

それでは、どうやってこの本を読めばいいのでしょうか? もしあなたが物質主義者で、前記の西洋科学の見解に賛成ならば、この本をよりよく生きるためのガイドとして読むことをお勧めします。人間は血と肉でできていて、脳ミソに足が生えたような存在にすぎないと信じている人も、自然や動物とのつながりを持つことに新たな感謝を覚えるでしょう。ハイブリッドたちは皆、自然との関わりをとても大事にしていて、感動的な物語をいろいろ持っています。ハイブリッドたちの目を通して世界を見るのはとても楽しく、私たちに新たな視点をもたらしてくれます。

ＥＴには興味がないけれどスピリチュアルな話題にはオープンだという人は、この本から得るものは非常に大きいでしょう。ハイブリッドたちは、おそらく他のどの分野よりも、スピリチュアリティ（霊性）に精通しています。彼らがいかに現実のあらゆる側面の相互関係について理解しているか、それに彼らの抱く理想がいかにレベルの高いものか、これらを知ると、私たちには頭が下がる思いです。

ＥＴやＵＦＯだけに興味があり、全体像を理解したいと思っている人は、新たな情報をたくさん得られるでしょう。ハイブリッドたちの情報に整合性はあるか？ 矛盾点は？ もちろん、ハイブリッド間の証言に矛盾点はありますし、ハイブリッド本人がその矛盾について説明できないこともあります。人間も矛盾やパラドックスだらけなのですから、ハイブリッドに別の基準を設ける必要はありません。ハイブリッドたちは、自分が理解していることと知らないことがあることを、きちんと分かっています。経験から考えたり感じたことが彼らの真実であり、それを伝えるのがこの本の目的です。

それぞれの読者が、まずは自分にとってしっくりくる情報から吸収していくことでしょう。しかし時が経つにつれて、他のことも理解できるようになってきます。視野が広がるにつれて、最初は矛盾すると感じていたことがそうではないと思えたり、もしくはまったく気にならなくなるかもしれません。

そういうわけで、パート１は簡単な前置きだけとなりました。神話から科学技術まで、人間の文化に登場するハイブリッドの例や、映画、テレビ、文学でのＥＴ・人間ハイブリッドの扱いについて見ていきます。ハイブリッド化計画の目的と、その方法とは？ なぜ人間はハイブリッドにこれほどまで興味を持つのでしょう？

次に、ＵＦＯ研究において前記の疑問がどのように議論されてきたかを考え、ポジティブおよびネガティブな調査結果の例を見ていきます。一見矛盾する二つの視点を一致させることは可能でしょうか？

パート２では、ハイブリッドたちが自身の経験と見解について話してくれます。これがこの本の心臓部です。それぞれにチャプター（章）を設け、アンケート方式を取っています。インタビューのほとんどは著者二人との合計50時間に及ぶビデオ会議で行われ、その後、筆頭著者・編集者として、ミゲル・メンドンサが同じくらいの時間を費やしてハイブリッドたちと会話し、原稿を完成させるために不明な箇所を明確にしていきました。とはいえ友情が深まるにつれ、ただ楽しく会話していただけの時間もかなりあります。インタビューの方法についてはパート２の「はじめに」で詳しく説明します。

８人のハイブリッドたちが共有してくれた情報は、ときにはとても美しく、ときには困惑するものでしたが、いつも視野を広げてくれるものでした。当然、時間がなくて聞けなかったことが山ほどあります。今後の本で紹介できればと思います。

パート３はテーマ別のサマリー（要約）です。それぞれのテーマの中での共通点と相違点を探して比較分析し、まとめます。

まずは「方法」について。ハイブリッド化計画（ハイブリッド・プログラム）がどのように行われたのか、その様々な方法、それと今回インタビューに答えてくれた８人が、どんなＥＴ種（ＥＴの種類）と関わっているのかを見ていきます。バーバラ・ラムが過去25年にわたって行ってきた退行催眠からの逸話も、参考にいくつかご紹介します。

次が「なぜ」。これが最大の疑問です。つまり**ハイブリッド化計画の目的**です。これには多くの物理的および形而上学的《メタフィジカル》な側面が組み込まれています。重要な疑問は「アセンション」の概念に関連することがほとんどです。アセンションとは何か、それは私たちにどのように影響するのか？　私たちはそこから何を学べるのか？　それはどのように私たちの生活を向上させることができるのか？　私たちはどのように私たち自身のアセンションを追究することができるのか？　ハイブリッドの使命とは？　その使命を果たすために与えられた能力とは？　ハイブリッドをサポートするガイドは誰か？　私たちにもガイドがいるのか？

それから「**ハート**」。これはハイブリッドたちが常に使う言葉です。その様々な意味と用途を探ります。インタビューの後、疑問が湧きました。誰でもＥＴとコンタクトが取れるのでしょうか？　これについてもハイブリッドそれぞれの異なる見解が提示されています。

この本の出版プロジェクトによって、著者の二人も個人的に大きな影響を受けました。私たちがどのような経緯で本書を出版するまでに至ったのかと、私たちが経験したＥＴとの関わりについて紹介します。

最後に、全体像を見返します。ハイブリッドたちから学んだことは何か？　彼らから得た情報は、私たちをどこに導いてくれるのか？

このテーマとそれに関連する現象の様々な側面をさらに深く掘り下げたいという方のために、著者とハイブリッドたちが、本の最後に推奨図書をいくつか紹介します。

ハイブリッドたちの話はときに非常に難解です。しかし、このような複雑な内容を含む本には知恵が詰まっていますので、何度も読み返し、時間をかけて考えることで報われます。この本を楽に読める人はほとんどいないでしょう。このハイブリッドというテーマについてまったく聞いたことがなかった人もいると思います。それぞれのハイブリッドに十分なスペースを与え、前例のない奥深さで彼らの考え方や経験を探求しました。

この題材に取り組むためには、批判したくなる気持ちをなるべく早い段階で捨ててしまうことが一番です。最初は無理に理解しようとして、これが真実、これは間違い、と決めつけたくなるかもしれません。どうしても理解できない概念の壁にぶつかることもあるでしょう。それでも「理解したい」という決意をもって先入観を捨てることができれば、体がフワリと軽くなり、気づいたらその壁を乗り越えているかもしれません。ハイブリッドたちも同じ経験を経ているので、私たちの苦労をよく分かっています。彼らでさえ数ヵ月、数年、数十年にわたって理解を深めているのですから。UFO研究を数十年続けてきた筆者も、新たに学ぶことが山ほどありました。これからも学び続けていくことでしょう。

本書は科学的な調査の結果を淡々とまとめただけの、情報開示を目的とした本ではありません。8人のハイブリッドたちと筆者には、まるで目に見えない絆《きずな》があるかのように、すぐに友情が芽生えました。これは気の合う友人が集まって、真実について深く語り合った本と言えるでしょう。

これまでUFOは謎だらけでしたが、ハイブリッドたちの話を聞くことで理解度が革新的に高まるかもしれません。彼らの物語を皆さんに紹介できることを、心からうれしく思います。

## 人間の文化におけるハイブリッド

ミスター・スポック〔『スター・トレック』シリーズの登場人物〕、ラブラドゥードル〔犬種〕、エデュテインメント〔娯楽の要素を取り入れた教育プログラム〕、トヨタのプリウス、これらの共通点とは？ 他にも真鍮《しんちゅう》、ギリシャの神トリトン、映画『ナポレオン・ダイナマイト』の主人公の好きな動物ライガーなど、限りなく挙げられます。自然、科学、技術、文化において、ハイブリッドは自然に発生するか、または人間によって意図的に作られてきました。

人間が作った神話にはハイブリッドが数多く登場します。世界中の文化にハイブリッドの物語がありますが、特にギリシャ、エジプト、ヒンズーの神話に非常に多く見られます。

ギリシャ神話では、女神アテナは織物対決で負けたことに気分を害し、競争相手のアラクネをクモに変身させました。ケンタウロスとケンタウリド（それぞれ男性と女性）は半人半馬の種です。あまり知られていませんが、ヒッパレクトリオンという生物はオンドリとウマのハイブリッドです。想像力豊かな昔のギリシャ人は、ライオン、牡羊、ヘビの３つの頭を持つキメラ〔同一の個体内に異なる遺伝情報を持つ細胞が混じった状態〕まで作り出しました。ライオンの前足、ヤギの後ろ足、ヘビの尾を持つ怪物です。

ヒンズー教の英雄たちには、知識と破壊の神で頭がゾウのガネーシャ、ラーマ王子の忠実な部下である人間型のサルのハヌマーン、獅子の顔と爪を持ち人間の体を持つ偉大な守護神ナラシンハなどがいます。

エジプトには動物の頭と人間の体を持つ神がたくさんいます。フンコロガシの頭を持つケプリ、ジャッカルの頭を持つアヌビス、ヒツジの頭を持つクヌムなど。他にも、ワニ、ライオン、タカ、ネコ、イビス、カバなどのハイブリッドもいます。

中国の鳳凰《ほうおう》はとりわけ陰と陽の連合を象徴する高貴な鳥です。現在は、頭はキンケイ、体はオシドリ、尾はクジャク、足はツル、くちばしはオウム、羽はツバメという姿で一般的に描かれ、これらの要素は美徳、義務、妥当性、信頼性、慈悲といった資質と価値観を表しています。

バイエルンの言い伝えにはヴォルパーティンガー（別名プーンティンガー）が登場します。頭はウサギ、体はリス、ツノは鹿、足と翼はキジという形で一般的に描かれる、高山《こうざん》の森の生き物です。

これらの生き物の姿を言葉で完璧に表現するのは不可能ですが、何千年もの間、多様な人間文化がハイブリッドを生み出し、崇拝してきたことは明らかです。

今はハイブリッドと聞いてほとんどの人が思い浮かべるのは自動車でしょう。化石燃料への依存を減らすことは現在の世界経済が抱える課題であり、ハイブリッド車は問題解決への第一歩と言えます。１９９０年代の後半以降、ガソリン・電気ハイブリッド車の販売が着実に進み、販売台数は１０００万台に達しましたが、世界初のハイブリッド車は１９０１年にフェルディナント・ポルシェによって開発されたローナー・ポルシェ・ミクステ・ハイブリッドまで遡ります。今はハイブリッド航空機さえも開発中で、騒音と、着陸に必要な走行距離の両方の削減が期待されています。

言語では、１８７１年にルイス・キャロルが作り始めたのをきっかけに、ハイブリッド・ワード、または混成語（フランケン・ワード）が使用されてきました。例えば、「slithy」は lithe と slimy を掛け合わせた言葉で、「しなやかでヌルヌルしている」という意味です。「mimsy」は miserable と flimsy を掛け合わせた言葉で、意味は「薄っぺらで惨《みじ》め」。ブランチ〔朝食と昼食を兼ね備えた食事〕という言葉は1896年に雑誌『Punch』によって造られました。サラ・ペイリン〔アメリカ合衆国の元副大統領候補〕の「refudiate」（refute + repudiate 反論と否認）や、「misunderestimated」（misunderstand + underestimated 誤解＋過小評価）と言ったジョージ・W・ブッシュのように自発的にハイブリッド・ワードを創り出す才能を持つ人もいます。ブッシュが創り出す言葉は笑えるだけでなく、記憶に残ります。ネットで「ブッシュイズム」のリストを読んでいたら夢中になってしまい、30分も無駄にしてしまいました。事実、インターネットの主な目的は新しいハイブリッド・ワードを広めることだと思えるほどです。スラング辞典 urbandictionary.com を見れば、最新の面白い造語がたくさん見つかります。

生物学では、ハイブリッドは異なる種・属の二つの動物・植物の遺伝的混合です。人間による繁殖プログラムや遺伝子実験と同様に、ハイブリッドは自然に発生することもあります。例えばグローラーは、グリズリー（ハイイログマ）とホッキョクグマのハイブリッドです。一説によると気候変動によってホッキョクグマが南に移動せざるを得なくなったのが原因だと言われています。マクファーレンズ・ベアとして知られている不思議なクマが見つかったのは1864年ですが、グローラーが有名になったのは2006年でした。カナダ北極圏で正式に許可を得たハンターが奇妙なクマを射殺したのです。これがグリズリーだった場合は懲役1年の刑罰となるため、DNA鑑定中はハンターは冷や汗をかいていたことでしょう。しかし検査の結果、ホッキョクグマの母親とグリズリーの父親から生まれたハイブリッドのグローラーであることが分かりました。

自然界にはイルカとオキゴンドウのハイブリッドであるホルフィンもいますし、その他イグアナ、サイ、フクロウなどにも様々なハイブリッドがいます。

人間は動物界のあらゆるエリアでハイブリッド化を盛んに行い、食肉生産の増加や気質の向上などのためにハイブリッドを繁殖しています。

植物界についても同じことが言えます。何千年もの間、多くの種が栽培され、交配され、より高い収穫量、病害抵抗性、耐乾《たいかん》性を備えた、新しい花や食用作物が生産されてきました。イギリスの王立植物園キューガーデンは、ハイブリッド化計画のために一般的な作物の近縁《きんえん》野生種の在庫を増やすという世界規模のプロジェクトを主導しています。世界の気候が変化する中、食料安全保障を提供できる新しい品種を生産するのが目的で、遺伝子組み換えより安全だと信じられています。遺伝子組み換えについては、どうやら安全第一派と利益優先派との間で激しく議論が交わされているようです。

人間は何千年もの間、人種を越えて繁殖してきました。しかしこの人種というテーマは、人間を語る上で非常に多くの闇を抱えてきました。あらゆる人種差別主義者は今でも異人種間の混血（結婚、共同生活、性的関係または生殖による人種混合）による危険を警告し続けています。アメリカでは1691年から1967年まで犯罪でしたし（一部の州では2000年まで法令集に残っていました）、ナチスドイツとアパルトヘイト時代の南アフリカもまた異人種間の混血を非合法化しました。異人種間の混血が急増したのは大航海時代と植民地時代で、特にアフリカと南アメリカで顕著でした。グローバル化が進み、安値で航空券が買えるようになった現代は、さらに遺伝子プール［互いに繁殖可能なメンデル集団を構成する全個体が持つ遺伝子の全体］の融合が進んでいます。馬が町で唯一の移動手段だったとき、婚姻や性交の相手を見つけられる範囲はたかだか数キロメートルでした。今はほとんどの場所に24時間以内に行くことができます。

「リミナル・ビーイング」(liminal being)もハイブリッドに関連する概念です。これは人類学的用語で、「境界」を意味するラテン語のlimenから派生しました。儀式の参加者が変身する前と後の間の、混乱した中間点を意味します。儀式は参加者のアイデンティティ、コミュニティ、時間など、基礎的な性質を変えることもあります。この用語は人類学的に使われるだけでなく、権力構造、文化の軌跡、伝統への影響など、政治的および文化的変化を表す意味としても使われるようになりました。

リミナル・ビーイング(以降、「境界の存在」とする)が表すのは、二元性、曖昧さ、固定された境界の欠如です。儀式の間、シャーマンは物質的な世界と非物質的な世界の間にいます。神話に登場する「境界の存在」は二重の状態を保持することで、知恵とユニークな視点をもたらします。例えばアキレス〔ギリシャ神話に登場する英雄〕の師匠であるケンタウロスのケイローンなど、彼らは様々な姿になり、様々な領域に生息することができます。魔術師マーリンは人間の母親とインキュバス(夢魔)の子です。グリーンマン〔中世ヨーロッパの美術に現れる、植物と人間の顔が混ざった人頭像〕は人間であり植物でもあります。幽霊は生きていて死んでいます。ロボコップは人間でもロボットでもあるサイボーグであり、キリストの寓意《ぐうい》像です。イエス・キリスト自身も、地上にいた時代には人間であり神でもあると考えられていました。人工知能はすでに人間的だとも考えられます。人工知能が自分の憲法上の権利を要求する未来が来ても不思議ではありません。

ほとんどの人は、一日に二度「境界の状態」を経験します。目覚める前と眠る前のぼんやりした状態のことです。しかし境界の状態の具体化に関しては、このどっちつかずの状態は未知への恐れとなるかもしれません。世界中の神話や伝説には、半人半獣、つまり人が動物に変わる能力が出てきます。アメリカ先住民の伝説に出てくるスキンウォーカーは、コヨーテ、キツネ、ワシ、カラスなど、動物に変身する人たちです。狼男のルーツは古代にまで遡り、とりわけ、男性が戦士階級に入るときの儀式を表すようになりました。吸血鬼は何千年もの歴史を持ち、今でも我々の文化の中で根強い人気があります。これらの生き物に心理的または政治的な解釈を求めることもできますが、人々を引き付ける根底の理由は、彼らが呼び起こす恐怖と願望でしょう。

これは、クライヴ・バーカーの１９８９年の映画『ミディアン』で表現されています。

「我々は偉大なる種族だ。シェイプシフターだ。フリークスだ。おまえの部族が絶滅の危機に追いやった種族の生き残りだ。飛べるようになるには？　煙になるには？　オオカミになるには？　夜を知り永遠にそこに住むことだ。それほど悪くない。おまえは我々をモンスターと呼ぶ。だがおまえらは空を飛んだり、姿を変えたり、死なずに生き続けることを夢見る。おまえらは我々をうらやみ、そして滅ぼす」

人間は部族を意識する生き物なので、見知らぬ人に会うと類似点と相違点を探したくなります。グループ分けしたくなるよう洗脳されていて、グループが存在しなくなると混乱してしまうのでしょう。ですから、私たちが二重性に限りなく魅了されることと、私たちの文化の多くが人間以上の存在や人間以下の存在を創造していることは、驚くに当たりません。その例は『スター・トレック』に数多く見られます。ミスター・スポックは人間の母とバルカン人の父を持ち、感情の抑制と論理を人間性と融合させようとすることで、感情に関する洞察を得ます。セブン・オブ・ナインは人間とボーグのハーフの女性で、ボーグのハイブマインド（集団知性）から切り離され、人間性を取り戻そうとします。

映画『エイリアン4』はハイブリッドの物語です。主人公エレン・リプリーは、体内にエイリアン・クイーンを宿して自殺しますが、彼女の死後、軍の科学者によってクローン化されます。エイリアン・クイーンを摘出して育て、エイリアンの兵士を繁殖させるのが目的でしたが、リプリーのDNAがエイリアンのDNAと混ざっていたのでクローンは強さと反射が増し、エイリアンの酸性の血を持ち、エイリアンとの精神的なつながりが高まりました。

サイエンス・フィクションに初めてハイブリッドが登場したのは1897年、クルド・ラスヴィッツによるドイツの小説『両惑星物語』です。主人公の一人、フリードリヒ・エルは、父が地球に立ち往生している火星人の探検家で、母がオーストラリアで家族と一緒に暮らすドイツ人の家庭教師です。

大衆文化の中でET・人間ハイブリッドについて一番詳しく扱っていて、商業的に大成功したのが『X-ファイル』です。プライムタイムのテレビ放送は1993年から2002年まで6シーズンにわたり、202話のエピソードが放送されました。そのうちおよそ3分の1がエイリアンによる拉致とハイブリッド化を含むストーリーで、陰謀論など、UFO研究の文献で報告されている主要な現象が物語の中心となっています。主人公のフォックス・モルダー、ダナ・スカリーとその家族を巻き込んだ物語の始まりは1973年に遡りますが、実は全体の物語は人間が最初に地球に現れたときまで遡ります。様々な種類のハイブリッドが登場し、派閥や権力構造の中で様々な役割を果たしています。一般に、ハイブリッドというテーマと、ETと人間の共謀という話は、悪いものとして扱われます。「良い」ハイブリッドも混在していますが、裏切りと殺人が絶え間なく起こり、様々なグループが競って悪の企みをはかる中、行く手を阻む人々を脅かします。冷戦の例え話として解釈することもできますが、大衆の心の中にハイブリッド＝ネガティブというイメージを植え付けることになったかもしれません。

文学ではホイットニー・ストリーバーの2011年の小説『Hybrids（ハイブリッド）』が注目を浴びました。『X‐ファイル』のように、ET・政府間の悪意ある同盟、スーパーソルジャー、それに全人類を破壊する計画が出てきます。このようなストーリーが定番化していますが、完全な空想だと言えるでしょうか？

「アザーキン（異種族）」もある意味で文化的産物ですが、これははるかに物質的なものです。アザーキンは、完全に人間ではないと自己認識する人たちのことです。彼らが持つ「自分が他者である」という認識は、肉体的ではないにしてもスピリチュアルまたは象徴的なものです。このアザーキンというサブカルチャーは1990年からネットで育ち始め、エルフ、妖精、天使、吸血鬼、ドラゴン、エイリアンなどを含みます。このコミュニティについては、2012年にジョセフ・P・レイコックが『The Journal of Alternative and Emergent Religious Movements（伝統からはずれた新興宗教運動のジャーナル）』に掲載した論文で研究されています。レイコックは、1951年にアルベール・カミュが書いた『反抗的人間』を引用することから始めます。

「人間は自分が自分であることを拒む唯一の生き物である」

ジョセフ・P・レイコックは、アザーキンのコミュニティには強い宗教的要素があり、実存的および社会的ニーズの表現であると主張しています。

人間はすべての側面において、人間の性質とは何かについて常に考えています。私たちは動物であり、動物の悪い部分を乗り越えると同時に良い部分を受け入れなくてはなりません。私たちは部族を意識する生き物ですが、経済の発展に伴って異文化間の隔たりがなくなってきています。移動性の向上によって異質性が減り、インターネットは接触距離をゼロに減らすことで、特に言語の開発やコミュニティの構築において、さらなる文化の変化を促しています。また、50年前には想像もできなかったスピードで情報を伝えられるようになりました。私たちが何者であれ、私たちは常に変化しています。ＥＴ・人間ハイブリッドに関しても、現在の段階では、文化や遺伝子が混ざった結果として起こっている現象であるということになるのかもしれません。

それが実用のためであろうと芸術的表現であろうと、人間は長い間、あらゆる種類のハイブリッドを作り出してきました。でもどうやら人間だけの活動ではなかったようです。ＥＴが人間とのハイブリッドを作り出しているならば、それは芸術ではなく実用のためであると想像できます。芸術のためというのも興味深いアイデアですが。

しかし、現時点で実際に分かっていることとは？　これまでにこのテーマを調査したことがある人は、どんな結論に行き着いたのでしょうか？　次の章では、これまでにどのような説明がされてきたかを知るために、ＵＦＯ研究の分野内での議論を見ていきます。

## UFO研究におけるハイブリッド論

ET・人間ハイブリッドの研究について書かれたものはこれまであまりなく、専門的に研究している研究者は二人だけでした。彼らの方法論や調査結果は著しく異なっています。

このテーマに関する本格的な研究が最初に発表されたのは、デイヴィッド・M・ジェイコブス博士による書籍『The Threat（脅威）』（1988）でした。ジェイコブスはETが地球に来ている目的を研究し、ハイブリッド化計画についての見解を詳しく述べ、計画の目的と意味は「背筋が凍る恐ろしさ」「非常に不吉」と結論付け、「自分の子供たちの将来が心配だ」と述べています。

ジェイコブスの見解とは？　なぜその見解に行き着いたのでしょう？　ジェイコブスのウェブサイトに載っている略歴によると、1960年代半ばにUFO現象の研究を始めたそうです。そして1973年に完成させた博士論文を1975年に『全米UFO論争史』（邦訳はブイツーソリューション刊）という本として出版しています。

『The Threat（脅威）』の冒頭の章で、ジェイコブスはUFOの歴史とその中での彼自身の活動を紹介します。非常に興味深い経緯です。技術面に注目する時代から始まり、その後はより社会学的な視点となり、そして異種生物学（ET文化の研究）へと変化していきます。ジェイコブスは、1960年代と70年代は研究者がETの行動について学べば学ぶほど、ETが地球に来ている動機について理解が難しくなったと言っています。しかしETのとっている曖昧な態度が、中立的な態度以外の何かを表すとは結論づけられないと述べています。しかし、１９６１年にベティ&バーニー・ヒル夫妻がETに拉致されて人体実験をされたことが明らかになり、新しい時代、つまり生物学的な時代が始まりました。グレイ［ETの種類］がバーニーやその他の男女から生殖に必要な物質を採取したことが分かり、物語が複雑になってきたのです。

１９８１年、バド・ホプキンスが7人の拉致被害者（アブダクティ）の経験を調査した『Missing Time（失われた時間）』を出版しました。彼らは時間や記憶の欠落、体にアザができる体験もしています。ホプキンスは退行催眠を使って記憶を消しているものを打ち破り、様々な経験にアクセスしました。そして論理と自身の直観の両方をもとに、ETが人間を拉致する動機は生物学的な側面にあるという結論を出しています。泌尿《ひにょう》生殖器の専門医に意見を求め、繁殖材料を手に入れるためETがサンプルを採取している証拠は明白であると指摘しました。

１９８２年にデイヴィッド・M・ジェイコブスがホプキンスに会ったとき、ジェイコブスは拉致現象が、ジョーゼフ・アレン・ハイネックの見解と同様、単に「奇妙なこと」ではなく、「重要なこと」だと確信するようになりました。そこでジェイコブスはスタンダードなアプローチを捨てて証拠に従うことにします。4年後、ジェイコブスは退行催眠の仕組みを学び、１９８６年8月に最初の退行催眠を行いました。１９９２年までに３００回以上行い、その研究を記した『Secret Life：Firsthand Accounts of UFO Abductions（秘密の生活：UFO拉致被害者による目撃談）』という本を出版しました。よみがえった記憶によって判明した拉致被害者たちの経験をもとに、生殖活動を含む精神的および身体的な検査と医療処置について書かれています。典型的な拉致のシナリオについても、始めから終わりまで説明しています。

デイヴィッド・Ｍ・ジェイコブスとバド・ホプキンスは、拉致被害者が、ＥＴと人間が混ざったような「奇妙な」子供たちと交流することを要求される、というイメージを作りました。さらにその後数年間の予想図を詳しく説明することで、『The Threat』に述べられているように、ジェイコブスが出した結論は誰もを不安にさせるものとなりました。

『The Threat』の中で、ジェイコブスは３つの主要な章で研究を説明しています。ハイブリッドの子供、青年と成人、それと独立したハイブリッドの活動についてです。ジェイコブスは、ＥＴの明確な動機は、人間のように見え、人間社会の中で暮らすことができるハイブリッドを創造することであると示しています。ハイブリッドを作る方法とハイブリッド化計画が人類に与える影響の両方に関して、本のタイトルが示唆しているのと同じくらい不安になる情報が出てきます。

これらの研究の結論は、「ハイブリッド化計画は人間をグレードアップし、攻撃性と戦闘性を低下させるのが目的である」という考えに、どのように合致するのでしょうか。どうやら合致しないようです。ジェイコブスが導いた結論はハイブリッド化計画の全体像をさらに不明瞭にします。『The Threat』をぜひ読んでみてください。ジェイコブスの研究の詳細と、次第に進化していく結論が非常に興味深いです。

タイトルを見れば明らかなように、ジェイコブスの２０１５年の本『Walking Among Us: The Alien Plan to Control Humanity（私たちの間を歩いている：人類をコントロールするためのエイリアンの計画）』は、「脅威」論の思想をさらに強化したものです。ジェイコブスの研究から現れたイメージは、拉致の全目的が「変化」であるということです。地球上の優占種である人類を置き換えるのです。ＥＴが作っているハイブリッド（ヒューブリッド）は、人間そっくりなので人間に混じってもバレずに生きることができ、普通の人間の心をコントロールするための高度な神経の機能を持つとされています。

１９９９年、ハイブリッドの研究は重大な分岐点を迎えました。それを導いた主要な出来事が二つあります。心理学博士号の候補者であるクリスチアン・クイロースは論文のテーマを検討していたとき、「強制された共同生活の意味」について研究しようと思っていました。しかし、授業の後の日曜日の午後、１９９５年５月、カリフォルニアのカーピンテリア［サンタバーバラ郡の南東に位置する海辺の都市］のビーチに座って太平洋を眺めていたとき、クイロースの人生の流れを変える出来事が起こりました。典型的なグレイのホログラムのイメージが海の向こうに現れ、クイロースに「地球上に住むＥＴ・人間ハイブリッドについて論文を書くといい」と提案してきたのです。そのテーマに関する経験もフレームワーク（枠組み）も興味もなかったので、クイロースはそれを笑い飛ばしました。しかし５ヵ月後、二つ目の出来事が起こりました。論文を発展させるクラスを受けていたときのことです。学生が教授とクラスメートに自分の選んだテーマを発表していました。クイロースは当初の計画通り共同生活に関するテーマでいこうと決めていましたが、急に頭が真っ白になり、「ハイブリッド」という大きなサインが繰り返し点滅するのを見ました。この頃にはクイロースは形而上学の知識が十分にあり、これが合図であることに気づきました。クイロースはこのような合図を「宇宙による振り付け」と呼び、高い次元から「源《みなもと》」が人々に呼びかけていて、呼びかけに答えることを奨励するために織り込まれた複雑なデザイン、と表現しています。転生前の魂の同意があったのかもしれません。

クリスチアン・クイロースはその呼びかけに答えて論文のテーマを変更し、クイロースが通っていた学校（パシフィカ・グラデュエート・インスティテュート）がそのテーマを支持しました。これは、この学校がユング派だったおかげです。カール・ユングは１９５９年、彼の最後の主要な研究テーマとしてＵＦＯを選んでいます。著書『空飛ぶ円盤』（邦訳は筑摩書房刊）ではＵＦＯ現象の心理的意義を探求し、「不確実性が非常に高い時代には、神の代わりになるかもしれない」と提案しました。ユングの研究と学校との関係が、この珍しいアカデミックベンチャー（学問的冒険）をＵＦＯ研究へと切り開きました。

４年後、クリスチアン・クイロースは「エキソ心理学研究：自身がエイリアンと人間のハイブリッドであると信じる人々の現象学的研究」というタイトルの論文を作成しました。論理的根拠はシンプルです。この研究が心理学的な理解の範囲を広げ、ハイブリッドたちの信念に精通することで、ハイブリッドおよびハイブリッドの身近にいる人々をサポートする方法を開発する、というものです。自分はハイブリッドだと信じることが自動的に精神障害を意味するわけではないという理解は、開業医にとって極めて重要です。

当時は似たような研究が存在しなかったので、クイロースは意図的に基本的な研究をしています。研究方法は現象論的アプローチを取り、研究対象の生の経験に焦点を当て、研究者と読者の文化的背景による先入観を除外しました。

研究に参加したハイブリッドは全員が北米在住の女性でした。研究対象の募集はＵＦＯ関連のニュースレターや雑誌の広告、ウェブサイト、ＵＦＯ協議会での発表と協議会で配られた広告によって行われ、必要条件は、18歳以上であり、自分が「エイリアンと人間のハイブリッド」であると信じ、自分の話をしても構わないと思っている人ということでした。応募者はアンケートで審査を受け、その一貫性、誠実さ、信頼性に基づいて6人が選ばれました。質問にはそれぞれセクションがあり、匿名で回答します。その後、調査結果の要約とディスカッションが続きました。

中心的な質問が二つ用意されました。まず、どのような経緯で自分がハイブリッドだと信じたのか。それと、自分の考え、感じ方、生き方にどのような影響を与えたか。これらは10個の質問に分けられました。

1. どのようにして自分がハイブリッドだと知ったか（何歳で、どんな状況で）
2. 誰と情報を共有したか
3. 周りの反応
4. 世界観や宇宙論的な信念にどのような影響を与えたか
5. 人類、この惑星の環境、出身星の家族、宗教的および政治的見解についての感じ方に、どのような影響を与えたか
6. 自分の仕事、パートナーの選択、交友関係に変化はあったか
7. 子供を持つことに対する考えがどのように変わったか、また、子供がいる人は自分の子供と子育てについての考えがどのように変わったか
8. 他のハイブリッドを知っているか
9. どのくらいの頻度で、どのような方法でETの親と対話するか
10. 自分がハイブリッドであるという、この驚くべき信念をどのように受け入れ、理解するのか

クリスチアン・クイロースの論文は必読です。ハイブリッドたちの日常生活から地球上の生命の未来に至るまで、多くの洞察を得られます。クイロースの中立的な視点は豊富なデータを引き出し、地球で生きるハイブリッドに関して真の基礎となる最初の研究を生み出しました。ハイブリッド本人たちは、この研究が人間の意識を拡大させ、人間の進化に貢献していると言っています。クイロースの議論は非常に鋭く、知的に分析されていて、明らかに深い内省による産物です。本書の調査結果は、ハイブリッドの遍歴、使命、価値観、考え、経験の点で、クイロースの調査結果と非常によく似ています。唯一の大きな違いは本書のハイブリッドたちが匿名を望んでいないことですが、自分の話を誰と共有するかについては、クイロースの研究対象と同様、慎重な態度を示しています。

クイロースほどではありませんが、他の研究者もこのテーマについて書いています。

ハーバード大学医学部精神科の教授である故ジョン・Ｅ・マック博士は、１９９９年の著書『Passport to the Cosmos - Human Transformation and Alien Encounters（宇宙へのパスポート - 人間の変容とエイリアンとの出会い）』（ナチュラルスピリットより刊行予定）で、ハイブリッド化計画の「経験者」の経験を探っています。この研究でマック博士は、ハイブリッド化計画がどの程度物質的な現象であるか見極めるのに苦労しています。マック博士は「ＥＴが経験者に環境破壊の危機を伝えたがっている」という文脈で見ているようです。ＥＴが生殖を目的とするという意見には批判的で、それを裏付ける心理面による説明は見つけられなかったと言っています。

ジョン・Ｅ・マック博士は、ハイブリッド化計画に貢献したと信じている何人かの意見について議論しています。ジム・スパークスとアンドレアは、ハイブリッドは人間が人類を破滅させた場合のバックアップ計画であると信じ、ノナは、ハイブリッドは感情があまりなく知性が高い種で、自身の住む惑星を破壊することはないと考えています。

マック博士はハイブリッド化計画の基本的な構成要素を説明します。（1）人間から生殖材料が採取される。（2）胚が移植され、妊娠する。（3）胎児が取り除かれる。（4）女性、ときには男性が、人間とETのハーフらしき存在に会う。女性の場合は大抵、抱いて母乳を与え、活力を与えるように促される。

ハイブリッド化計画が物質的な計画であるならば、デイヴィッド・M・ジェイコブス博士が主張するような『植民地化』という暗い解釈を生むかもしれないが、それが形而上学的または次元間で起こることならば、スピリチュアルな進化のための媒体として見ることができる、というのがマック博士の見解です。マック博士は、ハイブリッド化計画に参加していて、この現象の現実について曖昧な見方をしている女性の何人かを例に挙げています。マック博士はその議論を通して「物理的な証拠がない一方で、彼女たちの証言の強烈さと細かさは、それが事実であることを示唆している」として、どう解釈していいか迷っています。

この曖昧さの中にも、ジョン・E・マック博士は非常に興味深い情報をまとめています。マック博士は、ハイブリッドたちが抱える健康と感情面の問題、つまり生存能力と感情のある体を作り出すための努力に注目し、特にキランと呼ばれる7歳の少年のケースを議論します。キランはETと人間の両方の要素がうまく統合されています。母親のアンドレアは、「キランは自意識を持ち、とても才能のある素晴らしい大人に成長するだろう」と言っています。

遺伝的・感情的に不完全なハイブリッドの例が多く報告される中、キランのように肉体的にも精神的にも完璧なハイブリッドがいることを説明するのは、難しかったことでしょう。マック博士は『Passport to the Cosmos』の章の最後のディスカッションでイサベルという女性の言葉を引用しています。イサベルは「人間は精神と物質の両方でできているが物質の方に重きを置いている。ＥＴは対照的で、精神の方に重きを置く。ハイブリッド・チルドレン（ハイブリッドの子供たち）はＥＴより物質的なので、肉体的な触れ合いと母乳による栄養が必要」と述べています。ハイブリッド・チルドレンを作るための性行為の性質も、生殖器、オーガズム、受胎を含め、人間のそれより物質性が低いようです。私たちの調査でも似た報告が上がっています。

ＥＴとの接触は精神的およびスピリチュアルな視野を拡大する性質を持つため、マック博士はこの現象全体を「スピリチュアリティ（霊性）に欠ける人間たちに対する宇宙からの支援プログラム」と考えました。一方バド・ホプキンスは、ＥＴが人間性から得られるもの、つまり愛、思いやり、官能、ユーモアなどを人間から吸収するためにやってくるという、逆の捉え方［ＥＴが人間のために提供する側か、人間から奪う側か］をしています。

本書を読む上で、この視点の区別は不可欠です。人間が持つ資質とＥＴが持つ資質を対比することで、両者の資質の結合が何を意味するかと、我々がその結合に寛容であれば双方にとってどんな利益があるか、洞察を得られるかもしれません。

しかしハイブリッドが多数現れているという現象の影の側面を無視するつもりはありません。一部の人にとってはトラウマを伴う経験であり、悪意のある目的でハイブリッド化計画が実際に行われている可能性もあります。また、地球で優先される種として人間に取って代わることを目的とした別の計画もあるのかもしれません。

マイケル・サラ著『Galactic Diplomacy – Getting to Yes with ET（銀河外交 – ETとの交渉）』（2013年）では、特にトラック2外交［民間レベルでの外交］を通じて、ETとの外交関係を確立するためのガイドを提示しています。この本ではわずか二つの短い段落でハイブリッドに触れ、デイヴィッド・M・ジェイコブス博士の視点だけに言及します。

外交に関する本にしては驚くほど外交に対して否定的で、マイケル・サラはET種を善と悪の二つの大きなグループに分けます。善とされる種は第4章「ファーストコンタクト：人類の前に姿を現した宇宙のコミュニティ」で説明されています。善とされる10種の出身は、アルファ・ケンタウリ、リラ、ベガ、プレアデス、プロキオン、クジラ座タウ星、アンドロメダ、シリウスA、ウンモ、アルクトゥルス。次の章「軍事産業の複合施設と協力するET種」にはグレイ、トールグレイ［背の高いグレイ］、トールホワイト［背が高く肌と髪の色が白い人間型のET］、マンティス［カマキリ型のET］、レプティリアン［爬虫類型のET］、ドラコニアン［アルファ・ドラコニスから来た爬虫類型のET］、シリウスBのシリウス人［地球に来ているのは人間型だが、爬虫類型や水生型もいる］、アヌンナキ［背の高い人間型のET。シュメール神話に登場する］の7つのET種が挙げられています。よければ本書のハイブリッドたちの証言と比較してみてください。

カーラ・ターナー著『エイリアン 戦慄の人間誘拐』（邦訳はロングセラーズ刊）では、拉致された8人の女性の経験について調査しています。拉致被害者が「赤ちゃんを見せられる」ことについて簡単に言及していますが、ハイブリッドに関する詳細な研究ではありません。

ヘレン・リテレルとジーン・ビロドーの共著『Raechel's Eyes（レイチェルの目）』一巻と二巻では、マリサという女性の経験を探ります。マリサはルームメートのレイチェルがハイブリッドであると信じていました。レイチェルは話し方、歩き方、食べ方が人とかなり違っていて、顔を包むように顔面に沿って曲がっているラップアラウンド型のサングラスを常にかけていました。一巻では、レイチェルが人間とゼータ［ゼータ・レチクル星人。通称グレイ］のハーフだったことが明らかにされます。アメリカ空軍の大佐が墜落したＵＦＯからレイチェルを助けて養女にし、人間社会に溶け込ませようとしたのです。大佐は秘密の人間化プロジェクトの一員で、地球外の繁殖物質およびＤＮＡと人間の卵子を組み合わせ、宇宙船上または人間の母親の子宮内で育てていました。このＥＴと人間が協力した人間化プロジェクトは、ハイブリッドが人間社会でどれだけうまく機能できるかを見極めるために設立されました。

二巻では退行催眠を通して人間化プロジェクトに関するさらなる情報が明かされ、プロジェクトに参加した女性の役割とアイデンティティ、およびどんな遺伝子操作が行われたかに関する詳細が明らかになりました。

ハイブリッド現象の研究について書かれた文書はまだ初期段階ですが、これまでに学んだことは何でしょう？　退行催眠と個人的な証言を通して、ハイブリッド化の様々な方法論と、関与した人々（自主的に参加したか否かにかかわらず）に与えた影響について、多くの発見がありました。

最初のうちは、ハイブリッド本人たちがどんな理由で自身の現実を共有する機会を与えられたかというと、精神科の医者や心理療法士が、ハイブリッドとしての自己に目覚め始めている患者に対応するのを助けるためでした。

デイヴィッド・Ｍ・ジェイコブス博士とクリスチアン・クイロースの研究結果には明らかな溝《みぞ》があります。一方はハイブリッドを「人間の主権に対する脅威」として議論し、もう一方は「地球外の存在と、人類が持つ進化の可能性に対する意識を高める存在」であると言っているのです。

ジェイコブスとクイロースは別々のハイブリッド化計画について話しているのでしょうか？　マイケル・サラの研究にヒントがありそうです。サラの本の中では多くのＥＴ種が悪役として紹介されていますが、私たちの研究では同じＥＴ種の中にも、さらに数多くの種類があることが明らかになっています。そのいくつかは、他者への奉仕よりも利己的な利益のために地球にいます。しかしそれは「悪」という意味になるのでしょうか？「善」と「悪」は、一般的に相対的な用語です。

したがって、ＥＴが地球に来ている目的に関して導かれた結論は、すべての研究者が正しいということかもしれません。

ジョン・Ｅ・マック博士は、報告された現象のうちどの程度が物質的で、どの程度が形而上学的であるか判断しようと試みました。本書を読み進めていくと分かりますが、この疑問はハイブリッド本人の経験にも当てはまります。彼らは皆、人生という旅の様々な段階にあり、それぞれが自分自身の性質と現実について学んでいる最中です。まだ誰もこのテーマについての全体像を把握していません。しかしそれをより明らかにすることに使命感を覚える私たちのような人々が、みんなで研究に貢献しています。

これまでに行われてきた研究から、様々な目的のために地球にやってくる数々のＥＴの姿が浮かび上がってきました。そのうちの多くが、人間が何千年もやってきたように、彼らの需要に合わせて地球上の生命体を調整してきたようです。どうやら人間と同様にＥＴもハイブリッドを作り出し、肉体的、行動的、さらにはスピリチュアルな特性さえも融合させているようです。

この研究にはまだまだ疑問が山ほどあります。本書では勇気ある８人のハイブリッドが献身的に質問に答えてくれました。この非常に重要な研究の基盤を築いてくれた先輩たちに感謝しています。本書が今後の研究に大きく貢献すると信じていますし、ハイブリッド本人の意見をこれほど深く突き詰め、広範にまとめた研究はかつてなかったと自負しています。

# パート2　内側から

## はじめに

さあ、ここからが本書の心臓に当たる部分です。８人のハイブリッドがそれぞれの経験と見解を共有してくれます。ハイブリッドたちの現実を内側から理解するために、物質的な面と形而上学的な面の両方を探求できる質問を作りました。私たちが知りたかったのは以下の事項です。「自分がハイブリッドであることをどのように知ったのか」「本人や周りの人がそれをどう扱うか」「人間的な側面とＥＴ的な側面がどのように機能し共存しているか」「どのようにガイドやスターファミリー（地球外にいる家族）とつながっているか」「なぜハイブリッド現象が起こっているのか」「地球での使命は何か」「ハイブリッド同士はどのようにつながっているのか」「地球で安全な暮らしができるか」「私たちがハイブリッドたちから学べることは何か」

これまで見てきたように、ハイブリッドにいい印象を持たない人もいます。ハイブリッドが、ＥＴが地球を乗っ取るためのトロイの木馬のようなものであるという考え方があるためです。その考えについてもハイブリッドたちの意見を尋ねました。他の質問と同様、答えは予想外で、明快でした。

私たちの方法論について少しお話ししましょう。８人のハイブリッドそれぞれが、インタビューの筆記録から構築された独自の章を持ちます。インタビューは一人につき3回～4回行い、合計およそ8～10時間を費やしました。それに加え、さらに何時間もの会話や数々のメールを交わしています。

標準的な質問を30ほど用意していましたが、インタビューの内容に応じて自発的にいくつか質問を追加しました。その場合、それらが特に重要でない限り、インタビューの流れを止めないためにハイブリッドの答えだけを文章に折り込んでいます。それ以外の場合は、改行して質問者の名前を入れました。

理解が深まるにつれて、質問が修正されていきました。次第に全体の核となるものが見えてきて、そこにはハイブリッドだけでなく私たち全員が関わっていることが分かってきたためです。こうして私たちの質問はハイブリッド化計画の目的と方法、ハイブリッドの使命、メッセージ、奉仕に焦点を合わせるようになりました。

インタビューを続けるうちに、現実のあらゆる側面について新しい視点が得られることが分かってきました。そのため、質問のいくつかはその場で出てきた個人的なものです。それと全体像を理解したいという欲求から、「神とは何か」「魂の旅」といった、不透明で興味をそそられるテーマについてもハイブリッドたちの意見を求めずにはいられませんでした。

ハイブリッドたちはすべての質問に答える義務はありません。それぞれが異なるフォーカスを持っていることが明らかになったので、例えばヒーリングの仕事やハイブリッド・チルドレンについてなど、その人に合わせて話を進めることで、特定の分野に関する経験と理解の豊かさを引き出すことができました。

多くの場合、一つの質問に答えると、自然に別の質問に答えることにもなります。そのため、構造も流動的です。

本書に記載したインタビュー内容はほぼハイブリッドたちの言葉通りですが、会話の自然な乱雑さを明確な文章に変換するための作業はいくつか行われています。ハイブリッドたちには、アイデアや経験をできるだけ明確に表現するために、それぞれの文章を編集する機会も与えました。大切なのは常に彼らの声を聞くこと、そして彼らを忠実に表現することです。ハイブリッドたちとの楽しくて感動的な会話をそのままお伝えできれば最高ですが、やはり明確さを優先する必要がありました。

ハイブリッドたちが編集して送り返してきた文章を見ると、ほぼ全員が特定の言葉を大文字化することで敬意や強調を表していました。例えばStar Family（スターファミリー）、Love（愛）、Light（光）、Soul（魂）、Hybrid（ハイブリッド）など。しかし、読者のために読みやすさを優先して、「源」「すべてなるもの」など、強調が必要な場合のみカギカッコをつけることにしました。右に挙げた単語は頻発するため、全部を強調すると見た目にうるさいためです。

章の順番は、インタビューした相手の姓のアルファベット順です。

一度読んだだけですべてを理解できる読者はほとんどいないでしょう。この本に出てくる情報は経験を通して理解できるものが多いため、実践することが重要です。インタビュー内で何らかの実践方法が紹介された場合、コラムの中に記載しました。また、パート3の「アセンション」の章でも、自分の生活に適用できる実践方法と概念を引き出しました。

この分野でしか聞かない専門用語が豊富にあるため、この本に関連する広い定義で捉えた簡単な用語集を用意しました。人によって細かい違いがあるので全員の正確な定義とは一致しませんが、このテーマになじみのない人にとっては役に立つと思います。

## 用語集

**アセンション**

肉体的、感情的、スピリチュアルな進化のプロセス。

**アカシックレコード**

すべてが記録されている高次元のデータベース。アクセスすれば前世をすべて見ることができ、過去、現在、未来も見ることができる。

**次元**

存在の領域。

**ダウンロード**

サイキック的（超自然的、超能力的）に情報を受け取ること。サイキック的に受けた情報。

**周波数**

振動のレート。エネルギーの尺度。それぞれの魂が持つユニークなパターンや識別子。

**ガイド**

他の存在を助けてくれる存在。サイキック的な手段を使うことが多い。

**ハイブリッド**
遺伝的に二つ以上の種になるように変えられた存在。
**ライトワーカー**
意識を高めるために積極的に活動している存在。
**使命**
現在の転生の中で果たすべき仕事。
**力**
自分の力に従う。
個人の能力の開発や活性化。
特定のタスクを完了する能力。
他人が自分の活動を妨害するのを防ぐ能力。
**魂の合意**
次の転生で一定の役割を果たすために魂のレベルでなされた転生前の合意。
**スターファミリー**
地球外にいる家族。
**スターシード**
地球上で特定の任務に当たるために転生した、地球外から来た魂。人間、動物、その他の姿をとる。

# タティアナ・アモーレ

タティアナは33歳のブラジル系スペイン人女性で、南イングランドに住んでいます。

## 自分がハイブリッドであると、どのように知ったのですか？

シャーメイン（シャーメイン・ディロザリオ・セイチ、目次参照）と、シャーメインのお母さんに二度目に会った数週間前に、私の寝室に何かがいるのが見えました。そのときは守護天使だと思いました。身長は2メートル強、髪は短いブロンド、目は普通の人より大きくて青く、耳は先が少しとがっていました。それまで私は、そういうものの存在について考えたことがありませんでした。ワークショップでシャーメインとスピリチュアリティについて話したとき（シャーメインとの出会いはこのワークショップでした）、そのときの経験を話すと、シャーメインも体験談を話してくれました。地球外の存在についてや、シャーメインの子供の頃に起こったこと、いつも自分が人と違うと感じていたことなど。私は、なぜこんなに共感できるのかと不思議に思い始め、いろいろと調べ始めました。するとシャーメインがこの本の出版プロジェクトについて教えてくれて、お二人に連絡を取ってくれたのです。そのおかげで、マット（マシュー・トーマスの愛称)、シンシア・クロフォード、ジャクリン・スミスともつながることができました。

マットと話してから、いろいろなことが起こり始めました。私が寝室で見た存在について、マットが「どうもプレアデス人っぽい」と言うので、グーグルで画像検索をしてみました。すると出てきた画像の中に、寝室で見た存在とまったく同じ姿をしたETの絵があったのです。

その後、キネシオロジー［筋肉反射テスト。体が持っている情報を、筋肉の反射を利用して聞き出す技術］のセッションを受けました。私はいつも、テストをしてくれる女性には何も尋ねず、私の体が伝えていることだけを教えてもらいます。ここ数ヵ月の間、私の体は「何か知るべきことがある」と言っていたのですが、それが何か分からず不思議に思っていました。それがそのときのセッションでは、「自分を発見するために知るべきことを見つけた」と言うのです。最近何か重要なことがあったかと彼女に聞かれたので、シャーメインと話したことと、私がハイブリッドかもしれないと言われたことを伝えました。そこで自分がハイブリッドであるかをキネシオロジーで尋ねたところ、「私はハイブリッドで、50%以上が人間以外のDNAだ」という結果が出たのです。

さらにテストを続けて尋ねました。

「なぜ私はそれを知る必要があるの？　ETとコミニュケーションを取るために何かを始めるべき？」

と聞くと、私の体はイエスと答え、「ハイブリッドについて、そして自分自身について、もっと知るために調べるべき」だと言いました。キネシオロジーをやってくれていた女性は本を持ってきて、本の中に書かれているいろいろな事柄を指さしながらキネシオロジーをして、ETとのチャンネルを開く方法を探そうと提案してきました。その方法で曼荼羅《まんだら》のページにたどり着いたときに私の体が反応し、「曼茶羅を作って使うことで、ETとのコネクションを強化できる」と言いました。

曼荼羅を作り始めると、以前私のところに来たETが再び寝室に入ってくるのを感じました。それから体、あるいは魂が、ものすごい速さで回転しているような感覚になりました。夜は冷えるのでいつも窓を閉めて鍵をかけているのですが、曼荼羅を作り始めてからは、朝になると窓が大きく開いていたという経験が二度ありました。そのうち一度は私の彼氏も一緒だったので、窓が開いているのを見たときは私と同じくらい驚いていました。

ほとんどの出来事は寝ている間に起こりました。

シャーメインと話をした後、ベッドでウトウトしていたときに自分が白い光の管に入っていく経験をしました。光は水平に走ってからまっすぐ上に上がっていたのですが、そのときに階下でドアベルが鳴り、目が覚めました。バーバラ（バーバラ・ラム）との退行催眠セッションでこのときに戻ると、体が回転しているのを感じました。私が上に昇っているとき、その管は透明で、そこから地球が見えました。私は宇宙船へ引き上げられたのです。宇宙船の中には寝室で見た男性と、女性が一人、それと船長らしき服を着た男性もあとから来ました。他にも、周りに人がいる気配を感じました。ある部屋のような場所に案内され、そこで私はいつの間にか彼らと同じ服を着た姿に変身していました。私も彼らの仲間だったのです。

その後、友人と一緒にスペインのフォルメンテラ島で休暇を過ごしていたときに、ある体験をしました。この頃には私はプレアデス人やその他のETについての知識がありました。ある日、ヒッピーマーケット［ヒッピー文化をリスペクトした服や雑貨を扱うマーケット］に行くことにしたのですが、そのマーケットに入る前に、心の中でETたちに「あなたたちとの関係を強化するのに役立つものがあれば教えて」と頼みました。何かが起こりそうな気がしました。マーケットを歩き回っていると宝石類を売っているテントに引き寄せられ、そこにいた男性に目がくぎ付けになりました。どういうわけか彼から目が離せませんでした。彼は水晶などを売っていて、それらの特性について説明してくれました。私の友人が彼に出身地を尋ねると、彼はシリウスだと答え、名前はシリだと言いました。そして私の名前を聞いてきました。

「タティアナ」

「違うよ。本当の名前を教えて」

「どういう意味?」

「ああ、まだ名前をもらっていないんだね。君はプレアデス出身?」

衝撃的でした。なぜ知っているのかと尋ねると、彼は常にシリウス人たちとつながっていて、私がプレアデス人だとテレパシーで教えられたと言うのです。退行催眠で得た情報と合わせ、この出来事は私にとって大きな確証となりました。もっといろいろ聞きたかったので翌日も彼に会うと、ET仲間とのつながりを強くするには瞑想がいいと勧められました。瞑想をして心を静めるとテレパシーでのコミュニケーションが取りやすくなるそうです。確かに、私の経験ではETたちは口を動かすことはなく、やり取りはすべてテレパシーでした。彼は、無理につながろうとせず、自然の成り行きに身を任せなさいと言っていました。

## あなたを構成するＥＴ要素は？

主なつながりはプレアデス人です。でもジャクリン〔ジャクリン・スミス〕が私の出身星を見てくれたときに最初の転生時まで遡ったのですが、それは誰も名前を知らないＥＴ種で、イルカのような見た目でした。星から来た種ではないそうです。ジャクリンはエーテルという言葉を使って表現していたので、私の魂が最初に生まれてきたときは、エーテル界〔本書では、この世ではない非物質的な世界という意味で用いる〕の存在だったのかもしれません。それからどういうわけか私はプレアデスに行き着き、退行催眠で見たのはプレアデス人でした。

## あなたはどのように作られたのですか？

現時点ではあまりよく知りませんが、私は子供の頃からずっと睡眠麻痺〔就寝中に体が動かせないように感じる現象で、俗にいう「金縛り」〕を経験してきました。周りに人がいるのを感じたり、音が聞こえたりして、誰かが私の体をスキャンしているように感じました。エネルギーフィールド〔エネルギーの場〕のような何かが私の上に浮かんでいるのも感じましたが、彼らが何かをチェックしていたのかどうかは分かりません。あるとき、胸に強い圧力がかかり、体がマットレスに押し込まれました。複数の人の声が聞こえ、まるで誰かがそこに座っているかのようにマットレスが沈んでいました。それが霊だったのか、実際に

ETがいたのかは分かりません。ずっと不思議に思っていました。
　睡眠麻痺は何度も起こりましたが、慣れることができませんでした。動くことも叫ぶこともできなくて、彼らが私に悪さをしている感じはなかったとはいえ、毎回パニックになりました。彼らの話し声も、テレパシーも聞こえませんでした。あまりにも怖かったので心を閉ざしてしまったのかもしれません。そこにいたのが誰だったにせよ、私のところに来た目的や理由を知られたくないのだと感じました。

**バーバラ・ラム**：同じような経験が数多く報告されていますよ。彼らがそういう方法をとる理由はいろいろあるようです。一つは、あなたを心配させたり、過度に怖がらせたくないということ。彼らは目的を果たすことに専念しています。そういう経験の後、何か変化を感じましたか？　例えば、直感が以前より鋭くなったとか、手からエネルギーが出るようになったとか。

　確かに、いくつか変化がありました。直感が鋭くなり、以前より物事に敏感になりました。肉体的には、膀胱《ぼうこう》の周りに今までと違う感覚がありました。たぶん卵巣だと思います。あるときは手のひらが燃えているように感じたこともあり、友人から、それをヒーリングに使うことを勧められました。痛みはなかったけれど本当に熱くて、手のひらにフーフーと息を吹きかけたほどです。

**バーバラ**：ETたちが、ヒーリングなど、あなたの能力を高めていたのかもしれませんね。プレアデス人は非常に進化していて友好的と言われていて、ポジティブなやり方で人間を助けているようです。一般的にプレアデス人は人間との良好な関係を望んでいて、人間の意識を高め、テレパシーや超能力を発達させようとしています。彼らがあなたのところに来ていたのは、そういう理由かもしれませんよ。ほとんどの人間には潜在的な能力があります。きっと、あなたの中に潜んでいた能力を活性化しに来たのでしょう。

過去二年間で、サイキック能力が強くなってきています。直感、サイキック能力、夢のレベルが格段にアップしました。睡眠麻痺も以前より頻繁になりました。この一年ほど「何かが来る、今こそ私は何かをする時期なのだ」という強い気持ちを抱いていました。キネシオロジーでも「何かが来ている」と言っていました。でも今はその気持ちはなく、今まさにそれが起こっていると感じています。それについて話しているだけで体じゅうに鳥肌が立ちます。

## スターファミリーとどんなつながりを持っていますか？

**バーバラ**：最近、ＥＴからの訪問はありましたか？

前と同じやり方では来ていないと思います。でも今はとても深い瞑想状態に入ることができ、テレパシーで少しメッセージを受け取れるようになりました。

**バーバラ**：チャネリングですね。かなり遠くのETと交信しているのかもしれません。情報を送るのに距離はまったく問題にならないようです。実際に来てあなたを肉体的に強化するやり方から、瞑想を通じてテレパシーで強化するやり方に変わったのかもしれませんね。

常にETたちとつながっているように感じます。集中するだけでいいのです。例えば食器を洗っているときなど、リラックスしているときに交信できることがあります。絶対に自分のものではないアイデアが、頭の中に入ってきます。

**バーバラ**：寝室に来ていたETからのメッセージやコミュニケーションですか？

そうです。入ってくるアイデアが自分のものかETのものかは、言葉から分かります。ETのメッセージは常にポジティブで励みになります。心配していることについて尋ねると、とてもポジティブなメッセージを返してきます。大抵は私よりETたちの方がポジティブです。

**バーバラ**：ETからのメッセージを受け入れていますか？

真実だと感じるので、受け入れます。とても深く心に響くメッセージです。

**バーバラ**：あなたのことをとても気にかけてくれているようですね。良いガイドですね。

**ミゲル・メンドンサ**：どうやって彼らを感じるのですか？　言葉を受け取るのですか、それともアイデアをもらうという感じですか？

例えば、スペイン旅行について彼氏と話していたときのことです。何かが心の中で言いました。「グラナダに行きたいか彼に聞いてみなさい」そこで彼に聞くと、彼は驚いてこう言いました。「今ちょうど君に同じことを聞こうと思ってた」このように、具体的な言葉を受け取ります。こういう些細《ささい》なことが、ここしばらく起こっています。

## 複数のアイデンティティを持つことについて、自分の中でどう折り合いをつけていますか？

子供の頃からずっと、自分は人と違うと感じていました。でも今ではその理由が分かってきて、それが臨床心理学と神経科学の分野での私の仕事に役立つと感じています。ＥＴについて人に話すつもりはありません。その存在と、自分の今世での使命を認識しているだけで十分だと思っています。転生する前に必要な訓練を積んできたことも分かっています。みんながこのことを知るべきだ、とはまったく思いません。私は自分の使命を果たすだけです。興味を持っていない人にわざわざ話すつもりはありません。自分が誰なのか、それになぜ地球にいるのかを思い出したような気がします。私は子供の頃からいつも他の子たちと違うと感じていました。人間でいるのが嫌だったり、自分が人間ではないように感じていましたが、今はそんな葛藤《かっとう》は消えました。かつては世界のあらゆる破壊行動と悪について人間に対する怒りと憎しみを感じましたが、もはやそれも感じません。自分が完全であると感じます。

**バーバラ**：以前は欠点や機能不全に注目していたけれど、今はそれをどうやって改善できるかに注目しているのですね。

人間が破壊行動をするのは、脳の中で起こっていること、心の動き、そして考え方のせいですから、私はそこを助けてあげたいと思っています。退行催眠の中で、私の研究が正しい方向に進んでいると言われました。私にとってこれは大きな支えとなりました。

## 自分には使命があると感じますか？

子供の頃は、自分が何か重要なことをすべきだと知っていたのにそれが何だか分からなくて、混乱しました。昔から私は、まるで磁石のように特定の人を引きつけるようでした。身体に障害を持っていたり、特別な支援を必要とする子供たちです。いつか精神面で人を助ける仕事をするときが来るという予感がありました。十代の頃はそういう考えはしばらく消えていました。おそらく抑制していたのでしょう。でもその後、心の健康に関係する仕事をすることになるのだと自覚しました。子供だったときの方が潜在意識的に敏感で、大人になってからよりも、もっといろいろなことが分かっていました。

## ガイドからの導きはありますか？

いつも誰かに守られていると感じていました。大怪我をしたり、死んでもおかしくないようなときが何度かありました。９歳のとき、車にはねられて10～15メートルほど吹っ飛びましたが、骨折はおろか、大きな打撲すらありませんでした。

18歳のとき大きな事故に遭いました。マウンテンバイクで急な坂を猛スピードで下りていたところに車が角を曲がってきたのです。私はブレーキをかける時間がなく、左に避けて山の脇を下るしかありませんでした。体を横に投げ出したのは覚えていますが、気づいたら下の道に下りていました。その間の記憶はありません。かなり流血し、皮膚も擦《す》りむきましたが、立ち上がることができ、一箇所も骨折がなく、頭も怪我していませんでした。

その数年後、当時付き合っていた彼氏が運転するバイクの後部座席に乗って出かけることになっていたのですが、出発の1時間前に、事故に遭う予感がしました。彼は「またいつもの直感か！」と笑い飛ばし、予定通り出発しました。そして走行中、前を横切ってきた自転車の男性をはねてしまったのです。大変な事故でしたが、私は何かに持ち上げられた感覚があり、彼氏の上をフワリと浮いて歩道にそっと着地しました。自転車の男性は残念ながら亡くなってしまい、私の彼氏はあわや脚を切断するという大怪我をしました。でも私は傷一つなく、擦り傷やあざもまったくありませんでした。空中をふわっと浮いた感じで、気づいたら歩道に座っていたのです。

みんなに「嘘だ、そんなバカなことがあるか」と言われたので、この話をするのはやめてしまいました。

## 特殊な能力はありますか？

子供の頃、母がよく私のところに枯れそうな植物や花を持ってきました。私が新しい命を吹き込むと言うのです。相手が人であるかのように植物に話しかけて撫《な》でると、寿命を延ばすことができました。ジャクリンが私の出身星を見てくれたとき、私はイルカのような存在で「花でできた世界」を作っていたと言っていました。私は花が大好きで、道で花を見かけるといつも立ち止まって眺めます。でも花を摘むのは好きではありません。花たちが殺されるのを見るのは嫌なのです。

悩んでいる人の話を聞いたりマッサージをしたりすると、みんな気分がよくなると言います。私が今研究している分野を選んだ理由の一つがそれです。みんな私に心を開き、リラックスして悩みを打ち明けてくれるのです。マッサージより話をすることがメインですね。みんな、私と話すと気分がよくなるそうです。

## 地球の変化について意識していますか？

地球が今、新しい周波数に変わっていることは理解しています。人間にとってより軽く、より良い周波数です。

## ハイブリッド化計画は地球を乗っ取るためだという説について、どう思いますか？

誇張だと思います。ハイブリッド化計画を行う者たちには彼らなりの目的がありますが、それを恐れる必要はありません。バーバラ・マーシニアックは著書『The Bringers of the Dawn』（邦訳は『プレアデス＋かく語りき』太陽出版刊）で、世界を助けるために私たちがしなければならないことがあると説明しています。それぞれの役割を果たすことを考えればいいのです。ネガティブなことに集中したり、レプティリアンを恐れる必要はありません。

## 地球規模のハイブリッド・コミュニティについてどう思いますか？

みんながひとつになれる、そういうコミュニティがあるのは良い考えだと思います。ETたちは私たちみんながひとつの家族になることを望んでいます。みんなレプティリアンの行動を心配しすぎです。プレアデス人はレプティリアンを「リジー」という愛称で呼んでいます。デーヴィッド・アイク〔イギリスの著述家、パブリックスピーカー。陰謀論を唱える著書が多い〕の作品は面白いですが、誇張されすぎていて私には共感できません。

**バーバラ**：ミゲルと私が一緒に仕事をしているハイブリッドたちは、みんなとても高い意識を持ち、慈悲深く、スピリチュアルで、光に満ちた人たちです。私たちがフォーカスしているのは、そういう好意的な使命を持つ素晴らしい人々で、ネガティブなタイプには焦点を当てていません。私たちが関心を持っているハイブリッドのコミュニティは、人類のスピリチュアリティや意識の向上を助け、アセンションをサポートするために地球にいます。善意しかありません。

## 他のハイブリッドと話したいことは？

シャーメインからいろいろなことを教えてもらったのはとてもいい経験でしたが、私は最初、レプティリアンや、人々をコントロールしようと企んでいる人たちなどの陰謀論に恐怖を持っていて、あまり知りたくないと思っていました。でもマット（マシュー・トーマス）がプレアデス人について教えてくれたおかげで気持ちが楽になりました。強く共感し、即座に引き付けられました。そっちの方が「私」だと感じました。ジャクリンのスター・オリジン・リーディング（出身星鑑定）もとてもポジティブで楽しいものでした。今は前よりずっとどっしり構えています。リジーの話を聞いて気が滅入ることは、もうないでしょう。

**バーバラ**：陰謀論がどこまで本当かは分かりませんが、ある意味では人間の利己的な側面を表していると思います。ETにはいろいろな種がいて、優しくて親切な種もいれば、そうでない種についての話も聞きます。どこまでが世間を騒がせたいだけのあおりか分かりませんが、人間はドラマが好きですよね。特にネガティブなドラマが大好きです。とても優しい人がホラーの大ファンだったり、戦争やドロドロの人間ドラマについて読んだり書いたりするのが大好きな人もいます。中毒になっている人がたくさんいると思います。それを考えると、権力とコントロールを求めるネガティブなレプティリアンに多くの人が注目するのは理にかなっています。でもレプティリアンの中にだって、とても友好的な種がいます。私は、あなたが自分を理解していて、「使命を果たすのみ」と考えているところが好きです。今後ももっと活躍することでしょう。

ええ、私は世間を騒がせたいだけの話題には興味がありません。

## ハイブリッドであることの一番の利点と欠点は？

いつも自分の中にあった葛藤は、もうありません。おかげで新しい世界が開けました。一番の利点は、人類を助けられることと、私には使命があり、それを遂行すると知っていることです。

欠点は、まだ特にネガティブな点は思いつきません。でもハイブリッドの赤ちゃんがアレルギーなどでつらい思いをする可能性があることは聞いています。地球で人間の体として生きることに慣れるのは容易ではありません。

自分がいつも人と違うと感じるのは嫌でしたが、その間、自分が正しいとも感じていました。いじめられている人がいれば、かばいました。そのせいで周りを敵にまわしても構いませんでした。つらかったけど、正しいことをしているので幸せでした。

**バーバラ**：あなたは強い自我を持っていたのですね。利己的という意味ではなく、強い自己意識を持っているという意味です。

正しいことをしていると知っていました。何かがおかしいと感じたら、そのまま流されることは決してありません。

## シンシア・クロフォード

シンシアは66歳のアメリカ人女性で、アリゾナ州に住んでいます。人間としての祖先はドイツ系とユダヤ系です。

### あなたにとってのハイブリッドの定義とは？

二つ以上の惑星のＤＮＡを持つ者。これは、性交、授精、または母親の子宮内の胎児の遺伝子の変化によって実現します。

### スターシード・ハイブリッドの定義とは？

スターシード・ハイブリッドは、ハイブリッドの魂が、それぞれのＥＴ種の最も優れた資質を必要とする任務を実行するために人間として転生した者です。

## 自分がハイブリッドであると、どのように知ったのですか？

34歳のときに父から教えられました。当時、私が父を信じた唯一の理由は、双子なのに私が姉と大きな違いがあるという事実でした。姉だけでなく他の家族のメンバーとも血液型やＨＬＡ型〔ヒト白血球抗原の型。輸血や臓器移植の際にドナーとの適合が必要になる〕が違います。

## あなたはどのように作られたのですか？

私の父は第二次世界大戦中に二年間、戦闘に参加しました。その後１９５８年に医大で医者になる訓練をしていたときに、ＯＳＳ（後のＣＩＡ）から陸軍の任務を持ち掛けられました。家族にも知らせることが許されない最高機密の任務です。任務の初期段階で父は「ハイブリッド計画」に参加してほしいと頼まれました。私の母を薬で眠らせ、母が知らないうちにハイブリッドの胚《はい》で妊娠させたのです。母の卵子、父の精子、それと二種類のＥＴの遺伝子によって私は作られました。

任務の第二段階で父は韓国に送られ、墜落した医療用ＵＦＯから見つかったＥＴの技術に関する研究を要求されました。この秘密計画は超人的な人種を生み出すためのもので、始まりは第二次世界大戦の直後に米国政府がドイツの科学者を連行したペーパークリップ作戦です。ドイツの科学者たちはアメリカに来る何年も前からハイブリッドやクローンを作っていました。アメリカ政府は彼らの秘密計画へアクセスするのと引き換えに、科学者たちに亡命を許したのです。これらの情報のほとんどは、父の死後に『In League With a UFO（UFOとの結束）』という本を読んでいたときに父からメッセージとして受け取ったものです。加えて、2000年に行ったレオ・スプリンクル博士による退行催眠でも同じ情報を受け取りました。

## あなたを構成するET要素は？

38％がアヌンナキ、34％が人間、28％がゼータです。アヌンナキは非常に背の高い人間型のETで、宇宙の支配を維持するために様々な種と統合したことで知られていました。アヌンナキに関する参考書で一番優れているのはマクシミリアン・デ・ラファイエット著『Anunnaki Encyclopedia（アヌンナキ百科事典）』です。文書、巻物、古代アラビア語、イスラム以前の文章を何十年も研究して得た情報が掲載されています。もとは政府のために書かれた本でしたが、後に一般公開されました。地球にもたらされたアヌンナキのハイブリッド種で最も一般的なのはライオン型とのハイブリッドとレプティリアンとのハイブリッドです。ラーの娘として知られるセクメトは、第12王朝の間に地球にいました。セクメトはライオン型の部族で、半分人間で半分ライオンでした。この説に相反する研究もあり、セクメトが古代エジプトのどこかで彼女自身の部族の支配者であったという説や、ファラオの保護者で人々を戦争に導いたという説もあります。

## あなたが作られた目的についての見解は？

極秘のハイブリッド計画は、その後ＮＳＡ（米国家安全保障局）が引き継ぎました。その目的はもともと、人間には実行不可能なタスクをこなせる超人的なハイブリッドを作ることでした。でも２００３年初めに私のガイドがこう説明してくれました。スターシードが地球で真の使命に完全に目覚めるのをサポートするために、私の魂がハイブリッドの肉体に入ることに同意したのだ、と。そして２００５年になる頃には、私は好意的なＥＴたちの彫刻を作り始めていました。これらの彫刻にはＥＴの魂がこもっていて、スターシードにとって最も必要な助けをもたらしてくれます。

## 自分のハイブリッド・チルドレンはいますか？

地球の子供は二人います。長女は私の信念を受け入れませんが、息子は私が宇宙船で受精してできた子なので私以上にハイブリッドです。１９９０年に卵巣を摘出したのですが、それ以前に、妊娠初期に胎児として摘出された他の子供たちもいるし、卵子から作られた子供も何十人もいます。

## 人間と肉体的に違うところはありますか？

私の筋肉組織は人間のそれより密度が高く、骨は正常な人間の骨よりも多孔質《たこうしつ》で、血液には異常な抗原があって輸血を受けられません。１９９４年に事故に遭って矯正手術をした際には、私の一部の器官の位置が通常の人間とは逆向きになっていることが分かりました。肺は常に弱く、29歳のときに肺炎で肺がつぶれかけました。死ぬと思いましたが、翌朝目を覚ますと完治していました。私には見た目が人間そっくりのスターファミリーがいて、彼らは銀河連邦に属しているのですが、２００４年に彼らから、そのときに私を癒したのはネビュラン・ヒーラーだったと知らされました。その後、私は大天使ミカエルの医療用の母船に連れていかれたそうです。他にも、ガイドたちから薬草の使い方を教わりました。おかげで心臓病が完治し、50代半ばに受けた心臓カテーテル検査では心臓の年齢は30歳だと言われました。

すべてのハイブリッドにはクローンがいるので、使命を遂行できるように、合併症があれば必要に応じて体のパーツを交換できます。私が18歳のときにアスピリンを過剰摂取して自殺を試みたときには、血管系全体が交換されました。血管が溶解して内出血を起こし、体が冷たくなって気を失ったのですが、翌日、目が覚めたら完治していました。

## 地球での使命を果たせないかもしれないと不安になることはありますか？

ありません。私たちスターシードは堅く守られているので大丈夫です。秘密政府とＮＳＡが何度も私を殺そうとしましたが、そのたびに私は守られ、あるいは癒され、蘇生させられてきました。

ハイブリッドやスターシードが死ぬことが許されるのは、任務が完了したとき、または他の場所で仕事をする必要があるときだけです。例えば私の友人は母船の船長で、彼は毎晩、眠っている間に人間の体を離れて船を指揮していました。58歳のときに急に自然死したのですが、彼のお姉さんが私に電話で彼の死を伝えてきたとき、彼が母船から私に話しかけてきました。私を介してお姉さんとコミュニケーションを取るためです。彼はフルタイムで母船の指揮をとることになったのだそうです。銀河連邦の宇宙船や出身星の宇宙船に戻るために亡くなった人を何人も知っています。もう一人の友人は女性で、透析《とうせき》患者でした。彼女が亡くなったとき私に会いに来てこう言いました。

「嘘みたい！　今の私の体を見てよ！」

彼女は20代後半に見えました。彼女は現在、銀河連邦と協力して戦略に関わる仕事をしていて、地球上で政治的に起こっていることや、人類が直面している主要な課題全般について、銀河連邦に報告しています。

## 自分には使命があると感じますか？

私は主にスターシードたちのために地球にいます。スターシードたちが完全に目覚め、本来の力を発揮できるように、あらゆる方法で援助しています。人間が３次元のレッスンをすべて経験するために何千もの転生が必要なように、私たちスターシードの魂も、様々なレベルを習得するために何千もの転生を経験します。私のスターファミリーとガイドによると、マスターになるための新しいプログラムを始めるために、３次元から５次元に移行するアセンションに取り組むための、人間にとって最後の転生だそうです。

現時点では何百万ものスターシードが人類を支援しています。彼らはボランティア集団の中から選ばれた、任務を完了できると証明された者たちです。３次元惑星は地球だけではありませんが、数ある種の中でも人間という種として生きることは、非常に難易度の高い、大変なチャレンジです。人類は物質的な世界、つまり欲、権力、支配力、カルマの回収に重点を置いているので、アセンションに何度も失敗しています。次に進むために必要なのは、まずは物質的な世界が幻想であることに気づくことと、頭ではなくハートで生きることです。

人類が「キリスト意識」の中で生きる方法を学ぶまでは、この刑務所のような惑星に閉じ込められたままです。キリスト意識のシンプルな意味は、肉体的な器を超えて見ることによってあらゆる生き物の中に「源」を認識し、恐れ、欲、批判、偏見なしに生きること。それだけです。

## 地球にいるハイブリッドの役割とは?

私のガイドがとても簡単に説明してくれました。人間は宗教とイデオロギーを通して「人間が宇宙で唯一の存在だ」と信じるよう洗脳されてきました。人類が真実に目覚めるには批判や偏見から解放されなくてはなりません。したがって、ハイブリッドの多くは必要に応じて人間と他の種との間でシェイプシフト（変身）ができるようになっています。これにより人間は、自分たちの本質が肉体ではなく魂なのだと気づくことができます。

人間は、すべての魂が「源」そのものに他ならないことを理解する必要があります。これを理解するためには、人間が「神」「創造主」「すべてなるもの」と呼ぶものを、ETたちは「源」と呼ぶことを理解しなければなりません。最初から「源」はすべてであり、すべてを知っていました。でも「源」は、無から生まれて「すべて」になるという経験をしてみたかったので、自分の分身を作ったのです。ですから、「源」はすべての分身を通して生きています。それぞれの分身が様々な存在として数々の転生を経験し、転生と転生の間に魂が学んだことを回顧します。これがアカシックレコード（すべてが記録されている高次元のデータベース）です。でもこれはそれぞれの人生や任務が終わりに近づいたときまで見せてもらえません。

## 自分がスターシードであるかどうか、どう判断すればいいのですか？

スターシードは通常、自分は地球に属さないと感じていて、自分には任務があり、特別な理由のために地球にいると信じています。さらに、ほとんどのスターシードは他のスターシードやハイブリッドとの出会いがあり、それによって任務を思い出したり、必要なヒーリングや支援を受けたりします。人々が私に連絡してくる理由は、自分の経験を理解するため、自分が誰であるのか、なぜ地球にいるのかを思い出すため、自身を守る方法を学ぶため、それから特に、本当の力を発揮するためにＤＮＡを活性化する方法を学ぶためです。ここ最近、そのような理由で連絡してくる人々からは切迫した感じを受けます。

一例を挙げましょう。イラクで兵役を務めた後に、ある経験をした20代前半の若い男性のケースです。軍事任務が完了し、彼と数人の軍人仲間はカナダに飛んだあと、翌日バスでアメリカに着きました。しばらく女性が周りにいない生活をしていたので、アメリカに着いた最初の夜にホテルのナイトクラブに行くことにしました。彼は女性と一緒に踊っていたのですが、彼の友人たちは、彼がその女性以外の、姿の見えない誰かと話しているように見えたと言います。彼が覚えているのは、外を歩いて月を見ていたことだけ。目が覚めるとシャツに血が付いていて、板が打ち付けられた廃れた劇場にいました。どうやってそこに入ったのか見当もつきません。その後彼の人生は一変しました。とてもスピリチュアルになり、母なる地球を保護することに強い関心を抱くようになりました。

多くの人が、自分に何が起きているのか、コンタクトをとっているＥＴはどんな種なのか、使命は何か、ハートで生きるにはどうしたらいいか、キリスト意識の中で生きるにはどうしたらいいかなど、答えを理解するために私に連絡してきます。ハイブリッドとスターシードの重要性は同じですが、任務は少し異なります。

## ハイブリッドの特徴

大抵のハイブリッドは珍しい血液型で、肉体的な違いがあることも珍しくありません。ハイブリッドの母親は通常、妊娠中に困難があります。多くの場合、ハイブリッドは珍しいアレルギー、偏食、健康上の問題を抱えています。臓器が普通の人間と少し違う、瞳孔《どうこう》に縦線が入っている、皮膚が厚い、または質感が違う、体臭が異なる、などの特徴があります。さらにはシェイプシフトしたり、目の外観が変わるのが目撃されることもあります。

## 彫刻

彫刻を作り始めたのは2003年で、2005年から販売を始めました。最初に作ったのはゼータと人間のハイブリッドの赤ちゃんと、銀河連邦にいる、人間のような見た目のET、それとシリウスの光の戦士です。彼らと一緒にいたときの記憶をもとに作りました。その後はトランス状態になり、見た記憶のないＥＴの彫刻も作るようになりました。バディック族というアンドロメダの種族、様々な種のゼータ、サラマンダー型のＥＴなどです。２年目にはテレパシーで声が聞こえ、彼らの姿かたちを伝えてくるようになりました。３年目には好意的な種が新たにやってきて、実際に私の目の前に現れたり、エーテル界で見たり、ときには第三の目でコンピューターのモニターを見るようにして彼らの姿を見ることができました。姿を見せてくれたＥＴはブルー・アルクトゥルス人、プレアデスのブルー・レディー、マンティス、ズマ・ゼータ、カタサハイアン、トールホワイト・ゼータです。数年後、様々なＥＴ協議会に出席した後、マスターたちの彫刻も作り始めました。サナンダ、大天使ミカエル、アシュタール、グレート・ホワイト・ブラザーフッドのメルキゼデクなどです。

その３年後、ＥＴ／ＵＦＯ体験者の集会で何人かの人が、私の彫刻を買ってから起こったことについて話してくれました。ほとんどの人が、彫刻がテレパシーで語りかけてきたか、または目や口が動いたと言っていました。そのときまで私はＥＴが私を介して彫刻に魂をこめていたなんて、まったく知りませんでした。彫刻がシェイプシフトして実物大のＥＴになり、気づいたら高い次元でそのＥＴと向かい合っていた、という人も何人かいました。あるイギリス人の男性にシリウスの光の戦士の彫刻を贈ったときには、彼から震えた声で電話がきました。彫刻と一緒に瞑想していたそうです。

「心の準備ができてなかったんだよ。急に別の次元に連れていかれるのを感じて、びっくりして彫刻をトイレに持って行った。彫刻が出てこられないようにドアをしっかり閉めたよ！」

そのイギリス人の男性と話している間、１９９０年に亡くなった彼の母親が私とコミュニケーションを取ってきました。

「今は宇宙船にいて、また会えるのを待ってる。もう一度彫刻と瞑想する勇気が出たら、そのときは私に会いに宇宙船に来られるよ」

お母さんはそのイギリス人男性の腕の中で亡くなったので、彼は母親を助けられなかったことにずっと罪悪感を抱いていました。普通のお母さんではなかったそうです。強力なパワーを持っていて、そばに寄るだけでブレーカーが落ちたりパソコンが壊れたりするのが、彼は嫌だったそうです。その後、彼は恐怖を克服し、宇宙船で素晴らしい体験をしました。

宇宙船を呼んだりコミュニケーションを取るために彫刻を使う人もいます。ある特定のETの彫刻は、人を癒したり、自分や他人を癒す方法を教えてくれることで知られています。また、スターシードのDNAを活性化し、本来の力を思い出すのを助けてくれることもあります。スウェーデンのある若い男性がボイスメールを送ってくれました。恋人がトールホワイト・ゼータの彫刻を持っていて、その彫刻が彼に対し、自分の体を離れて死んだ若者の体に入り、その若者を癒して生き返らせる方法を教えたそうです。私は何千もの彫刻を作ってきましたが、その彫刻を使った数多くのスターシードたちの経験談を聞くと、いつも謙虚な気持ちになります。私は常に次に作る彫刻のことを考えています。体力が許す限り、これらの貴重なETたちの彫刻を作り続けるつもりです。これが私が地球でやるべきことです。私ができることなら何でもしますが、いつ私の助けを求めるかはスターシード次第です。

## ガイドからの導きはありますか？

10代後半の頃から頭の中で男性の低い声がテレパシーで聞こえていました。50代前半になって初めて、私がガイドと会っていたことを思い出すことを許してもらえました。でもその前に一度だけ、ガイドの一人に会ったことがあります。縦線が入った金色の目をした、しわのある茶色のETです。初めて私の目の前に現れたETで、私が46歳のときでした。２００７年、インフルエンザウイルスが心臓を侵して死にかけたとき、私は気が付くとエーテル界にいて、真っ白な光に囲まれた白い大理石のプラットホームの上にあるテーブルに座っていました。そこにいたのは様々な種のETで、ほとんどは人間型でした。私は彼らのことを知っていて、私に会いに来てくれたことに感謝し、純粋な喜びと愛から、私は泣いてしまいました。翌日の夜、私は再びガイドの評議会に行こうとしましたが、評議会の場にはイエス・キリストにそっくりな男性が一人いるだけでした。私は憤慨し、彼のもとから立ち去ろうとして、言いました。

「宗教を信じる気はありません」

するとどこからか男性の声が響き、こう言いました。

「そこにいる彼も同じだよ。彼は無償の愛を信じていて『源の光』と一緒に働いているのだから。君は昔から彼を知っている。彼の名はサナンダだ」

そういえば私が20歳のとき、まるでサナンダを個人的に知っていたかのようにサナンダの絵をパステルカラーで完璧に描くことができました。サナンダは私の方を向いて謙虚に頭を下げて言いました。

「私はあなたより優れてもいないし劣ってもいません」

サナンダは私の手を握り、私たちはお互いに向き合って一緒に瞑想をしました。このとき以来、私のハイヤーセルフがグレート・ホワイト・ブラザーフッドのマスターの一人であることを理解しました。

## 特別な能力はありますか？

透視能力と、テレパシーでコミュニケーションを取る能力があります。不健康な人の体の中を見て問題を見極めたり、動物を癒したこともあります。大きな事故で脳に損傷を受けるまでは、念で物を動かすテレキネシス能力も持っていました。私のＤＮＡが活性化するにつれて、より多くの能力が出てきたことは確かです。

## ＥＴが人間と関わる際の決まりは？

私たちスターシードは手本として人類を支援するために今この時を選んで地球に来ていますが、人類に代わって仕事をしているのではありません。人間は「源」および多くのハイブリッドやスターシードとの本当のつながりを理解して、どうやって自分自身の能力を活性化するか、それにどのようにしてダークサイドの力に立ち向かうかを学ぶ必要があります。

デマをもとにした洗脳や信念が広がっているので、目覚めかけているスターシードは真実を見分ける方法を知る必要があります。例えばＮＥＳＡＲＡ（国民経済安全保障改革法）。すべての人が平等になれるよう、全員に高額のお金を与えると言っています。これは「やるべきことは何もない。私たちは皆自動的に平等になれる」と人々に信じさせる方法です。そんな環境で何が学べるでしょう？　アセンションは金銭的なものではなく、魂が学ぶこと、それに欲望・偏見・恐れ・批判を放棄し、あらゆる存在の中に「源」つまり神を見ることです。繰り返しますが、頭ではなくハートで生きることです。私のガイドはかつて、私のハートは「源」につながるへその緒であると言っていました。私はその緒を切るつもりはありません。

## あなたにとって周波数とは？

万物は電気エネルギーなので、周波数は感じたり聞いたりすることができるエネルギーの動きです。音程（ピッチ）が高いほど動きは速くなり、低いほど動きは遅くなります。

## アセンションについてどう理解していますか?

アセンションは、魂が3次元で何千もの人生からすべての教訓を学び、最終的にハートに移行することです。

人類は今、「すべてなるもの」を経験するというアセンションのプロセスの真っ只中にいます。これは3次元で起こっており、抜け出すのが一番難しいとされる次元です。いわば大人になる直前の、思春期で何かと悩みやプレッシャーの多い高校時代のようなものです。人間を経験するには様々な方法があります。貪欲《どんよく》、パワフル、貧困、病気、健康、など。何千もの人生を経験するのですから、3次元を乗り越えるチャンスはたくさんあります。それが次のレベル、つまり5次元に上がるために必要なことです。

4次元は、魂が人生からの教訓を振り返る場所です。振り返ったらその教訓を手放し、すべてを学ぶまで転生を繰り返さなければなりません。人間に嫌がらせをするのが大好きな悪魔的な存在は、すべて4次元にいます。人類が移行しているのは5次元であり、そこにあるのは統合、受容、無償の愛です。それを経験した後、マスターの称号を取得できるのです。あなたはすでに学校に通っていて、マスターになるために学んでいます。そしてマスターになると、他の人たちが彼ら自身のレッスンを理解して前進するのを助けることが、あなたの魂の目的になります。

アセンションという任務を完了すると、私たちは母船で盛大なお祝いをします。パーティーです。酔っ払って騒ぐということではなく、巨大なダンスホールのような場所で着飾って皆と会い、喜びを分かち合うのです。何でも好きなことができます。人間をアシストする上で意見が合わなかったり苦労をかけられた者たちとも、批判なしに一緒にパーティーを楽しみます。私たちが達成した成果を見ること、それこそが賞のようなものです。

**ミゲル・メンドンサ**：アセンションに選択肢はありますか？　新陳代謝のようなもので、必ず起こるのでしょうか。それとも志を同じくする者たちのグループが、いわば宇宙の宣教師として、発展の遅い者たちに課しているものなのでしょうか。

選択は人間の魂にあります。例えば、ダークサイドにいることを楽しむ人もいます。奴隷を使ったり貪欲でいることを好むことで低い次元に閉じ込められますが、それが彼らの選択です。でもいつか飽きるときが必ず来て、そこで前進します。そうして次のレベルに到達するとき、それは大きな突破口のようなもので、彼らはそこに到達したことのありがたみを心から感じます。でも様々な選択や誘惑があるので、なかなか大変です。多くの魂がアセンションを達成するために6つの「ニュー・アース（新しい地球）」が必要だったのはそのためです。そして今回、光の大天使たちは「もう十分だ」と言っています。

今生《こんじょう》で、ついに5次元の地球が創られました。すべての人種が平等に暮らし、健康と長寿を楽しむ完璧な地球です。マスターたちがアセンションを達成した人たちのサポートをしてくれます。でもすべてが完璧であれば、またすぐ新たなチャレンジが必要になるでしょう。困難を乗り越えてこそ何かを達成できるのですから。５次元では努力の成果を味わい、純粋なエクスタシーの中で暮らします。でも数千年も経てば、今度は自分がマスターになって低い次元の人々が5次元に到達するのを手助けしたいと思うようになるでしょう。

地球は、3次元の人間のための学校になることに同意しました。そして各サイクルの終わりになると、地球は自分を清め、自分についたノミをすべて振り落とし、自然のままの惑星に戻ります。おそらく次の学校では生徒たちは前よりもっと早く学び、火星での行いを繰り返すことはないでしょう。

創造主は何でも創造することができます。破壊を許すのはあくまでレッスンの一部としてであり、最も美しい世界を創造する能力を持っているのです。ですから、破壊を続ける必要はありません。3次元の火星は今の火星のままですが、高い次元では、火星は緑に覆われた、もとの美しい姿です。今の火星の状態は、私たちが今のやり方を変えなければどうなるかを表しているのです。

いつかあなたは創造主であることがどういうことかを経験し、あなた自身が創造主になる必要性を理解するでしょう。なぜなら、物理的な世界を創造したのはあなた自身なのですから。物理的な世界は実際には存在しないのです。体験用のホログラムです。「源」が興味を持ち続けるために必要だったので、物理的な世界を創ったのです。

つまり、アセンションは単なるサイクルにすぎません。そのサイクルは変えることができますが、他人のために変えることはできません。自分のためだけです。それを理解すると、より高いレベルへと上昇します。欲望や支配欲が地球にどんな影響を与えているかを理解すると、心を入れ替えざるを得ません。私は死んで向こう側の世界に行ったとき、地球が受けている痛みと苦しみを見ました。

世界で起こっていることが気に入らないなら、あなたの考えや行動を変えてください。そうすれば、もうそのように生きる必要がなくなります。その変化を認め、変化そのものになること。それが3次元です。

マスターは人類のアセンションを手伝うことに飽きると、別の挑戦へと移ります。そうしたら、人類のアセンションを手伝うのはあなたの役目となります。人類を助けるために、私たちは知っていることをいったん忘れて人間として転生する必要がありました。人間の考え方や行動と反応、それと何に触発されるかを理解するためです。

いつか私たちは光の存在になり、純粋な愛を経験し、そしてもはや挑戦を望まず、ただそのままで、愛以外の何も経験しなくなります。私の理解では、光の存在になったそれぞれが、その状態に飽き、創造主になって自身の宇宙を創造する準備ができたとき、また最初から始め、すべてを知る神になります。それがサイクルです。

他者の成功を助けることで、自分もさらに学ぶことができます。いつ学びが終わるのかは分かりません。もう学びたくないというときが来たら、それは私たちが無になるときでしょう。すべては学びです。もう学びたくないなんてことがあるでしょうか？　無に向き合えますか？　ただ存在しているだけでいることなんて、できるでしょうか？　私にはできません。これまでに学んだこと、達成したこと、経験できることの喜びを知っているからです。来世でも同じ結論に行き着くでしょう。もしくはもっとパワフルな結論に行き着くかもしれません。信じられるのは自分と、自分の中にある真実です。真実をあきらめて「何を信じればいいか教えて。それを信じるから」と言ってしまえば、満足する結果は得られません。他の人に委《ゆだ》ねてしまったら学べることは何もありません。

自分の人生を見て、シンプルに「ただの経験だ」と言うこともできるし、それがあなたの結論かもしれません。もしくは「どうすれば他の人を助けることができるか？　もう自分の役に立たない、手放していいものは何だろう？」と考えることもできます。美しく開いた花のように、最高の自分になってください。でも結論は自分自身で引き出さねばなりません。

## 軍や諜報機関から接触を受けたことはありますか？

私が幼児の頃、地下の医療施設に連れていかれていろいろな能力テストを受けたことを覚えています。でもテストは不合格でした。これはマスターたちのはからいです。1990年代後半、UFO遭遇者のグループに参加したときに自分がスターシードであることを公表しました。その後、未知への恐怖を克服したときに初めて、素晴らしい経験が待っていました。ETたちとの出会いです！　初めてETが私の前に姿を現したのはその頃で、その後は週に3〜4回のペースでETが訪ねてくるようになりました。その結果、NSAと「メン・イン・ブラック（黒服の男たち）」が宇宙船の周波数を探知し、宇宙船が私の住むエリアを定期的に訪れていることを知って私を狙ってきました。殺すか黙らせるかするつもりだったようです。この頃はNSAが遠隔透視の能力者（リモートビューワー）を使って私に何度も心臓発作を起こさせたり、動脈瘤《りゅう》を起こす血清を頭の後ろから注射してきたりしました。でも毎回私のスターファミリーが対処法を教えてくれるか、または治療してくれました。このような場合に備え、防御方法を知っておくのは大事なことです。

## コラム

### 自分を守る方法

防御はとても簡単な能力の一つですが、大事なのは、常に自分自身と自分の能力を信じることです。それには、自分を「源」の光で取り囲み、無条件の愛でハートを満たすだけでいいのです。まずはその愛と光を自己に向け、次に他のすべてのものに向けます。相手がダークでネガティブであるほど、その相手とより多くの愛と光を共有することが重要です。これはあなたの周りに保護を置き、同時にあなたの力を増し、あなたを覆う闇の力を減少させます。愛と光を使えば使うほど、私たちのＤＮＡは活性化されます。

## 地球規模のハイブリッド・コミュニティについてどう思いますか？

私たちハイブリッドは世界中に配置されていて、いろいろな人生を歩み、接触するものすべてに影響を与えています。それぞれが最も必要とされている場所を選んで転生してきます。ハイブリッドが地球にいるのは信者を作るためではなく、人々が自分自身の真実を見つける方法を教えるためです。それぞれのＥＴ種が特定の強さや能力を持っているので、均等に世界中に散らばっています。でもいつか、スターシードがアセンションの手助けを終えるときが来て、人類は自身の力で立つことを強いられるでしょう。結局のところアセンションとは、人類が頭ではなくハートで生きる方法を思い出すこと、つまり無償の愛をもって光の中で生き、自身の力を取り戻すことです。

## 他のハイブリッドと話したいことは？

人類が私たちから完全に独立してアセンションを完了し、我々スターシードが自分の星に戻れるようにするために、人類が今最も必要としているのは何か。それと、最もタイミング良く効果的に私たちみんなで協力する方法は何か。この二つを議論したいです。

## ハイブリッドであることの一番の利点と欠点は？

一番の利点は人間とは違う能力を経験し、理解できること。一番の欠点は詮索や不当な批判をしょっちゅう受けることです。

## あなたに協力するために、人類にしてほしいことは？

人間と協力するための唯一の効果的な方法は、まず彼らを批判的な状態から抜け出させ、ハートで考えさせることです。

## あなたにとって「神」とは？

様々な物理的な姿で転生した「源の分身」を通して、その生を自分のことのように体験している、批判や偏見のない、純粋な無償の愛と白い光の存在。創造主。

私の双子の姉が29歳で死んだ1ヵ月後、私は深いうつ状態に入り、姉がどこへ行ったのかを理解したくて毎晩夜遅くまで聖書を読みました。でも聖書の中に答えを見つけることができず欺《あざむ》かれたと感じたので、神に頼み、さらには要求しました。

「神が本当に存在するなら証明して。私を姉のところに連れていって！」

その夜、私は疲れ切って眠ってしまいました。そして真夜中に目が覚めると、私を温かい気持ちにさせる不思議な影がいて、こう言いました。

「君はまだ去ることはできないけど、そのときが来たら君の愛する人みんなと一緒に君を迎えに来るよ。恐れなくていい。君のときはもうすぐ来るから」

この影は、母の腕に抱かれているような至上の愛で私を包み込みました。このとき、神が私の創造主であり、父であり、母であることを心から理解しました。神が「創造主」であり、「源」であり、「源」の魂の火花である私たちの魂ならば、神が私たちを裁いたり罰することなどあるでしょうか? ありません。「源」は、自らが創造したすべてのものを通して「すべてなるもの」を経験しているのですから。「源」は、「源」の自己を無条件に愛しています。まずは自分自身を無条件に愛さなければ、他の人を無条件に愛せないと言われる理由はこれです。

## あなたが学んだ一番重要なレッスンは?

私が若かった頃はハイブリッドについて書かれた本がなかったので、自分で真実を学ばなければなりませんでした。スターシードであることを公にしなさいと言ってきたのは私のスターファミリーで、1996年、ETと接触のある人々のグループを通して公表しました。私のような人が他にいるか知りたかったのです。私は当時40代後半で、アリゾナ州フェニックスの中心部にあるショッピングモールにMUFON〔相互UFOネットワーク。アメリカのUFO研究機関〕グループが来るという情報を聞きつけました。どのくらいの人がUFOやエイリアンと接触しているのかを知るために、一般人にインタビューをしに来たのです。当時MUFONはこのような調査をよく行っていました。普段は人に言えないETのことについて話せると思い、ワクワクしました。

当時ＭＵＦＯＮの心理学者で催眠療法士だったルース・ホバーが来ていたのですが、私は彼女に近づこうとするたびにどうしようもなく泣いてしまい、話すことができませんでした。そうして２時間ほどモールを歩き回った後、ようやく勇気を出して彼女に言いました。

「名刺を一枚もらってもいいですか。いつか電話します」

私の中の何かが、自分のことを誰にも話させまいとしていました。当時は知りませんでしたが、これは頭の後ろに埋め込まれた軍用インプラントのせいでした。話し始めるとひどい痛みを引き起こすのです。ルースは私が泣いていたことに気づき、私がとても動揺しているのを見て、とにかく座って話しましょうと言ってくれました。そこで私は子供の頃、両親に言いたかったけれど言えなかったことを彼女に伝えました。私の父は韓国で最高機密の軍事計画に取り組んでいたためほとんど家にいなかったし、母は非常に熱心なクリスチャンで、私が３歳か４歳の頃、拉致されたことや地下施設に連れていかれてテストされたことを話しても信じてくれませんでした。想像力が豊かな子だ、ただの夢だ、と言われるばかりでした。そのため、５歳になって小学校に通うまで、私は心を開きませんでした。だから私がルースに心を開くのはとても勇気が要ったのです。そういう話題を一緒に話してくれる人が今まで誰もいなかったし、話そうとするとひどい痛みに襲われたからです。でも私の意志が痛みより強くなったとき、痛みが消えました。一時間ほど、泣きながら話しました。数ヵ月妊娠しては胎児を奪われるという経験が何度もあり、なぜそんなことが自分に起こるのか理由が分からなかったので、思い出すのがとてもつらかったのです。当時の私は被害者の立場からすべてを見ていました。

ルース・ホバーと話した後、それまで抑制してきた感情や、生まれてからずっと経験してきたことを打ち明けて、肩に乗っていた大きな荷が下りたような気持ちになりました。ルースはちょうどET／UFO体験者のグループを作ったところで、私にも参加してほしいと言ってきました。ルースがグループを作った理由は、理解を超える経験を持つ多くの人々が名乗り出てきたためです。覚えているかもしれませんが、1980年代にたくさんのET／UFO体験者が出てきて彼らの経験に関する本がいろいろ出ました。でもハイブリッドが作られた理由や地球での任務について書かれた本は私の知る限りありませんでした。こうして私は、宇宙船に乗ったことがありハイブリッドの子供を持っているという、私とほとんど同じ経験を持つ人々に出会い始めました。

最初のうちは自分の経験について話すのは抵抗がありました。ETは私の子供たちを連れ去ったのですから、私はETに恐ろしいことをされているに違いないと思っていました。自分を被害者として見ていたのです。話すのが難しかった理由はもう一つあります。1993年に通りを横切っているときに車にはねられるという大事故に遭い、脳が正しく機能しなくなったため、普通に話すことができなくなっていたのです。小学5年生のレベルでした。私は自宅の窓を板でふさぎたいと思うくらい極端な精神状態に陥っていました。これもまた被害者のように感じていたためです。それに、みんながエイリアンとのコンタクトについて話す内容は、いつもとてもネガティブでした。

でもそれから6ヵ月ほど経った頃には私は十分強くなり、ETとの意識的なコンタクトを要求するほどになりました。そして3週間の懇願の末、その唯一の方法は自分の経験に関する怒りや恨みを捨てて、ETたちを愛し、真実を学ぶことだと気づきました。その真実をどう定義したらいいでしょう？

最初にETと意識的に接触し始めたとき、生涯ずっと追求し続けてきたけれど人間からは得られなかった、無償の愛を経験しました。とても強力で、とても包括的な愛でした。それ以外に説明のしようがありません。私のベッドの横にＥＴが現れました。そのＥＴは身長１５０センチほどで、象のようにシワが寄った茶色の肌と、金色の目をしていました。頭の形がとても奇妙で、頭頂部が大きく、後ろが少しくぼんでいて、小さな隆起ができています。体と首はとても長くて細く、手と足の指は３本で、指の先には吸盤がありました。これほど究極的な、溶けるような、陶酔《とうすい》的な愛を意識があるときに感じたのはそれが初めてでした。私は彼（男性だと感じました）に言いました。

「手を握ってもいい？」

手触りを知りたかったのです。チンパンジーの肌のようでした。ゴムのようで、人間の肌とは異なる感触です。彼の手を握ると、私の全身は強烈な愛で振動し、私たちはお互いハートで愛を交換しました。５分ほど続いたと思います。彼らにとって肉体的な姿を長くキープしているのは苦痛です。私たちの周波数が彼らの周波数よりもはるかに低いためです。

その後、いなくなった私の胎児についてＥＴたちに尋ねました。でもそれはいなくなってから数年後のことで、そのときにはもうそのことはどうでもよくなっていました。

若かったときは、脳の活動を遮断《しゃだん》することができませんでした。睡眠中でさえ常に何かを創造していました。それが交通事故に遭ったことですべて奪われてしまいました。事故で失ったのは脳の10％だけでしたが、背骨の損傷のせいで脳に十分な酸素が送られていなかったことに医者が気づかず、ほぼ植物状態になるまで脳が悪化し続けたのです。酸素を脳にきちんと届けるために背骨を伸ばすための理学療法を受け、いろいろなことを再学習しなければなりませんでした。とてもつらくて、惨めで、ときにはもう生きていたくないと思いました。人々は「彼女は大変な目に遭ったね。一生懸命がんばってるね」と思う代わりに、私を見下しました。私が理解できないと思い込み、「彼女は知恵遅れだ」と言う人さえいました。

今にして思うと、それは学ぶことであり、何かになることへの挑戦でした。このようにして「源」は、私たちを通して生き、達成の喜びを経験します。山に登る人のように、何度も繰り返し経験します。頂上に到達すると素晴らしい気分になりますが、すぐにまた新たな挑戦を求めずにはいられません。挑戦することが楽しいからです。それが、「源」が分身を作った理由です。私たち一人ひとりの魂がそれぞれ異なることを経験します。他の世界に住み、最大の存在から最小の存在まで、すべてを経験してみたいと思いませんか？　私たちは数々の生涯にわたって経験を重ねることができます。そして私たちが「源」に戻り、光の存在になると、ライトワーカーとして他の者たちを見守るようになります。教師になって各生徒をアシストするようなものです。

恐れと怒りを手放して、すべてを「創造主」の他の側面として見ると、恐怖は消え、同情心が芽生え、相手を理解し助けるにはどうしたらいいか知りたいと思うようになります。

「光のことしか考えたくない。もし神がそれほど完璧なら、なぜ悪魔を創造するのか？」と言う人もいます。そういう人は神を最も暗い者から切り離したがりますが、もし私たちがダークサイドを持つことができるのなら、創造主である「源」もダークサイドを持つことにはなりませんか？　そこを理解しなければなりません。批判は私たちを経験から遠ざけるだけです。批判して何になるのでしょう。批判なしに受け入れられるようになるポイント、それがあなたが到達すべき頂上です。光だけを経験したいというある女性は、私が闇を経験したことを知って愕然《がくぜん》としていました。彼女は恐れによって自分自身を制限していました。反対側を受け入れたいと思うことは、それを理解するために反対側にならなければならないという意味ではありません。私はかつて、気づくと外にいて、人間が最も恐れている5人の最も暗い存在に囲まれていました。私は冗談めかして言いました。

「私をこらしめに来たの?」

すると代表の一人が、イギリス訛《なま》りの英語で言いました。

「違うよ、お礼を言いに来たんだ。我々もアセンションが起こるのが待ちきれない。レッスンを習得するまでの間、闇を維持しておくことができるのは最強のライトワーカーだけだからね。我々は闇の中にいることと、そのエネルギーを保持することに、もううんざりしている。でも我々はとても強いから、その役目を引き受けたんだ」

すべてはアセンションに関連しています。それぞれの魂がそれぞれのアセンションに取り組んでいます。私たちは皆、「すべてなるもの」を経験している神の自己です。実際には、死というものは存在しません。私たちが再び生まれて新しいレッスンと冒険に挑むために、肉体という器から解放されるだけです。

マスターたちはもっと多くの人間がアセンションを達成することを期待していましたが、期待が外れて残念に思っているし、混乱してもいます。地球で人間をアシストしている我々スターシードは、やり方を間違えているのでしょうか? なぜこれほど多くの人間がいまだに欲や批判や偏見を持って生きているのでしょう? 物質的な世界にこだわっている間はアセンションはできません。物質的な世界というのは実際には存在せず、レッスンのためにあるだけなのです。たくさんのマスターが悲しんでいると聞き、１９９７年のある日を思い出しました。私のガイドたちが、私が人類に伝えるべきアセンションへの鍵を教えてくれた日のことです。私は「地球上の７人に一人だけがアセンションを達成するだろう」と言われ、悲しい気持ちになりました。あまりにもたくさんの人が間違った方向に導かれ、全員がアセンド（上昇）すると思っています。でもまだ欲と支配欲を手放せず、準備ができていない人が大勢います。自分が犠牲者であると感じ、怒っていて、力を欲し、奴隷が欲しいと思っている人もいます。ひとたび人間になると、アセンションはとても難しくなります。たくさんの選択肢があるためです。でも誰もが正しい選択をしたがるわけではありません。

　自分と相手との違いを素晴らしいこと、完璧なこととしてだけ見ることができ、すべては芸術だと思うことができれば、それに、こうなるべきだという決めつけを手放すことができれば、人間はあらゆる存在の中に美しさを見るようになるでしょう。同情し、相手の心を感じ、本質を知り、彼らがどこから来たのかを理解し、批判をやめ、偏見を持たなくなるでしょう。

　ＥＴとのコンタクトを取ったときに私の世界は変わりました。人生の本当の意味が分かるのは、自分が完璧であると感じ、完璧な愛を感じる経験をしてからです。だから私はＥＴに出会うと、彼らが何者であるかは気になりません。かつて爬虫両生類《はちゅうりょうせいるい》学者が「世界一の猛毒を持つヘビでも、恐れていなければ手に持つことができる」と言っていました。恐怖というのは非常に強力で、散漫で混乱したエネルギーなので、ヘビは人間の恐怖を感じ取ります。私の家には居住スペースとして改造した地下室があり、人に貸していたのですが、砂漠地帯なのでガラガラヘビが入ってきたことがあります。賃貸《ちんたい》人は叫びながらヘビにホースで水をかけ、狂ったような大騒ぎをしていました。彼はヘビが大嫌いでひどく怖がっていたのです。私は彼に、水をかけるのをやめて消防署に電話するように言いました（ヘビの対処は消防署の管轄です）。私はそのヘビを見たとき、美しいと思いました。私はヘビから二メートルほど離れたところに座り、美しいと思っていることと、その動きがいかに上品でエレガントかをテレパシーで語りかけ、たくさんの愛を送りました。ヘビは立ち上がって舌を狂ったように動かし、私をじっと見て愛を返してくれました。私はまったく恐怖を感じず、立ち上がってその場を去ったときもヘビは攻撃してきませんでした。驚愕《きょうがく》する消防士たちに私の夫が「彼女は愛さえ送れば安全だと考えてる、ニューエイジなタイプのヘンな人なんですよ」と説明すると、消防士の一人が怒った顔で言いました。

「毎年ヘビの毒で死ぬ人や四肢を失う人がいるんですよ」

「でも彼女を美しいと思うし、恐れはありません」

「なぜそのヘビがメスだと思うんです？」

「周波数がとても女性的だから」

消防士がヘビを持ち上げて確認しました。

「確かにメスだけど、たまたま当たっただけでしょう」

彼女が私に危害を加えるつもりはないこと、ただ存在していること、知っている唯一の方法で生きていること、愛を与えると愛を返してくれることを、彼らは理解していませんでした。ガラガラヘビとひとつになることが大事なのです。その存在を理解し、生存のために何が必要かを理解しなければなりません。

2000年代初頭、私は3人のアントピープルに会う経験をしました。彼らは夜に私の寝室に入ってきたのですが、その間私の夫はずっと眠っていました。テレパシーでの会話はなく、幻覚かと思いました。私は洗面所に行き、冷たい水で顔を洗い、戻ってきて、目を暗闇に適応させました。ベッドのそばに立っていたのは3人の巨大なアリのような存在で、虫のような大きな目をしていました。手を伸ばして触ってみたかったのですが、「これが本物なら、噛んだり引っ掻かれたりするのかしら?」と思ったので、テレパシーで「もう寝るから、何か私に聞きたいことがあるなら私の心の中で聞いてね」と伝えました。それからベッドに入り、毛布を頭までかぶり、ごろんと横になって眠りにつきました。

数週間後、ルース・ホバーのグループの会合に早めに行くと、私の友人も早く来ていました。そこで私たちがまったく同じ経験をしたことを知りました。私のところに来たのは3人でしたが、彼女のところには一人だけ来て、夜中に彼女を揺さぶって起こし、彼女が「なに? 何の用?」と言っても黙っていたそうです。彼女の部屋は私の部屋より明るかったので姿を見ることができ、次の日絵に描いて見せてくれました。それを私が彫刻にし、彼女に批評してもらい、とあるUFO協議会に持って行きました。すると一人の男性がやってきて「アントピープルだ! グーグルで検索すればホピ族の情報が出てくるよ」と教えてくれました。

その後、私は勇気を出してアントピープルに会う決心をし、彼らのことをもっと知るために彼らのいる地下施設に入りました。地球の内側にある巣穴を見せてもらい、彼らがなぜアンテナを持っているのか、それと彼らが地球にいる目的が何であるかを理解しました。彼らはやはり身長が150センチほどでした。すべてのアリには安全と危険を察知するために周波数を感じ取るアンテナがあります。アントピープルは地球が浄化されて新しくなる直前の、地球のサイクルの終わりごとに地表に現れます。彼らはある特定の周波数のパターンを認識します。すべての人は独自の周波数を持っていて、それは「魂のアイデンティティ」と呼ばれ、その魂だけに属する周波数です。アントピープルは特定の周波数のパターンを持つ人々を探し出し、地球の変化が起こるときに地下に連れていき、食料を与えて命を守ってくれます。そして地球の変化が完了して再び生命を維持できる状態になると地上に連れていき、人々はまた新しい地球に住み始めます。アントピープルの役割を学んで本当に驚きました。どんな本を読むより、自分で経験すると言葉では表せないほどの学びを得られます。

# シャーメイン・ディロザリオ・セイチ

注意：人によっては不快を感じるかもしれない内容が含まれています。

シャーメインは27歳のイギリス人女性で、南イングランドに住んでいます。人間としての祖先は、イギリス系、イタリア系、インド系、ユダヤ系です。

## 自分がハイブリッドであると、どのように知ったのですか？

今にして思えば、子供の頃からいろいろな経験をしてきました。でも子供だったので誰が私の部屋に来ていたのか理解していませんでした。記憶が飛んでいたり、説明できないアザがあったりしましたが、アザの写真を撮っても写真が現像されませんでした。子供の頃はエイリアンが何なのかよく知りませんでしたが、知りたいとは思っていました。その頃はまだ自分が実際に経験してきたことを覚えていませんでした。大人になり、ミステリーサークルやＥＴに興味を持つ友人が2～3人できました。その友人たちが冗談半分で、ＵＦＯにさらわれた経験がありそうな人を対象にアンケート調査をしました。すると私に当てはまる項目がたくさんあったので、よく彼らと一緒にこのジャンルのドキュメンタリーを見ては、熱心に語り合ったりしました。そして時が経つにつれて、私と似たような経験をしている人、特に記憶が抜け落ちる経験をしている人が大勢いることを知りました。私は何度も記憶が抜け落ちる経験をしていて、一番長かったのは6時間でした。明るい光を覚えているだけで、その後は記憶がありません。私は自分に何が起こっていたのか疑問に思い始めました。

ＥＴが来て私を誘拐していた経験を思い出し始めると、なぜ私にそういうことが起こっていたのかという疑問がわいてきました。友人いわく、それは家系的なものであることが多く、両親や祖父母も同じ経験をしているかもしれないということでした。そういう可能性もあるのかなとは思いましたが、でもいつも私だけ人と違うと感じていました。思えば、物心ついたときから他の子供と違う特徴が確実にありました。詳しくは「特殊な能力」のセクションで説明します。

それで、「自分の知らない違いが他にもまだあるのだろうか？」と思い始めたのです。

自分がハイブリッドだと確信したのは3～4年前、ＥＴが来たときに私がこう聞いたときでした。

「私がハイブリッドだってことを証明できる？」

すると、私の姿がレプティリアンに変わったのです。これで証明されました！　このときの経験については、「退行催眠の記録」のセクションで説明します。様々なＥＴ種が私の部屋に来ていましたが、彼らの正式な名前や出身星は分かりません。

以前から私は自分がハイブリッドではないかと疑っていて、そうだとしたらレプティリアンだろうと感じていました。昔から爬虫類が大好きでした。子供の頃、一人で静かに座って目を閉じ、いつも一緒にいるエネルギーに話しかけていた時期があったのを覚えています。そのエネルギーは、私にはレプティリアンの目として見えていました。ほとんど黄色で、黒いスリットが入っていました。ときどき目の周りの皮膚が見えることもあり、濃い緑色でした。大きくなるまでは、他の子供たちにそういう特別な友達がいないことを知りませんでした。

後に、私はヘビとテレパシーで話せることに気づきました。友人のアパートに遊びに行ったときのことです。彼女の同居人の男性はヘビをペットとして飼っていて、そのヘビは数週間エサをもらっておらず、丸くなっていました。私がヘビと話したいと言うと、変な顔で私を見ながらも、その男性はヘビを私の手の上に乗せてくれました。

「はじめまして。すごくきれいだね。あなたを見たいから、顔を見せてくれない？」

ヘビがおとなしくしていたので、男性はとても驚いていました。普段は他人には絶対に近寄らないそうです。それにひどく空腹だったので、私を咬まなかったことにも驚いていました。この出来事で、私はレプティリアンと関係があるという感覚を得たのです。

## あなたを構成するET要素は？

現時点で確実なのはレプティリアンであることだけです。彼らが自分たちのことを何と呼んでいるのか知らないのでテレパシーで何度も尋ねたのですが、まだ答えはもらっていません。特定の理由で私が覚えていない可能性もあります。

マンティス［カマキリ型ET］とのつながりもあるかもしれません。私は二重関節［先天的に可動域が通常の人より広い関節のこと］で、腕、手、指がとても柔らかいのです。私の指は他の人にはできない動きや曲がり方をするので、ここ数年、母と姉には「カマキリみたい」とからかわれています。

## あなたはどのように作られたのですか？

ずっと考えていますが、現時点では分かりません。私にはきょうだいが二人います。母は二人を産んだ後、もう子供を持つことはできないと言われたそうです。でも私が産まれました。そのことに何か意味があるかどうか分かりませんが、もっと知りたいと思っています。

## スターファミリーとどんなつながりを持っていますか？

どんなET種が来るときでも、いつでも私はテレパシーでコミュニケーションを取ります。今まで会ったETはレプティリアン、グレイ、マンティス、銀河連邦、それとグレイにそっくりな種もいて、肌がオレンジと砂を混ぜたような色で、少しレプティリアンっぽい質感でした。名前も分からないし、同じようなETの画像も見つけられません。そのグレイそっくりな種は、彼らの繁殖プログラムと、それがどのように機能するのかを見せてくれました。彼らの目は本当に印象的でした。大きくてグレイの目のように斜めになっていますが、巨大で青く、人間の目に似ていました。

子供の頃はETが来ても決して嫌な思いをすることはありませんでしたが、成長すると誘拐やレイプを含むネガティブな経験が始まりました。これらについては、「ハイブリッド・チルドレン」のセクションで説明しています。

幸い私は多くの人が怖いと思うことが怖くありません。ETが来てくれることと、コミュニケーションを取れることをうれしく思っています。おびえる人が多いようですが、私は受け入れています。レイプさえも気になりません。客観的なことに感じるし、そうなる運命だったような、目的があるような感じがします。なぜこういうことが起こっているのか完全には理解していないとしても、それが起こるのに適切な時期なのだろうと思えます。同じような経験をして、人に話すことができずにトラウマを乗り越えられずにいる人もいます。私には、心を開いて理解してくれる家族がいるので本当に幸せです。そういう家族や友人を持たない人は大勢います。誰にも話せなかったら、とてもやっていけません。

**バーバラ・ラム**：１９９４年以来、私は自宅で毎月ET／UFO体験者の支援グループを運営してきました。話を受け入れて理解を助けてくれる人がいることで、みんなとても安心します。話を聞いてくれる人が自分と同じような経験をしているということもあります。このグループはET／UFO体験者だけのためのものです。参加の条件として、私か、または私が信頼する催眠療法士と少なくとも一度は退行催眠をしていなければなりません。これはいい前提条件だと思います。他の超常現象を経験をしたことがある人もいるかもしれませんが、それはＥＴとの接触とは違う可能性がありますから。また、国際ＵＦＯ会議などの場でも支援グループを実施しました。１９９０年代に私はＥＴ／ＵＦＯ体験者の支援グループを作るべきだと主張し始め、１９９５年頃から実現しました。今は国際ＵＦＯ会議だけでなく、他の会議でも支援グループが運営されています。同じような経験をした人たちと会って話すことができるし、リーダーを務めるのはこのような支援グループを運営した経験のある人たちです。ＥＴ／ＵＦＯ体験者たちの孤独が薄れ、悩みが減り、他の体験者たちがみんな善良で知的な普通の人だということが分かるので、大きな助けになります。

イギリスでＥＴ／ＵＦＯ体験者の支援グループを始めたいです。シンシア・クロフォードのような人たちと話したり、経験を共有して類似点と相違点を比較したりすることができるのは、とても役に立ちます。そういう安全な場所を他の人たちにも提供できればと思います。全員が同じ立場にあり、誰からも批判を受けない環境が本当に必要です。自分の話をシェアしたければしてもいいし、ただ座って他の人の話を聞いているだけでも構いません。私はこのプロジェクトに参加してシンシア、マット、ジュジュのような人たちと知り合えてラッキーでした。一生のつながりになると感じます。

## あなたが作られた目的についての見解は？

私は様々な理由で地球に送られましたが、全部の理由はまだ明らかにされていません。私の仕事の一部は「宇宙に存在する生命体は人間だけではない」という情報を人類にもたらすこと。これは確実です。でもこれは、すべてのET種が友好的で人類を助けるために地球にいるという意味ではありません。多くの人間はすでに、他の生命体が地球に来ていることを知っています。でももっと多くの人にその事実を知ってもらう必要があります。目の前にあるものを無視し、無知のままでいる場合ではありません。私たち全員に、成長し、学び、心を開く素晴らしい機会があります。でも発見と啓蒙の旅に出かけるか、閉じ込められて盲目のままでいるかは、人それぞれの選択です。

私は橋渡し役となり、ハイブリッド、ET／UFO体験者、拉致被害者を一つにまとめ、さらには懐疑論者を含む人類すべてを団結させるために地球にいるのです！

ET／UFO体験者の中には、恐れを感じ、トラウマを抱えている人もいます。私はすべてのET種やハイブリッドが悪ではないことを知ってほしいので、能力を使って人々を助け、彼らの生活と人生の旅をアシストしています。

これから起こることを乗り越えるには、私たちが協力し、支配者によって操られたり意図的に分断させられないようにすることが極めて重要です。私のモットーは「何でもできる。できないことは何もない」です。これは宇宙だけでなく、個人の生活にも関連します。人はみんな自分がなりたいものになることができます。物事を変え、改善することができます。考えることができるなら、作ることができるのです。

私は水晶の一面です。私たち全員がこの宇宙で役割を果たしていて、私たち一人ひとりが重要です。何かから回復したり、癒されたり、人生において前進するための助けが要る人々が、私のところに送られてきます。人を助けることができてとてもうれしく思うし、大きなやりがいを感じます。私はレイキマスターの資格を持っているので、ヒーリングを施すだけでなく教えてもいます。栄養学のアドバイザーでもあり、「エモーショナル・フリーダム・テクニック（ＥＦＴ／感情を解放するテクニック）」の実践者でもあります。これらは、人々が自分の道を取り戻し、健康で幸せな生活を送るのを助けられる素晴らしい方法です。

## ハイブリッド化計画の理論的根拠についての見解は？

ハイブリッド化計画には様々な理由があると考えています。ＥＴ種によって、また、軍との関わりがあるかどうかによって違います。

私は、ハイブリッドが作られた目的の一つは、癒し、より高い知性、より強い精神的なつながりなど、特定の目的のために各ＥＴ種からポジティブな属性を取り入れて、ＥＴと人間の間の隔たりを埋めることだと思います。

それとは対照的に、能力を武器として使うために軍によって作られたケースもあります。

## 地球にいるハイブリッドと、そうでないハイブリッドの違いは？

地球ベース（地球にいる）のハイブリッドは、より感情的で、人間や地球を助けることを強く望んでいるようです。非地球ベースのハイブリッドは銀河的な視点を持ち、全体像をもっと意識しているように見えます。

## 自分のハイブリッド・チルドレンはいますか？

私が知る限り、異なるＥＴ種の異なる父親と私との間に、６人のハイブリッドの子供がいます。長男を妊娠したのは、私が知り合いの家に泊まっていたときのことでした。ＥＴが来るときは私は必ず本能的に目を覚まします。そのときは左側を下にして寝ていたのですが、目を覚まし、誰かが部屋に入ってくるとすぐ、それが男性のレプティリアンであると分かりました。ＥＴの性別は私にはすぐに分かります。彼がベッドに沿って歩いているのが分かり、そして自分がこれからレイプされることも分かっていました。とても怖かったので、「レイプなら覚えていたくない」とテレパシーで伝え、気を失いました。そして左側を下にして横たわったまま目が覚め、彼が去ったと思って安堵のため息をついたのですが、彼が腕を私の体に回してきました。私たちはテレパシーでコミュニケーションを取り、彼は「ただ命令に従っているだけだ」と言って謝りました。その経験の後、生理が２ヵ月なく、妊娠したのだと感じました。それ以降も彼とは同じ経験が何度かあり、私が彼に理由を尋ねると、繁殖のためだと言いました。その後、私たちのレプティリアンの息子に会いました。面白いことに、息子の父親と私［レプティリアンのときの私］は濃い緑色の肌をしているのですが、息子の肌はターコイズ（緑がかった青）のような色でした。息子には2～3回会ったことがあるだけで、定期的な接触はありません。私には他にもハイブリッドの子供がいますが、状況は彼らも同じです。もっと頻繁に会っているのかもしれませんが、覚えていません。そのうちの3人は、イギリスの軍事基地らしき場所にいます。

私は、それぞれ種の異なるETにレイプされた経験が6回あります。そのうちの一つは非常に儀式的な状況でした。それが地球上だったのか宇宙船の中だったのかは分かりません。本当にたくさんの疑問があるので、もっと事実を知るためにまた退行催眠を受けたいと思っています。私はどこかの部屋に連れていかれていて、そこにフード付きの黒いマントの男がやってきました。秘密結社の一員だという印象を受けました。彼は私に彼らのグループに加わらないかと誘ってきましたが、そのグループについて話すことを拒んだので、私は拒否しました。私が拒否すればするほど、その男は怒り、攻撃的になりました。その後、半月の形の部屋に連れていかれました。片側に窓があり、高くなった台の上に背もたれの高い椅子がありました。椅子には数人のグループが座っていました。彼らは皆フード付きの同じ黒いマントを着ていましたが、ETと人間が混じっていました。「なぜ私をここに連れてきたの？」と尋ね続けると、「繁殖のため」という答えがテレパシーで返ってきたように感じました。そこに黒と赤の肌をしたETが連れてこられ、グループの代表者たちと話し始めました。グループの代表者たちがそのETに何かを要求していて、両者の間で何かの沈黙の同意があったようでした。彼もグループに加わってほしいと頼まれていました。私はそのETの考えが少し分かったし、彼らが以前交わした会話や計画の内容もなんとなく分かりましたが、私をどうするつもりかは分かりませんでした。

部屋から全員が去りました。すると、部屋の片側にある出入口から私のレプティリアンの息子が入ってきました。会ったのはそのときが初めてでしたが、息子だと分かりました。

それから私は円形の部屋に連れていかれました。そこにもマントを着た人々がいて、黒と赤のETが連れてこられました。儀式が始まるのだと気づきました。私は裸で床に横たえられ、メインのマントの男がやってきて、銀の刃で私の両の手のひらを切り、次にETの手のひらを切り、私の手のひらに押しつけました。それからニワトリを連れてきて頭を切り落とし、その血を私と男の体中に浴びせかけました。それからそのETにレイプされました。その後、浴室付きの寝室に連れていかれ、私はシャワーを浴び、起こったことのすべてを理解しようとしました。様々なレベルで、何が起こっているのか疑問に思いました。明らかに子供を作るためで、これは後に退行催眠でも確認されました。寝室に戻ると私の息子がベッドの上に横たわっていて、眠っているようでした。息子の尾が前後にパタパタしているのが見えて、なぜかそれが信じられないほど面白いことに思え、大笑いしてしまいました。そのせいで息子が目を開け、私の方を向きました。息子はテレパシーで「おかしくなっちゃったみたいだね」というようなことを言ってきました。私はそうやって耐えていたのだと思います。でも息子がそこにいてくれたので慰められました。それ以降の記憶はありません。

軍事基地にいる3人の子供たちについては、妊娠させられた記憶はありませんが、軍事基地らしき場所で目が覚め、イギリス人の女性看護師を見た記憶が一度だけあります。その看護師に私はどこにいるのか尋ねましたが、答えてくれなかったので、せめて私がそこにいた理由を話してくれないかと頼みました。すると彼女は言いました。

「彼らが何かを取っていったということだけしか言えません」

私はそのとき妊娠している気がしていたので、その看護師の発言から、私が実際に妊娠していたことと、誰かが胎児を連れていくつもりだったことが確認できました。青い医療用スモックとマスクを身に着けている男が入ってきたことを覚えています。それから薬を投与されました。でも少しの間目を覚まし、私から歩いて離れていく男を見ました。その男の歩き方から、彼が腕に何かを抱えているのが分かりました。私は再び薬を投与され、次に覚えているのは自宅のベッドで目を覚ましたことでした。

私が二度目にその施設に連れていかれたのは3人の子供たちに会うためでしたが、常に監視されていました。子供たちの父親のことや、レイプだったのか、それとも移植だったのかを、思い出すことはできません。いろいろなことが退行催眠を通じて出てきましたが、もっと多くのことを思い出したいので、必要ならまた退行催眠セッションをしたいです。

子供の一人は幼い男の子でした。4歳くらいで、かなり人間的に見えました。あとの二人はとても青白い肌と大きな黒い瞳を持つ女の子で、そのうちの一人は明るい緑色の髪をしていて、もう一人はもっと赤みがかったオレンジ色の髪をしていました。6〜7歳だったと思います。

レプティリアンの息子に会った時は私より背が高かったので、とても驚きました。息子は成長してすっかり大人になっていたので、計算が合わないように思いました。老いるスピードが違うのでしょうか。それについても、もっと知りたいです。

レプティリアンの息子は身長が二メートル強、肌の色はターコイズ、とても筋肉質で男性的で、立派な尾を持っていました。典型的なレプティリアンです。初めて息子とゆっくり会ったときは二人で会話ができ、本当に素敵な時間を過ごしました。

「人間の姿でいるのはどんな感じ？」

「あなたはシェイプシフトできるの？　それともレプティリアンの姿だけ？」

「分からない」

「姿を変えてみたい？」

「うん、やってみたい」

私はレプティリアンの息子を仰向けに寝かせ、片手を彼の頭に、もう片方の手をみぞおちに当てて、視覚化を始めました。彼が人間の形に変わっていく姿を心に描き、「人間の姿に変われるなら、今変わりなさい」と言いました。こうして彼は初めてシェイプシフトを体験したのです。でもすぐに泣き始めました。

「どうしたの？」

「この姿でいるといつもとは全然違う感じがする。理解できない感情がたくさんあって、受け入れたり処理するのがすごく難しい」

私はそれまでそういうふうに考えたことがなかったので、とても洞察に富んでいて興味深いと思いました。彼は起き上がり、人間の体はどんな感じかを知るために歩き回りました。私には彼の思考が読み取れました。そのうち一つは「おっと、今は尾がないんだっけ！」でした。尾のある体で歩くことに慣れているので、バランスが取れずに戸惑っていました。彼は15分ほど人間の体を体験しました。

レプティリアンの息子は私と同様、ダークブラウンの髪と目をしていました。体型は筋肉質ですがほっそりしていて、かっこいい若者です。「あら、私によく似てる！」と、うれしく感じました。私は他の子供たち以上に、彼とのつながりを強く感じています。彼とコミュニケーションを取ったり会ったりした数も他の子より多いと思います。私は彼を誇りに思いました。もちろん自分の子供についてそう思うのはどの母親も同じでしょうが、私はとにかくとても誇りに思うし、幸せだと感じました。

**バーバラ：**レプティリアンの子供を持つ女性は、他のET種との子を持つ母親よりも「誇りに思っている」という言い方をよくします。私が何年も退行催眠をしていたある女性は、二人のレプティリアンのハイブリッドの息子に会い、「素晴らしい息子たちだ。とても誇りに思っている」と繰り返し言っていました。その息子たちは34歳と36歳の大人で、頭のてっぺんの真ん中から長い黒髪が生えていて、かなり人間的な特徴を持っていましたが、肌の質感や色合いは人間よりレプティリアン的でした。その女性は、息子たちが彼女に会うため道路工事の作業員としてやってきて、人間たちと一緒に彼女の家の前の通りで穴を掘っていたと言います。彼女が作業員たちの横を車で通り過ぎるとみんなが彼女を見て、特に、いつもサングラスをかけている二人の作業員は仕事の手を止め、彼女を見つめていたそうです。彼女は、息子たちが道路工事の作業員を装ってちょっと会いに来たのではないかと、いつも疑問に思っていました。

私の母は、二年半ほど前に私のレプティリアンの息子に会っています。ある夜、母はトイレに向かう廊下を歩いていて、居間を通り過ぎたときに誰かが立っているのを見ました。身長が二メートル以上で、尾とカギ爪のあるシルエットでした。二人が目を合わせたとき、母は「孫がおばあちゃんに会いたくて来てくれた！」と感じたそうです。家族のつながりを感じたので安心して、そのままベッドに戻ったそうです。

軍事基地に住んでいる3人の子供はレプティリアンではありません。マンティスとのハイブリッドの子供が一人いることは知っています。マリー・ロドウェルとの退行催眠の後、情報のダウンロードがあり、3人のマンティスと石造りの部屋にいて、そのうちの一人にレイプされた経験がよみがえりました。その子供に会ったことはないと思います。他の子供たちのケースと同様に、会っても覚えていないのかもしれませんが、分かりません。

私が基地に住んでいる子供たちを訪問したときは、父親はおらず、周りにいるのは軍人だけという感じがしました。ほとんどの場合、子供たちは一つの部屋の中にいて、そこで眠り、遊んでいるようです。子供たちが元気だと思いたいですが、軍事基地にいるという事実と、軍の目的が子供たちの持っている能力の軍事利用だと知っているので心配です。でもその基地がどこにあるのか分からないし、行ったからといって私に何ができるわけでもないので、つらいです。薬で眠らされ、目が覚めると基地にいます。帰りも同じで、移動した記憶はなく、ベッドで目を覚まします。

## 複数のアイデンティティを持つことについて、自分の中でどう折り合いをつけていますか？

子供の頃、私は他の子とかなり違っていました。私は「知って」いました。自分の中で二つの側面が戦っていました。普通の人間の考え方をすると、それに対して別の反応や思考が入ってくることがあり、よく疑問に思いました。

「この考えはどこから来たんだろう？」

心の中で激しい葛藤がありましたが、話せる人もいないし、自分でも理解できませんでした。でもドキュメンタリーを見たりしてハイブリッドについて詳しく調べるにつれ、自分が正しい道を進んでいたと感じました。分からないことはたくさんありますが、自分の頭がおかしいわけではないと気づいたときは、それまでの人生で一番うれしかったです。自分が何者であるかが本当に分かり、自分が完全だと感じました。人生で初めて心の葛藤がありませんでした。心が落ち着き、平和を感じました。内なる戦いが終わったのです。

## 人間と肉体的に違うところはありますか？

知っている限りでは二回シェイプシフトしました。二回とも私の意志ではなく、シフトさせられたのです。両方とも退行催眠のセクションに記載されています。

**バーバラ**：潜在意識は、意識していなくてもすべてを記録しているようです。そこが潜在意識の素晴らしいところです。知りたいと思ったら知ることができるのです。知りたくなければ、その記憶は埋められたままです。

**ミゲル・メンドンサ**：それは、気を失っていても意識がすべてを記録しているかもしれないということですか？　幽体離脱や臨死体験と同じように、体の外から見ているのでしょうか。ものすごく興味深い話ですね。

私は鼻、腕、腰、それと脚の中に計4つのインプラントがあります。一つは、私のシェイプシフトを防ぐためです。軍事的なハードウェアだと思います。彼らが望めば私がシェイプシフトするようになっています。私はその技術を理解していませんが、とても興味があります。何が起こっているのか、どのように機能するのか知りたいです。

左の鼻孔にあるインプラントは追跡用です。3つ目のインプラントは私の体の中の化学物質を操作して、セロトニンなどのレベルを抑制します。そうすることで、彼らは私の健康に悪影響を与えることができるし、実際にそうされたこともあります。この情報は、マリー・ロドウェルとの退行催眠で出てきました。今年、インプラントのスイッチを切ることに成功したのですが、軍が再びオンにしてしまいました。鼻の中の追跡機のスイッチがオンになったとき、それが動くのを物理的に感じました。また、高ピッチの周波数と痛みも感じました。この周波数は毎日聞こえ、ときには痛みを伴います。軍による監視の一部に違いありません。彼らはインプラントをチェックして、必要ならば調整します。私はインプラントを恒久的にオフにし、他の人たちがインプラントを見つけ、その目的を探り、望むならオフにするのを助けたいと思っていて、その方法を追究しています。こんなことをしていい権利は、軍にはありません。私の体とプライバシーの侵害です。インプラントについては、答えよりも疑問の方が多いです。

## 自分には使命があると感じますか？

私はハイブリッドたちを助け、彼らを一つにまとめるために今このときに転生したと感じます。また、ET／UFO体験者が彼らの経験を受け入れられるようにサポートすることも私の使命です。ET／UFO体験者とハイブリッドのコミュニティを一緒にするのを手伝いたいし、人類が団結するための助けにもなりたいです。

私はレイキヒーラーで、４つのスタイルを実践しています。栄養士でもあり、人々が自分の体に何を入れているのかと、それがどのように影響するのかを教えています。現在は鍼《はり》治療も研究しています。経絡《けいらく》とエネルギーの流れを理解し、それをどのように利用すればエネルギーを動かせるか、人々に教えています。つまり、人々が健康になること、仲間を見つけること、本当の自分になること、もっと意識を高めること。こららのサポートをすることが私の使命です。

## ガイドからの導きはありますか？

はい、確実に導きを感じます。ここ二年ほど、銀河連邦からの情報のダウンロードがきています。銀河連邦は強いメッセージを送ってきました。

「前に進み、コミュニティを一つにし、地球上に存在するハイブリッドのこと、ＥＴ種とその目的についての情報を世に広めなさい」

エイリアンの訪問や拉致に関してはネガティブに受け取られることが多いですよね。もちろんネガティブな要素もありますが、すべてのエイリアンがネガティブではないというメッセージを理解してもらうことが大切です。また、レプティリアンを悪く言う人もとても多いです。ＥＴやＵＦＯの話題に詳しい人にレプティリアンの話をすると、レプティリアンは世界を占領しようとしている、イルミナティと協力している、惑星を破壊しようとしている、と言われます。レプティリアンのハイブリッドとして、私はこの意見に反対です！　私は地球と人類を助けるためにできる限りの活動をしています。ネットで得た情報を何でも信じてしまう人がいます。レプティリアンは殺人的で、残酷で支配的だというネットの情報を与えられ、それを信じれば、レプティリアンに否定的な反応を示すのも当然です。ですから、人々を教育することが大事です。常に疑問を持つべきです。レプティリアンに会ってみるべきです。経験なしで、どうやって正しい情報に基づいた選択をすることができるでしょう？　ハードルを乗り越えることが大事です。でもそれは大きなハードルです。私はレプティリアンには様々な種があり、それぞれ独自の目的を持っていると思います。一つの種に悪い評判が立つと、他のすべての種も同様に考えられてしまいます。人間の種と同じで、全員がいい種または悪い種などということはないのです。

今年のグラストンベリー・シンポジウム［イングランド南西の町グラストンベリーで毎年行われる、ＵＦＯや超常現象などを主題にした協議会］では、私のブースで興味深い経験をしました。たくさんの人が私のところに来て、いろいろ質問してきたのです。素晴らしいことです。賢明な会話を促すこと、それこそが大事なのです！　ハイブリッドかと尋ねられ、そうだと答えました。どんなＥＴ種かと尋ねる人もいたのでレプティリアンと答えました。否定的なコメントは一つもなく、みんなが私と話す時間を作ってくれたことがうれしかったです。シンポジウムが開催された週末はずっと、本当にポジティブな雰囲気でした。来年のシンポジウムでも再びブースを持つ予定で、プログラムに広告が掲載されます。みんなが私に会いに来てくれるのを楽しみにしています。

プログラムの中では支援グループの宣伝もしています。私が住んでいる南東部で定期的なミーティングを行います。経験談を共有してもいいし、話を聴くだけでも構わないのでプレッシャーを感じる必要はありません。安全なプラットフォームを提供したいだけです。みんなの経験を理解している同じ志を持った人々と社会生活を発展させる機会を生み出すかもしれません。私のネガティブなＥＴ体験が始まった頃は、最初は怖かったし、誰にも分かってもらえず、話す相手もいませんでした。昨年マリー・ロドウェルと話をしたとき、たくさんの子供たちが同じような経験をしていると教えてくれました。私は特に子供たちのために何かを始めることに情熱を感じています。子供たちが両親や家族のメンバーと一緒に来ることができ、子供たちが望めば話したり絵を描いたりできる、抑圧を感じない環境を提供したいのです。子供たちは、特に学校では、そういう話題について話してはいけないと大人から言われているケースがよくあります。私は、そんな様子をただ見ているだけではいられません。子供たちが自分を表現する機会を持つことは、とても重要です。彼らはしょっちゅう「これは本当に起こってるのか、それとも自分の頭がおかしいのか?」と自問しています。彼らを助け、育む環境が必要です。

## 特殊な能力はありますか?

私は昔から周波数に敏感で、他の人には聞こえない周波数を聞くことができます。サイキック能力もあります。物事が起こる前に、ガイド、霊、またはETが教えてくれたり見せてくれたりします。人の考えや意図を読むことができるし、避けたい場所や状況など、直感的に危険を感じます。ETだけでなく動物ともテレパシーでコミュニケーションを取ることができます。ヒーリング能力があり、人々は私とのヒーリングセッションの後に病気が改善または治癒したと報告してきます。多くの人が、私は生まれつきのカウンセラーであり、私の声を聞くと瞑想状態になったり幸せでリラックスした状態になれると言っています。睡眠を誘発することもあります。遠く離れている人の恐れや危険を感じることもできます。オーラや人の体の中を見ることができ、これは健康問題を見つけるのに役立ちます。閉塞したエネルギーやエネルギーフィールドをクリアにすることもできます。

他の誰にも話したことがないような心配事を、私になら相談できるという人がたくさんいます。「批判せずに悩みを聞いてくれるので話すと心が軽くなる」と、みんなが言います。

私はこれらの能力を使って人を癒したり、前進するのを助けたりしています。

## ETが人間と関わる際の決まりは？

私は銀河連邦は銀河協議会と同じだと捉えているのですが、どんな種もこれに縛られているという感じはないし、またはメンバーの種の中のすべての個人が同意して同じようにするという感じは受けません。地球でも同じで、どのグループにも善人もいれば悪人もいます。知識や技術を共有することで人類を助けている種もあれば、ネガティブな目的のために軍や秘密結社のような特定の人間集団と協力している種もあります。人間にとってネガティブなことをしている独立した種もいますが、その種のすべてのメンバーが同意しているとか従っているという意味ではありません。本当はやりたくないけれど命令だから仕方ない、というETもいます。

## あなたにとって周波数とは？

音、エネルギー、色、それに地球のような自然の周波数などがあります。軍は、恐怖や体調不良など、個人や集団に悪影響を与えるために周波数を操作する方法を研究してきました。

## アセンションについてどう理解していますか？

私たちの魂は様々な生命や形態を経験してきましたが、必ずしもすべてが地球上に存在しているわけでも、人間の形態で存在しているわけでもありません。それぞれの生で外殻は変化し、古くなり、機能を停止しますが、魂は継続します。生まれ変わって新たに経験するたびに、魂は学び、進化します。過去生をすべて覚えている必要はなく、そのとき覚えておくべきことだけを覚えています。殻が消えて魂が家に帰る時が来ると、魂は宇宙へとアセンド（上昇）します。そして魂が次の形に生まれ変わる前に、今回の生涯からの情報が集められ、以前の転生と比較されて、次の人生でどんな旅と経験をするか計画を立てます。

## アセンションのためにハイブリッドができることは？

たくさんあります！　人々が真の自己に目覚め、潜在能力を最大限に発揮するのを助けること。人々を正しい道に戻すために、健康問題を助けること。人々の霊性を開くこと。恐れを減らし、対処し、解放するのを助けること。地球にこれ以上の被害を与えないために、私たちみんなでできることを共有すること。リストは無限に続きます！

## 地球の変化について意識していますか？

私たちは今この惑星でかなり厄介な段階にきていますが、とても刺激的な段階とも言えます。人類は自ら操られ、コントロールされ、鎮圧されることを許してしまっています。これは明らかに人類全体の利益になりません。あらかじめ決まっていることは何もないので、現在の道を変更することはできます。でもみんなが怠惰で、無関心で、他人任せな態度をとっていたら、このまま変わらないでしょう。もういい加減にして、もっと楽しくポジティブにいきましょう！　これは今の私たちのためだけでなく、将来の世代のためでもあります。すべての行動には反響があり、どんな小さな思考や前向きな行動からも違いが生じます。池の波紋を引き起こす小石になるか、ただ池の底に沈んでいる小石になるか、どちらを選択するかはあなた次第です！

## ニュー・アースへの見解は？

「ニューワールドオーダー」（新世界秩序）のようなネガティブな計略もありますが、ポジティブなエネルギーや善意もたくさんあります。地球は今、大きな転換期を迎えています。地球に生息する者として、私たちは地球と自分自身の変化を促進することもできるし、妨げることもできます。人類はすっかり分裂が進んでしまいました。争いや口論で忙しすぎて、現実を直視して対処することができずにいます。

## ハイブリッド化計画は地球を乗っ取るためだという説について、どう思いますか？

ネガティブな側面について、くよくよ悩むことはしません。そうすることによってネガティブなエネルギーが生み出されるからです。ポジティブな方に考えましょう。ポジティブな側面をもっと前面に出すべきです。このメッセージを世に伝えるのも私の使命の一部だと感じます。

## 軍や諜報機関から接触を受けたことはありますか？

あります。ほとんどがネガティブな経験です。電話を盗聴されたり、追跡装置を体に植え付けられたり、他にも違う種類の監視や脅迫を受けています。友人の家に遊びに行ったとき、チヌーク（大型輸送ヘリコプター）が窓の外まで来て、パイロットが私を見ていました。自宅にチヌークが来たこともあります。とても低い位置でホバリングしていたので家が揺れ、家の中の物が倒れました。前述の通り、秘密結社に参加しろと言われたこともあります。私を繁殖に利用するためです。

薬で眠らされ、私の子供3人が囚われているイギリスの軍事基地に連れていかれたことがあります。後出の「退行催眠の筆記録」に詳述されているように、軍が私を連れていき、強制的にレプティリアンの姿に変えさせました。まだ思い出していない経験がたくさんある気がします。また退行催眠をして、もっと多くの情報を明らかにしたいと思っています。

## 地球規模のハイブリッド・コミュニティについてどう思いますか？

ハイブリッドたちを集めて、彼らのパワーと能力を合わせることで、何か素晴らしいことを実現できると思いますし、ETやUFOにまつわるネガティブな意見や無知を克服することができるでしょう。みんなが集まることができて初めて、そういう機会が得られるのです。この本の出版プロジェクトは人を寄せ集め、いろいろなことを実現させるきっかけとなるでしょう。何ができるか、その可能性は無限大です。

## 他のハイブリッドと話したいことは？

たくさんあります！　彼らの使命とその方向性について、今どのように感じているのか、支持されていると感じるか、聞いてみたいです。他のハイブリッドと知り合い、ネットワークを構築したことで私の人生は大きく変わりました。お互いの類似点と相違点に興味があります。タティアナ・アモーレと話して、子供の頃から多くの類似点があることが分かりました。どのくらい類似点があるのか、ＥＴ種によって違いがあるのか、ハイブリッド・コミュニティに共通することがあるのかなど、いろいろ疑問があります。ハイブリッド・コミュニティの構築に協力できたらうれしいです。

## ハイブリッドであることの一番の利点と欠点は？

私にとって一番つらかったのは、成長過程で自分が他の人と違うということを知っていながら、その理由を完全に理解できなかったことです。私と同じ経験をしている人がいなかったので誰にも相談できませんでした。自分が二つの存在であるように感じて、心の葛藤がありました。

一番の利点は、ハイブリッドであることを確認できたことで、自分の道と使命が分かり、人を助けられると分かったことです。たとえ一人しか助けられなくても構いません。たった一人のためにこんなに苦労するのはおかしいと言う人もいますが、人数は関係ありません。ほんの数人でも助けられれば違いが生まれます。人を助けられるのは本当にうれしいことであり、それが私が地球にいる理由です。人々が自分自身の道を見つける手助けをし、恐れたり批判されたりせずに自分の経験について話す機会を提供しています。話を聞いてくれる相手はみんな同じ経験を持っているので、理解してくれます。トラウマを克服できない人もいますが、自分の経験を積極的に生かして前進している人もたくさんいます。

## あなたに協力するために、人類にしてほしいことは？

私と会うこと。私と話すこと。オープンマインドで、学ぶことをいとわないこと。批判と無知によってでは進歩することはできません。全員が私や他のハイブリッドたちを好きになる必要はありませんが、決めつける前にせめて私たちと少し話してみてください！

## あなたにとって「神」とは？

私にとって神は、空にいる、あごひげを生やした老人ではありません。私たちを見守っているのは一人だけではなく、たくさんいます。宇宙のエネルギーは宇宙の中だけではなく、私たちの周りや私たちの中にあります。私たちはみんなユニークで特別な存在であり、私たちが理解している以上にたくさんのことができます。その意味で、私たちは皆、私たち自身の神または女神であると言えるでしょう。

## あなたが学んだ一番重要なレッスンは？

オープンであること。頭と心をオープンにすること。私の知識、経験、考えを他の人と共有し、人々がそこから学び、理解を得られるようにすること。ネガティブなことが起こったとしても、その経験を人と共有することによって他の人を助けることができます。ネガティブはいつでもポジティブに変えることができると信じています。

## バーバラ・ラムによる退行催眠２０１５年８月

私はレプティリアンの姿に変わったことが二回あり、そのときのことを知りたいと思っていました。

一回目は軍事基地で起こり、二回目は３人のレプティリアンがいる洞窟の中で起こりました。

バーバラはまず私がサセックスの自宅からイギリスの基地まで軍に連れていかれたときへと連れ戻しました。

私は夜ベッドで寝ていて、外でヘリコプターの音が聞こえます。私が住んでいる地域でヘリコプターの音を聞くのは珍しいことではありません。部屋の中には明らかに軍人といった感じの4人の男が見えます。その男たちは担架を持っていて、無地で暗い色のスーツジャケットを着ています。不思議な素材でできたジャケットです。4人全員が短髪で、そのうち一人は青い目をしていて、部屋が薄暗いにもかかわらず、なぜかとても目立ちます。左上腕に何かを注射されました。体がとても重くなり、あっという間に動くことも話すこともできなくなります。

担架には死体を入れる袋のようなものが付いていて、私はそれに入れられています。全長に近いジッパーが付いていて、ほとんど閉められていますが私が息ができるように少しだけ開いています。持ち上げられ、ヘリコプターに乗せられました。二人の男が近くの黒い車に乗り込み、他の二人は私と一緒にヘリコプターに乗ります。しばらく飛んでいます。男たちは私がまだ無意識であるかときどき確認しますが、互いに話したり、パイロットと話している様子はありません。とても寒いです。

やがて着陸し、私は外に運ばれ、スロープを下りました。寒くて湿った匂いがします。地下施設の廊下を進むと、頭上に明るい光が見えます。男たちは左に曲がって小さな薄暗い部屋に入り、私をバッグ（袋）から取り出してベッドの上に横たえました。ベッドのそばに小さなテーブルがあり、下に降りる階段が見えます。

青い目の男は私と一緒に部屋にとどまり、もう一人の男は去りました。男たちは一切しゃべりませんでした。私が今まで見たことがない人が箱を持って部屋に入ってきて、青い目の男がその箱を開けます。長さ25～30センチの金属でできた円筒形の装置が入っています。一方の端から二本の針、もう一方からはワイヤが一本出ています。私に注入する液体が入っているのだろうと強く感じます。

青い目の男が装置をベッドに持ってきて、二本の針を私の左上腕に挿入します。すごく冷たい液体が注入されているのを感じます。装置のもう一方の端から出ているワイヤは電気ワイヤで、ドアの外まで伸びています。何かにつながっている感じがしますが、見えません。体が冷たく、重くなり、呼吸が困難になります。男たちが話し始め、ウィーンという電気の音が聞こえてきます。男たちは何かを始めることについて話しています。注入された液体は私の体内の電気インパルスを促進するためだったようです。

針からの電流が私の体中を流れ、パルスの強度が増加しています。だんだん痛くなり、寒さが熱に換わります。その感覚は増加し続け、体中で感じます。こんな感覚は他では経験したことがありません。何もしていないのに筋肉が収縮し、骨が伸びているように感じます。動きたくても動けず、話すこともできません。肌はまるで伸ばされていてぴんと張った感じがします。筋肉が成長し、体全体の生体構造が変化するのを感じます。指が長くなり、尾が伸び出し、肌が鱗《うろこ》に変化するのを感じます。

姿が変わっている間、私はずっと仰向けに横たわっています。この変化はなじみのある感覚ですが、強制的に短時間で痛みを伴う方法で行われるのには慣れていません。長く伸びた爪がベッドのシーツに触れるのを感じます。長い髪がなくなり、目が変わり、肌に鱗があるのが分かります。私は今、完全なレプティリアンの姿をしています。

頭がはっきりし始め、だるさが治まってきました。体が軽くなり、薬の効果が切れてきたようです。少し動けるようになったので、どうしたら体を完全にコントロールできるようになるか考え始めます。青い目の男が円筒形の装置を片付けます。動きやすくなってきました。彼は私をずっと見ているし、部屋の中にあるカメラで他の人たちが観察しているのも感じます。私も青い目の男も何も言いません。

なんとかベッドに座ることができました。この時点で彼はドアを閉めて出ていきます。部屋には私一人ですが、まだカメラに見られているのを感じます。なんとか動いて、床の上に足をつけてベッドの端に座りました。それから立ち上がり、自分の姿を見ます。親しみやすく快適で、いい気分です。階段の左側にある全身鏡に映った自分の姿を見ます。濃い緑色の鱗、黒いスリットのある黄色い目、筋肉質な体、尾、それに身長が伸び、体重も増えています。

レプティリアンの姿でいることをうれしく感じますが、軍が強制的に私に姿を変えさせ、観察していることに腹が立ちます。そんなことをしていい権利は彼らにはありません。連れ出して強制的に姿を変えさせていいなんて言っていません。

階段のところまで歩き、階段を下ります。下に明かりに照らされた開いたドアが見えます。お膳立てされているように見えますが、そのまま進みます。

ドアの向こうには何もない白壁の部屋があります。とても殺風景で、この部屋に入ったら何をされるのだろうと考えます。壁にはマジックミラーがありますが、私には鏡の向こう側の部屋にいる男性3人を見ることができます。一人は立っていて、他の二人は座っています。皆スーツとネクタイを着用しています。全員が同じ組織の人間ではありません。一人はこめかみが白髪の、年配の軍人です。彼らが私から見られていることに気づきました。私が入ってきたドアが閉じて施錠《せじょう》されます。

壁に内蔵されたスピーカーから様々な周波数の音が流れ始めました。彼らはスピードや音量を変え、私の反応を観察しています。いくつかは非常に高いピッチで、聴くと苦痛を感じます。スピーカーから流れる音にエネルギーがあるかのように、体で感じることができます。それらのうちいくつかは私の体にエネルギーの変化を引き起こすようです。私は自分を守るため、自分のオーラが広がってシールドになる様子を心に思い描きました。男たちは何が起きているのか解明しようとしています。私が反応しなくなった理由が分からないのです。

今は手のひらにエネルギーの脈動を感じます。広げた手を体の左右両側から外に向けて伸ばし、さらにエネルギーシールドを押し出します。自分の周りのエネルギーと周波数を吸収し、望ましくない有害なものから、私を保護するものに変えていきます。エネルギーシールドを壁まで押し出し、スピーカーと電気ワイヤの先まで届かせます。電気システムに影響を与えれば周波数をカットできるからです。

白衣の男が制御室に入ってきました。制御室にいる男たちはスピーカーが影響を受ける理由について話しているようです。修理しようとしています。私はこれがとても愉快に思えます。シールドが鏡を押してひびが入り始めました。

男たちの体をスキャンできることに気づきます。立っている男は心臓に問題がありますが本人は気づいていません。座っている男のうち一人は腎臓の問題を抱えています。一日中コーヒーを飲むことが健康に影響を与えていますが、本人は自覚していません。あちこちが痛み、疲労感とだるさがあります。私は、人の体の中を見て病気が分かるこの能力に興味を持ちます。人助けのためにこの能力を使いたいと考えています。

軍人の男も座っているうちの一人です。私がその軍人の男の肺に集中し始めると、突然、彼の呼吸がおかしくなります。彼は私がこれを引き起こしているのか疑問に思い始めます。立っている男は白衣の男と話し続けています。彼らは機器の障害や異常な測定値を見て、何が起こっているのか解明しようとしています。私は原因を知っているので愉快です。私を誘拐し、同意なしにシェイプシフトさせたのですから、問題が起こったのは彼らの責任です。男たちは、私がこれらの問題を起こしている可能性について議論していて、まずいと思っているようです。彼らは傲慢にも、何者も彼らの支配下で無力なままでいると仮定します。逆らわれることに慣れていません。

カチッという音を立ててドアのロックが解除されます。私はドアから出て階段を上り、ベッドのある部屋に入り、別のドアから廊下に出ます。右に曲がると地上に出て基地から出られます。または左に曲がって基地の奥深くに入ることもできます。左に曲がり、施設をさらに探索することにしました。

長い廊下です。高くて広いグレーの壁、頭上には明るい照明、間隔を置いて両側にドアがあります。ドアのいくつかには小さなガラスの窓がついていて、中が見えます。窓のないドアもあります。キーカード用の小さなボックスがあるドアもあれば、指紋スキャナや網膜スキャナがあるドアもあります。

大きな赤い金属製の二重扉があります。通り抜けて、何かの研究室に入ります。広い部屋で、部屋中に透明なプラスチックシートがあって、偽の壁を作り出しています。プラスチックシートの向こう側にたくさんの実験装置が見えます。肉や肌のサンプルが入ったいろいろな瓶があり、５人の研究者がいます。４人は男性、一人は女性です。まだ私に気づいていません。そのうちの二人は座っていて、顕微鏡で何かを見ています。女性はあちこち動き回ってチェックし、メモを取っています。彼らが使っている化学物質の匂いがします。

女性が私に気づいてショックを受け、他の４人に私の存在を知らせます。一人の男は自分がしていることを隠そうとしています。私はシートを押しのけて彼に近づきました。他の男性3人は走って部屋から出ましたが、自分の仕事を隠していた人はその場にとどまります。女性も同じです。黄色っぽいオレンジ色の液体の中に肉のサンプルが入っているようです。ETのサンプルです。彼らはETの性質を持つ新しい細胞を複製しようとしているようです。彼のメモをのぞきます。彼らは、製造した肉を機械の上に重ねたいと思っています。AIのようなものですが、それ以上にもっとずっと進んだものです。

彼らはまた、細胞を構築し、一つまたは様々なET種の能力を持つ胎児を作り出すことが可能かを確かめるために、それらを女性の被験者に移植したいと考えています。まずは人間の女性でテストして、うまくいけば次はハイブリッドやETで試すつもりです。彼らは新しい命を創造し、特定の目的のために種や特性を選択しようとしています。そうして生まれた存在は「スーパーソルジャー」として、彼らの将来の計画にとって大きな利益となるだけでなく、雇ったり、他の組織や国へ売ることで経済的な利益にもなるでしょう。スーパーソルジャーは人間の兵士よりはるかに強化され、増大された強度、回復力、痛覚閾値《しきいち》、それに優れた治癒能力と超能力を持つ兵士です。研究者たちは、人の心にこっそり侵入し、思考や決断力を操作する兵士を作り出す可能性も探っています。

研究者たちは、これらの兵士を子供の姿として創造する計画です。無邪気に見えるので疑われません。社会に溶け込み、道を歩いている姿は十分に人間的に見えるでしょう。でもプログラムを共有する軍や他の組織の支配下に置かれている、能力を高められた存在なのです。子供なら疑われないので、特定の任務のために使うことができます。念力でドアのロックを解除したり、気づかれずに人の心の中に入り込んだりできるでしょう。

これらの計略を知り、イギリスの軍事基地にいる娘のことを思い出しました。私は娘が人の頭の中に入れることを知っています。娘の父親が誰であろうと、その父親と私のDNAの混合によって私たちの娘と娘の能力が作られたことを考えさせられました。娘が私を訪問してきた夜、私はそのことを予知して事前に目が覚めました。娘は文字通り窓と壁を通り抜けて、私のベッドのそばに浮いていました。青白い肌、やや傾いた大きすぎる真っ黒な目、それと燃えるような赤橙色《あかだいだい》の髪は私の髪と同じように波状でした。私は娘が私の頭の中に入るのを感じ、押しのけました。私たちは軍隊らしき何かによって監視されていました。彼らは、私たちがどのように影響しあうか、娘の能力が私に効くのか、そもそも私が娘の能力に気づくかを知ろうとしていました。娘は、自分の思考を私の頭の中に押し込むように事前に言われていました。これは私だけでなく娘の能力のテストでもありました。彼らは、娘が成長したときに特定の任務を遂行できるように娘を訓練していました。私は、イギリスの軍事基地に囚われている娘と、娘の姉と弟（全員私の子供です）を訪問したことがあります。私たちは常に監視されていました。子供たちはリラックスしていて、私に能力を使ってこようとしませんでした。息子は私のように目と髪がダークブラウンで、見た目は人間です。もう一人の娘は青白い肌で、髪は天然の緑色です。娘は二人とも目が極度に大きく、とても細い体をしています。娘たちは感情がなく冷静ですが、息子は人間の遺伝子が多いのか、もっと感情的なようです。息子は座って木のおもちゃで喜んで遊んでいますが、娘たちは遊ぶことや読書に興味がなく、ただじっと座っているか立っています。人との関わりを必要としていません。私とさえ話しません。逆に、息子は会話や触れ合いを望んでいます。娘たちはそれらを受け入れてはくれますが、必要としてはいません。体より心の方がずっと成熟していて進歩しているかのようです。

話を基地に戻します。人々が部屋に入ってきた音が聞こえます。振り向くと、黒い制服を着た6人の男性がいます。彼らは私を直接脅してはいませんが、私を支配下に置き、実験室から連れ出して、私がこれ以上基地を探検するのを防ごうとしています。彼らは私に実験室を出るように説得を試み、別の部屋で「話そう」と言ってきます。これを聞いて私はとても楽しくなってきました。私はまだレプティリアンの姿をしていて、さあどうしようかと選択肢を検討します。軍人の一人が、先が円錐形になっている銃のようなものを持っています。発射されるのは弾丸ではなさそうです。リーダーらしき男性が、「協力しなければ私を支配下に置くしかない」と言います。これには苛立ちを感じます。私の意志に反してここに連れてこられ、姿を変えることを強制されたというのに、彼らの計画通りにいかなかったからといって私を脅しているのですから。銃はエネルギー波を出すようで、銃から出ている脈動を感じることができます。その技術に非常な興味を覚えます。銃を持つ男が私に銃を向けました。体が反応するのを感じます。筋肉が収縮しています。振動が体全体を巡り、人間の姿に戻っていくのを感じます。吐き気、暑さ、寒さを感じます。リーダーの男が近づき、私を支えるフリをして私の上腕をつかみますが、私が彼らの支配下にあり、従わなくてはならないことは明白です。別の人が私の体に毛布を巻き、外に連れ出します。

私たちは廊下を戻り、最初の部屋を通り過ぎていきました。坂を上り、黒い色の厚い金属の二重の扉を通り抜けて外に出ます。背の高い電気の境界フェンス、二重門、草原、近くに樹木が茂ったエリア、それと少し離れたところにヘリコプターが見えます。基地の入り口は草の茂った丘の中に隠されているので、遠くからは見えないし、空からも見えません。建物も、街灯も、道路も見えません。基地への入り口は一つではありません。広大なスペースがあるのでヘリコプターを着陸させるのは簡単です。この基地はイギリスのどこかにあるようです。サセックスの私の家から基地までは、ヘリコプターで北におよそ40分から1時間かかったように感じます。

男たちが私をヘリコプターに連れ戻します。私は意識があって普通に動くことができ、席に座っています。両側に一人ずつと、前に二人の兵士がいます。私を家に連れて帰るようです。兵士たちはときどきお互いを見たり、私を見たりしますが、誰も話しません。私はまだ吐き気がするし、毛布を巻かれていてもヘリコプターの中はひどく冷えます。ヘリコプターがようやく着陸し、私は部屋に連れ戻されました。とても安心し、早く横になって体を温め、吐き気を治めたいと思っています。

研究室で見たことに非常に不安を感じます。彼らが作り出す兵士がどんな使われ方をしても不思議ではありません。それに、作られた兵士は命令に背くという選択肢を持ちません。子供たちが訓練されて、特定の任務を強制されるという事実に特に心が痛みます。軍の利益のために操られ、意志に反して命令を実行させせられるような生き方をしなくていいように、彼らを解放したいという強い衝動を覚えます。

私がレプティリアンの姿でできることに興味があります。どうやって能力をポジティブな方法で使って人を助けられるか考えるきっかけになりました。自分の能力を人助けのために使いたいと強く願っています。人々の健康とスピリチュアリティのため、それに他人を助けるように人々を訓練したいです。さらに、水、海、動物を助けるためにネガティブなものをポジティブなエネルギーに変えたいです。

ここでバーバラ・ラムが、私がシェイプシフトした別の機会を思い出すことができるかと尋ねました。

3人のレプティリアンと洞窟にいたときのことを思い出しました。当時私は自分がレプティリアンのハイブリッドではないかと疑っていて、もしそれが正しければ証明してほしいと積極的にETに頼んでいました。

洞窟の中で3人のレプティリアンと一緒にいます。私は落ち着いていて、恐怖はありません。レプティリアンたちは私の周りに立って、私の上に手を置き、私をレプティリアンの姿にシェイプシフトさせました。そのプロセスは無痛で自発的なものです。

私がレプティリアンの姿に完全に変わったのは生涯でこれが初めてだと感じます。それ以前は部分的に変わったことしかありませんでした。とても自然な感じです。一緒にいるレプティリアンたちは私にとって身近で快適な存在であり、まったく身の危険を感じません。年齢的には、私は20歳前後だと思います。レプティリアンの姿になることに深い満足感があり、人生で初めて自分が完全だと感じます。それ以前は何かが常に欠けていました。いつも自分の中で葛藤がありましたが、今は平和です。5時間ほどレプティリアンの姿でいました。ずっと他のレプティリアンたちと一緒に洞窟の中にいて、テレパシーでコミュニケーションを取りました。彼らに「人間の姿に戻って人間の生活に戻る時が来た」と言われたときは悲しくなりましたが、仕方ありません。人間の姿でいる方が効果的に使命を遂行できることは分かっています。

私が人間の姿で地球に転生してきた主な目的は、人々にETが何者で、なぜ今このときに地球にいるのかを理解してもらうためです。人間の姿なら、ETを信じない人も含めて皆を団結させ、人間たちが心を開き、スピリチュアリティに目覚め、もっと大きな全体像を見るのを助けることができます。私がレプティリアンの姿をしていたら、私の話をオープンに受け入れることは難しいでしょう。人間としての私に近づき、コミュニケーションを取る方がずっと簡単なので、私の任務もやりやすくなります。レプティリアンに関しては否定的な考えがたくさんあるので、聞く耳を持たず、結論に飛びついてしまう人がいます。私が人間を傷つけると決めつけているのです。でも地球での私の使命はその正反対です。与えられた情報を鵜呑《うの》みにするばかりで、自分で経験を積んで自分の考えを作り上げるということをしない人が大勢います。無知が地球にはびこっていますが、改善することはできます。

３人のレプティリアンがもう一度私の上に手を置くと、私は人間の姿に戻っていくのを感じました。痛み、恐怖、不安はありません。人間の姿では自分が弱くなった感じがします。筋肉は大きくないし形もはっきりしていません。尾がないのも寂しいです。人間の目からレプティリアンを見ると、私よりかなり背が高いように見えます。私はまだレプティリアンたちと一緒にいて快適に感じるし、強いつながりを感じます。彼らは思いやりがあり、世話好きです。私は人間の姿に戻ってもテレパシーで彼らと話すことができます。私とつながりのあるすべてのＥＴ種ともテレパシーでコミュニケーションが取れます。

# ロバート・フロスト・フリントン

ロバートは35歳のアメリカ人男性で、カリフォルニア州に住んでいます。人間としての祖先はドイツ系、イギリス系、アイルランド系、ネイティブアメリカン系です。

## 自分がハイブリッドであると、どのように知ったのですか？

私がＥＴについて調べ始めたとき、他のＥＴ／ＵＦＯ体験者と多くの類似点があることに気づきました。覚えている限りでは、ＥＴとの出会いが始まったのは5歳くらいの頃、舌の下にインプラントを埋め込まれてからでした。5歳から10歳の間に何度かＥＴに会っていて、13歳から16歳の頃には、朝目を覚ますと体に奇妙な印が付いていて、枕に血のしみが付いていることがありました。その後10代後半から20代にかけては何も起こらず、28歳頃に強烈な覚醒体験をしました。30代になった今では、自分のアイデンティティと宇宙での位置をそれなりに理解しています。

完全に気づくまでは時間がかかるものです。まずは自分の経験を疑うところから始まります。気づくきっかけは小さなことなのです。例えば、私の場合は手首。生まれつき二重関節で、子供の頃はみんなから「カマキリ」というニックネームをつけられていました。武術を始めたとき、私はカマキリスタイルという独自のスタイルを生み出しました。人より手首が柔らかいので、効果的にパンチを繰り出すには独自のやり方が必要だったのです。

２００９年、29歳のときに完全に活性化しました。ある晩、私が妻と一緒に庭にいると、巨大な黒い三角形の宇宙船が静かにゆっくりと家の上に飛んできたのです。石を投げれば当たるほど低く飛んでいました。人生を変えた45分間の出来事でした。それが私の旅の始まりであり、そこから雪だるま式にいろいろなことが起こるようになりました。

２０１１年、シンシア・クロフォードを捜し出し、私の経歴と経験を話しました。そのとき彼女に「あなたはハイブリッドかもしれない」と言われ、納得しました。ずっとなんとなく分かっていたので、それほどショックではありませんでした。隠していたことを打ち明けて、心が軽くなったように感じ、前に進むきっかけになりました。でもそう感じたのは最初だけで、その後はハイブリッドになった経緯や理由、それに二つの存在であることの意味を考え、悩み始めました。アイデンティティ危機のようなものです。それまで以上の疎外感を感じました。

## あなたを構成するＥＴ要素は？

私の中心的な意識はマンティスから来ています。シリウス人、トールホワイト、レプティリアンとの関係もあります。肉体的にはマンティスとレプティリアンのＤＮＡを持っています。マンティスには様々な種がいます。マンティスは時間と次元を超えて同時に存在しています。人間と同様、マンティスにもネガティブなものとポジティブなものがいます。外骨格、爪、羽を持つ昆虫っぽい見た目のものもいます。私と一緒にいるマンティスはとても友好的な種で、殻を持たず、筋肉と脂肪のある柔らかい体で、歯もあります。機械的ではなく有機的です。サンショウウオとカマキリと人間の交配種といったところでしょうか。ハイブマインド（集団知性）というより、集合的な意識を持っています。彼らは小さなグレイのような種と、一種の共生関係を持っています。

## あなたはどのように作られたのですか？

よく分かりません。他の鳥の巣に卵を産み付け、その鳥にヒナを飼育させるカッコウのようなもの、というのが私の理論です。両親が知らないうちに胚が子宮の中に移植されるのだと思います。私の両親はまったく何も知りませんでした。人間の女性が妊娠すると宇宙船に乗せられ、ＥＴが胚を取り出して遺伝子を付け足し、その胚を女性の子宮に戻すのだと思います。あるいは、ＥＴの遺伝子で正確なコピーを作り、それを移植するのかもしれません。私は元は双子でしたが、子宮内で片方が死んでしまいました。同じ経験を持つハイブリッドが何人かいます。ＥＴの方が生き残るのかもしれないし、より強い方が生き残るのかもしれません。

**バーバラ・ラム：**子宮に吸収されたとか、もう片方の双子に吸収されたと考えられていた双子が、実は宇宙船でETたちに育てられているという話を聞いたことがあります。消えた方の双子のきょうだいが、地球で育っている人間の方の双子に会いに来るそうです。人間の方の双子は、それを覚えていないこともあります。子宮の中で持っていたつながりを失うのは、生き残った双子にはつらいでしょうね。

確かに、私も生まれてからずっと「会いたい」という気持ちを持っています。とても不思議な感情です。双子がいたことを知ったのは5歳の頃で、それまでに起こった奇妙なことは全部、双子の幽霊か魂が私のそばにいたせいだったのかなと思いました。棚から物が吹っ飛んだりと、変な出来事がいろいろあったのです。

これは何世代にもわたるかもしれませんね。この仕組みを音楽の観点から考えてみましょう。音楽を作ると振動が生まれます。とても気持ちがいい、スムーズに流れる振動です。ETたちが音楽を作ると、惑星や太陽系が生まれるのです。ETにできることは、私たちの理解を超えています。時空を超えた巨大なスケールで考えなければなりません。マンティスのようなETはほとんど不死であり、古くから存在しています。マンティスはこの宇宙のマスターだと言っていました。なんせ宇宙の始まりから存在しているのですから。長い長い時をかけて、マンティスは様々な種の遺伝子を合わせてハイブリッドを作り出してきたのでしょう。完璧な遺伝子を作るために何世代にもわたってセットアップが行われ、互換性を持たせるために調整されてきました。遺伝子操作は今も進行中です。ハイブリッド創造の基本は胚から始まり、それから一生を通して様々なDNA要素が追加され、活性化されていきます。私が創られた始まりは1800年代のネイティブアメリカンの祖先まで遡るようです。私の祖先を何人か誘拐し、私を創り出すのに必要なマンティスの遺伝子を加えていたのかもしれません。私の母も誘拐されていたはずですが、本人は覚えていません。

ハイブリッド化計画は地球上で何十年も続いているので、年配の拉致被害者やハイブリッドから採取されたDNAが、私のDNAの作成時に貢献しているかもしれないと聞いたことがあります。ジャクリン・スミスと私は宇宙船で会っているので、ジャクリンのDNAの一部が私を創造するための胚に使われた可能性もあります。でもそれだけではありません。シリウス人の知り合いから、「あなたを作ったのはあなた自身かもしれない」と言われました。ETは実際に死ぬことはなく、別の存在として生きることを選べます。これは、私たちが魂として生き続け、転生することを選ぶという考えと似ているかもしれません。

## スターファミリーとどんなつながりを持っていますか？

マンティスたちはいつも私と一緒にいます。エネルギーを見ることができる人たちは、私の周りに常に10人のマンティスが見えると言います。自分はすっかりマンティスの一部なので、彼らの存在を感じることはそれほどありません。ほとんどの場合、彼らは私の邪魔をしないように、私が自分の力で物事を理解するために、様々な方法で導いてくれます。数日経ってから対話やアドバイスがあったことに気づくこともありますが、彼らの考えていることは、よくその場で気づきます。例えば「これは本当に君のためになる？　その3本目のビール、本当に飲むべき？」など、食生活やエクササイズ、それに自分の思考を高い振動に保つことについてのアドバイスを受けます。高振動を保つには、一日中、１００％愛のある思考を持っていなくてはなりません。

## コラム

### 愛のある思考を保つ方法

愛のある思考を保つ練習をするには、テクニックがあります。まず、自分を愛することを学びましょう。自分自身を愛することができなければ、うまくいきません。

では、愛とは何でしょう？　愛をどうやって使えばいいのでしょう？

まず、深い愛を感じたときのことを思い出します。例えば母に抱きしめられたとき、結婚式の日など、体で愛を感じたときの気持ちです。その気持ちをハートの中で想像し、忠実に再現することに集中します。

愛がハートを満たしたら、息を吸うたびに、ハートから体全体に愛が広がるのを感じます。

そうしたらその愛を、人と接するときに維持するようにしてください。最初は不自然に感じますが、練習するうちに習慣になり、習慣によって自然になり、より愛情深い人間になります。

現時点で、人類はバランスが崩れているように見えます。ですから、相当強い愛と慈悲の状態を維持しないと、エネルギーのバランスが取れないと感じています。

私の覚醒は最初のうちはとても物理的で、まるで「衝撃と畏怖」作戦のようでした。いきなり平手打ちをくらって目を覚まさせられたようなものです。その後は衝撃が薄れ、外からの影響よりも、もっと内面的な、スピリチュアル・精神的・自己啓発的なものになりました。そうしてマンティスの集合的な意識とのつながりが強まりました。私の中に彼らがとても深く入り込んでいて、自分では意識しないほどです。私が何かを調べているとき、彼らに導かれているのは明らかです。例えば特定の言葉がキラッと光って私に気づかせたりします。視界の端にいろいろ見えるようにもなりました。例えば小さな光の玉が浮かんでいたりと、毎日新しいものが見えます。断続的に現れたり消えたりします。

マンティスたちとつながりたいときは、スイッチをオンにすればいいだけです。プライバシーが欲しいときには「ほっといてくれ」と伝えます。でも自分だけの思考というのはおそらく存在しません。自分の考えをマンティスたちの考えから切り離すには慣れが必要でした。かつては「俺は統合失調症になったのか？」と疑問に思ったりしましたが、マンティスたちが違いを見せてくれたので安心しました。

ある意味では、マンティスたちは私を通して生きているのだと思います。人間の生活を体験する一つの方法です。彼らは私のマンティス遺伝子を通して私の経験をダウンロードします。ロバートのチャンネルをオンにするような感じです。誰かが私と話しているときはいつでも、私を通してマンティスと話していると考えていいと思います。

マンティスたちと接するのは、意識の海に落ちる一滴の水になるようなものです。私は自らその海に飛び込む決断をしました。行けるところまで行ってやろうと思ったのです。これは地球に来る前に決めたことだと思います。理解するのが非常に難しいレベルの自由意志です。自我には選択肢がありますが、魂としてすでに選んでいたのです。

## ハイブリッド化計画の理論的根拠についての見解は？

多次元的なものだと確信しています。このイメージをどうやって伝えればいいのでしょう…？　まず、周波数から始めましょう。みんなが周波数についていろいろ言っていますよね。周波数を上げるとか、周波数が高いとか低いとか。地球と人類全体を、特定の周波数を持つ集合体として考えてみてください。この周波数が、控えめに言ってもちょっと低いのです。これは集合的なネガティブさ、つまり人類と惑星を傷つけている、現在の悪夢のような状態によるものです。したがってハイブリッド化計画の目的の一つは、ETが自分のDNAをハイブリッドに入れることで地球に高い周波数をもたらし、人間の集合的な意識の振動を高めるのを助けることです。

ボウルいっぱいに入ったスチールボール（鋼球）として考えると分かりやすいでしょう。それぞれが1万rpm［rpmは回転速度の単位。1分間当たりの回転数］で振動しているとします。振動数が同じなのでみんなが調和していますが、そこに8000億rpmくらいのとんでもなく高振動のスチールボールを一つ加えるとしましょう。これがETです。するとどうなりますか？　爆発してしまいます。その代わりに、振動が少しだけ高い小さなスチールボールを全体にちりばめることで、振動数をゆっくりと上げ、最終的には理想のレベルに到達させます。そこから先は他の理由へと分岐し始めるでしょう。でもこの惑星の周波数を少しずつ高めることが主な目的だと思います。私の場合はETの遺伝子がちりばめられている程度なので、ETと人間が半々というわけではありません。

でも、そもそもなぜ周波数を上げる必要があるのでしょうか？　私の理論では、理由の一つはETとのコンタクトです。ETの極めて高い振動数がゆっくりと地球に降りてこられるようにするためです。ファーストコンタクトは振動レベルで行われます。システィーナ礼拝堂［バチカン宮殿にある礼拝堂］の、神が人間に触れようとしている天井画がありますよね。あんな感じで、ハイブリッドが手を差し伸べているのです。人間の周波数は地球に基づいていて、ETは、いわば天に近い周波数を持ちます。私たちハイブリッドがこの二つをつなげる助けとなります。地球の振動数が上がれば、最終的にETが降りてきて人類と直接コンタクトを取ることができます。振動数を変えると考え方が変わります。

ETとの交流によって様々なことが起こるでしょう。UFOを見せてくれたり、ETに興味を持たせるような経験をさせてくれたりします。でも地球の大多数の人が自由意志によってETの存在を否定しています。ETが「いますよ」と地球に降りてこられないのはそのためです。それがハイブリッド化計画のもう一つの目的です。ハイブリッドが人々の心を目覚めさせ、意識を高めるのを助けることで、情報の開示が可能になります。私たちハイブリッドは人類の覚醒のプロセスを加速し、世界をつなぐ架け橋となります。それにより、地球の周りに多次元にわたる影響を与えます。

「周波数」という用語は、誤用されているように思います。すべてが振動です。例えば、私も、私が座っているこの椅子も振動です。振動数の高さや低さに善悪はありますか？　ないですよね。振動数が違っても、すべて存在の一部です。善い、悪い、高い、低い…私にとってはすべて相対的です。私は、人によっては周波数が低いと思われることをします。テレビを見たり、酒を飲んで騒いだり、肉を食べたり。でも重要なことは、振動数を上げたいなら、振動から影響を受けないようにすることです。もちろん、影響を受けてしまうこともあります。私も洗脳にまったく影響されないわけではありません。

私はギャングのメンバーなどと付き合うこともあります。「ハイブリッドの目的が振動数を上げることならば、プールの一番深いところまで潜って、そこから振動数を上げてやる！」というのが私の考えです。上の方にいる人たちだけでなく、みんなを助けましょう。暗い場所で光になってもいいのです。ただ、影響を受けないように、自分の力の範囲内にいることが大事です。私たちは交流するためにこの3次元の姿に転生してきました。ETの意識を持って交流するために転生してきたのがハイブリッドです。ですから、どんどん交流しましょう！

ハイブリッドは難しい任務を抱えていますが、成し遂げるための多くのツールがあります。私の場合、若かった頃はこの世界で目にすること、つまり人間がこの惑星とそこに住むすべての生き物を扱う方法が気に入りませんでした。こんな社会に適応できるとは思えませんでしたが、社会に適応することこそが私の目標でした。そこで、その目標を達成するための計画を思いつきました。社会を変えるのです。そして、ツールを手に入れました。ETとのコンタクト、夢、ビジョンなどから得た情報と、引き寄せの法則のような宇宙の法則です。その法則を適用することで、志を同じくする人々のグループを作ることができました。この本の出版プロジェクトは、ツールをすべて使った結果、実現したことです。この本がきっかけで覚醒する人が増え、社会を変えるためにより多くの人とつながり、協力する機会ができるでしょう。

ハイブリッドの周波数は周囲の人々に影響を与えます。だから、ただコンピューターの前に座って画面越しに活動するわけにはいきません。みんな、外に出て社会を変えましょう！　私たちはもう何年もこのトピックについて学び、話してきました。今こそ行動に移すときです。いわば学校を修了して仕事を始めるときが来たのです。

何か巨大なものがやってきます。私たちハイブリッドもこの物質的な現実に住んでいるのですから、大変な影響を受けるでしょう。それを忘れているハイブリッドもいるようです。例えば「私はケムトレイル〔長く残留する飛行機雲のような雲で、人体に害を与えることを目的として航空機から散布される人工物質であるとする説がある〕のある現実を信じていないから、それが私に影響を与えることはあり得ない」と言う人たち。そんなわけがありません。影響をくらっています。私たちは世に出て、3次元レベルで対処しなければなりません。地球は愛とお花畑だけの世界ではないのです。あなたの周りの世界を見てくださ い。崩壊しています。私の周りでいろいろな物が死んでいくのを目にします。深刻な状況です。私たちは現場で活動しなくてはなりません。自分だけが努力して生き残って、努力をしなかった他の誰かを見殺しにするわけにはいきません。そんなのおかしいでしょう。他の人たちが死ぬことを気にかけない人が、「私は愛情深い人間だ」なんて主張できません。努力しなかった人たちは選択肢があることを知らなかっただけなのですから、彼らのせいではありません。洗脳されているだけなのです。

　そこで、なぜ振動を高める必要があるのか道徳的な観点で考えてみましょう。地球がこれほどまでにネガティブになることを許されたのは、それが善いことでも悪いことでもなく、ただの経験でしかないからです。でもそのネガティブさがあまりにもひどくなり、人類は文字通りこの惑星を殺してしまいました。今こそ行動するときです。ネガティブな状態から抜け出すときが来ました。ネガティブなことはもうやり尽くされました。５次元に移行するとかいうこの大騒ぎのことは忘れてください。それは、この惑星での人生の新しい表現にすぎません。

　ＥＴが、重大な「移行」が地球にやってくると教えてくれました。でも、その移行とは何なのでしょう? 私はその物理的な背景を解明したいと思って調べています。まず、天の川銀河の中心に超大質量のブラックホールがあります。このブラックホールは地球から2万５０００光年ほど離れた、いて座A*と名付けられた場所にあります。天文学者たちは最近、このブラックホールの中心に近づいている塵の雲を発見しました。この塵の雲はブラックホールを目覚めさせます。記録された歴史の中で、天の川銀河のブラックホールの「食事」は観察されていませんが、他の銀河では、ブラックホールが何かを飲み込んだ後でレーザーのように荷電粒子を放出するのが観測されています。ブラックホールは重力的に巨大で銀河をまとめているので、目覚めると銀河全体に影響を及ぼします。天の川銀河のブラックホールが最後に目覚めたときは、5万光年のX線を宇宙に噴出しました。

　でもそれだけではありません。地球が太陽を周回しているように、太陽は銀河を周回しているので、銀河や宇宙における地球の位置は絶えず変化しています。ブラックホールからのエネルギー波が届くとき、私たちの太陽系は銀河のエネルギーの強い部分に移動しています。このエネルギー波が持つ周波数はすべてを自発的に進化させ、DNAに影響を与えます。これは銀河レベルで起こっているので、銀河系の中心に近い恒星系の他の惑星はすでに移行を経ています。ですから、巨大な波が来てもスムーズに移行できるようにするため、移行を経たETの多くが、地球の振動を十分に高くするのを助けてくれているのです。地球は船です。失敗した場合、みんなが沈んでしまう可能性があります。

　私はハイブリッドの主な仕事は振動数を上げるのを助けることと、ETとのギャップを埋めることだと信じています。そうすればETが、スムーズな移行を実現するために私たちの訓練を手伝うことができます。移行した後の世界に何があるのか分かりませんが、素晴らしいものになると感じます。壮大な光のショーで、みんなの心を目覚めさせる、とてもポジティブなイベントになるでしょう。皆が洗脳から目覚め、ネガティブさから抜け出します。全員に選ぶチャンスがあると感じます。これは、ネガティブさを一通り経験してみるために大昔から計画されていたものです。ときは来ました。移行をスムーズにすることができるでしょうか？　十分に努力していますか？　任務に取り組んでいますか？　それともただパソコンの前に座って戦っているだけですか？　もしそうなら、人間の姿でいる意味は？　私だってマンティスの国でのんびりし、瞑想しながら愛を送るという方法もありました。でもそれじゃダメです。私は人間として生きる経験をすること、転生してその過程の一部になること、泥の中に入ってこの古い世界の終わりの苦しみを経験すること、それがポジティブな経験になるのを見ること、を選びました。少数のためだけではなく、すべての人のために。

ハイブリッドの多くは自分を世俗から切り離してしまい、すべてをエーテル界のこととして説明し、エーテル界にとても詳しくなります。でもハイブリッドでいる目的はエーテル界と物理的世界を結びつけることです。アセンションは物理的なものなのですから。自分を天から引っ張り降ろして地に足をつけなくてはなりません。エーテル界に触ることはできません。煙をつかもうとするようなものです。私は周波数の背後にある科学が知りたいと思っています。

## 自分のハイブリッド・チルドレンはいますか？

前にETからDNAが欲しいと言われたことがあります。宇宙船で、映画『続・光る眼／宇宙空間の恐怖』に出てくるキャラクターのようなETに出会いました。お椀のような髪型のブロンドで、青い目をしていました。とても背が高くてかっこよく、礼儀正しいETでした。宇宙船の中は『スター・トレック』のような感じで、真っ白でした。ETの一人が私のところにやってきて、「こんにちは。DNAをくださいな」と言ってきました。私は「うーん…まあいいけど」と思ったのを覚えています。するとそのETの顔が変わりました。レプティリアンの目のような、スリットの入ったオレンジと黄色の目、それにライムグリーン（緑と黄色の中間色）の肌で微笑んだのです。好意的なETだったようで、彼らからネガティブな感じは受けませんでした。ETたちが私のDNAを取っていったのか、そのDNAを何に使ったのか、分かりません。覚えているのはそれだけです。

肉から小さな三角形が切り取られていたり、注射の痕があったりと、明らかにDNAが採取された痕が体についていたりしたことも、ありました。子供がいるという証拠もありません。宇宙船に私の子供がいたとしても驚きませんが、現時点では会ったことがないし、子供がいるという証拠もありません。突然、前立腺に問題が起こったことがあります。約2ヵ月の間、精子に血が混じっていたので、何らかの方法で精子を採取されたのかもしれません。残念なことに、ETの中にはあまりいい奴じゃないのもいます。患者への接し方をもっと勉強してほしいものです。

## 複数のアイデンティティを持つことについて、自分の中でどう折り合いをつけていますか？

難しいですね。公式には私は存在しないわけですから。UFOとETに対する政府の公式な立場は？政府も一般の人々も、UFOやETを否定しています。これは、私が「分離効果」と呼ぶものを生み出します。私が人にUFOの話をすると、みんな「へえ、すごいね」と言います。UFOの写真を見せても同じ反応です。中にはETではなく政府のUFOだと言う人もいるでしょう。でも私がエイリアンに会ったと言うと、みんなは「はあ⁉」という反応になります。普通の社会では言うまでもなく、UFO

コミュニティの中でさえ「ＥＴに会ったなんて、あり得ない！」と言われてしまいます。さらに「俺はハイブリッドだ」と言うと、彼らはどんどん信じなくなります。激しい経験をすればするほど、人々は引いていきます。こうして分離を感じ、私が「非存在ゾーン」と呼んでいる場所へと入っていきます。私はハイブリッドですが、大多数の人たちにとって私は存在しないことになっています。

## 人間と肉体的に違うところはありますか？

肉体的には、手首が二重関節になっています。私は武道をやっているのですが、パンチをすると手首が折れ曲がってしまうので、自己流のパンチのスタイルを編み出さなければなりませんでした。私の動き方全般がおかしいと言う人もいます。

でも、本当に変わったのは私の心と、物事を知覚する方法です。博識なハイブリッドが説明してくれたのですが、私がＥＴから受け取る情報は脳のシナプスを破壊してしまうため、ＤＮＡのアップグレードが必要だったそうです。またそれとは別に、肉体的にダメージを受けずに宇宙船に乗れるように、私の体が調整されたかもしれないということです。

## 自分には使命があると感じますか？

多面的な使命だと思います。大勢の人から、私が何か大きなこと、重要なことをやる気がすると言われてきました。でも彼らはそれが何であるかは分からないと言うし、私もまだ完全には理解できていません。

一部の人を助けるために私たちハイブリッドがやっていることはいろいろありますが、全部話すことはできません。秘密にしなくてはならない理由は、人を守るためです。黒いヘリコプターに追いかけられ、脅迫を受けたことがありますからね。他の人を危険にさらしたくないので、注意が必要です。どう説明したらいいか…この例でどうでしょう。私たちの多くは使命が重複しています。あなたの人生での使命がブロッコリーを味わうことだとしましょう。私はちょうどブロッコリー農家だったので、協力すればお互いの使命を果たすのを助けることができます。比喩的には、私は誰かがブロッコリーを食べられるように手伝っているのです。

人類を目覚めさせることは、ある意味で大使になるようなものです。私はETをグラウンディング［地球のエネルギーとつながり、地に足をつけて現実の社会を生きること］させるのを手伝うことができます。そしてETが人類の前に姿を現す準備ができたとき、私は緩衝地帯のように、二つの世界の間を歩いて交流します。

使命の一部は、ET種から人間として転生し、今というこのときに人間としての生活を経験することです。これはETのためでもあります。マンティスは集団的な意識を持っているので、別々の意識を持つ感覚を知りません。人間は私たち全員が別々の個人であり、何にもつながっていないと信じています。ですから、分離という錯覚を経験するためだけに地球にいるETもいます。そうすることで人間をよりよく理解できるためです。

私はまた、自分のET経験について学んでいる人のサポートもしています。過去に私をサポートしてくれた人たちが基礎を築いてくれました。ハイブリッドであることを初めて公表した人たちは、散々バカにされ、ときには顔に泥を塗られながら情報を世に出しました。彼らがいなかったら今の自分はありません。今度は私が貢献する番です。ETについての理解を深めるためにできる限りのことをするつもりです。今はインターネットを通じてどんな情報でもすぐに手に入るので、他の人たちの経験を鮮明に伝えることができます。そうすることによって、自分自身も加速します。次世代はさらに飛躍するでしょう。私たちはお互いを加速し合い、人類を一緒に引っ張っていきます。私は一部の人にとってはアクセラレーター（加速装置）として、また他の人にとってはクッションとして機能します。

私が極端な覚醒経験をした理由は人を助けるためだったのだと、よく思います。最初はめちゃくちゃ怖かったです。「ETは本当にいるのかも」から「うわーっ、ETは本当にいる！」になり、「えーっ、ETが俺と話してる！」、そして「マジかよ、俺もETだった！」という順に進みました。

驚きは今でも続いています。最初のうちは本当に怖かったです。ETたちが、私が若い頃にはあまり多くを知らせなかったのはそれが理由だと思います。徐々に理解させたかったのでしょう。何かを理解したと思うたびに私よりずっと先に進んでいるハイブリッドに出会い、「なんだよ、俺はずっと間違ってたのか」と思わされます。彼らの理解度には驚かされるばかりです。

自分の使命に沿った方向で生計を立てる方法を見つけられればと思っています。水晶、磁石、金属などを使って意識を増幅する装置を造っているので、プロとしてそれを仕事にしようかと考え始めています。

## 特殊な能力はありますか？

活性化した後、クレイジーな視覚化が始まりました。立体的な装置だけでなく、平面的な幾何学デザインも見えるようになり、コンピューターを使って白黒で作画するようになりました。ＥＴの象形文字を含むものもあります。協議会でそれを見た女性がトランス状態に入り、しばらく誰にも起こせなくなったことがあります。ＥＴの象形文字をじっと見つめていたら動けなくなり、気づいたら宇宙船に乗っていたそうです！

まだ自分の使命を全部は理解していませんが、何か理由があって視覚化が始まったのだと思います。エネルギー装置やスターゲート〔異次元や地球外の世界へと通じる入り口という説がある〕などのデザインはありますが、まだ資金を調達する方法がありません。まずはワークショップを立ち上げて宝飾品などの小さなものから作り始め、より大きなものに資金を供給できるようになればと思っています。委託して作ることもできるかもしれません。

## コラム

### ホログラフィック・ヒーリング・テクニック

ヒーリングは私の使命の一部なので、ホログラフィック・ヒーリングというテクニックを開発しました。このテクニックは体のあらゆる部分に適用できます。まずは瞑想状態に入り、鼻から息を吸い、口から吐いて、規則的な呼吸をしながら体と心をリラックスさせます。

そして、視覚化を始めます。腫瘍《しゅよう》を除去して、癌にかかった肝臓を癒したいとしましょう。まず、完璧な肝臓のホログラムのイメージを視覚化します。必要なら生物学を勉強して、健康で完璧な遺伝子のらせん構造や細胞を正確に視覚化できるようにしてください。それからズームアウトして、血管、胆管、胆嚢、肝臓の肉と、完璧な肝臓を作っていきます。

これを実際の経験として視覚化してください。目の前にこの完璧な肝臓があることを想像し、その肝臓を自分の体の中にはめ込んでください。健康な肝臓が所定の位置に収まるまで、各細胞や血管が融合している様子を視覚化します。

視覚化には非常に大きな力があります。私たちは体のすべてを使えるのですから、自身の免疫システムを心で制御して再生や若返りを促進する方法があるはずです。これはその方法の一つです。グループで同じ意図のもとに、同時にこの視覚化をやってみてください。まずはエネルギー的に効果が出て、やがて体が追いつきます。自身を再プログラム化しなくてはならないのですから、癒しには時間がかかります。

もう一つ、私が使っているのは別のヒーリング・テクニックがあります。マンティスとのコミュニケーションを開始し、マンティスたちがマントを着ている姿を視覚化します。マンティスには独特の立ち方や存在感があるので、それに焦点を合わせます。それから、マンティスたちからエネルギーが出て、私の体に入り、患部を治してくれるところを視覚化します。

ETと直接コンタクトを取る方法もあります。

## コラム

### コンタクトの手順

意識的に瞑想している状態がコンタクト状態です。それにはある種の感覚があります。目覚めている間もその感覚を維持することができるならば、それがコンタクト意識です。

私はそれを「特異点意識」とも呼んでいます。

このシステムは等価交換の法則に基づいています。ETが人間とコンタクトを取るにはかなりのエネルギーが必要なので、ETと直接会うことを要求する場合は、そのエネルギーに見合うだけの最善の努力を尽くす必要があります。ETのエネルギーに見合うだけの最善の努力のことを、私は「コンタクト用のガソリンタンク」と呼んでいます。シンプルな概念です。コンタクトを実現するためにタンクをいっぱいにするのです。そうすることで振動数が高まり、ポジティブなコンタクトを取るためにエネルギーを使うことができます。非常に重要なポイントが一つ。あなたが入れるエネルギーは、あなたが出すエネルギーだということです。

## ◎コンタクト用のガソリンタンクをいっぱいにする方法

1．意図的に生き物を傷つけないこと。コンクリートのひび割れから生えている雑草に水をあげ、家の中で虫やクモを見たら殺さず、外に出してあげましょう。あなたが出会うすべての命に意識的に感謝します。

「クモさん、この経験をありがとう。でも外に出てね」

これを行うことによって、ETはあなたがあらゆる命を尊重し、感謝していることを知ります。これは、あなたが他の世界の命を尊重し、感謝する能力を持っていることを意味します。

2. 思考に注意すること。たとえ好きではないものでも、すべての中にポジティブさを見いだしてください。例えば、友達が家の壁をとんでもなくヘンな色で塗ったとしても、彼の気持ちを傷つけないように「いいね！」と言いましょう。すぐに否定的な考えを持たないように自分を訓練してください。代わりに、「友達がこの色を見て幸せになれるならうれしい」と考えるようにしてください。ＥＴは非常に強いテレパシー能力を持つので、あなたが考えていることはすべて分かります。もし周りの人たちみんながあなたの思考を読めたら、どんな反応をするか想像してみてください。今すぐ訓練を始めましょう。

3. 少なくとも一日一回は知らない人に親切にすること。ＥＴはあなたが他人をどのように扱うかを見ています。

4. 愛すること。愛は宇宙で最も強力な感情です。維持できる限り、一日中、自分自身を愛しましょう。息をするたびに、あなたの心と体全体で愛を感じてください。外出しているときは、目に見える人全員に愛を感じてください。ちょっと立ち止まって愛を吸い込み、すべての生き物と、その存在につながりましょう。愛すること。それ以外はすべて恐れです。

これらのタスクの中にはＥＴとのコンタクトに関係がないように見えるものもあるか

もしれませんが、関係があるのです。私の経験からして、これらのステップに最善を尽くして従うほど、より相互的なコンタクトを取れるようです。

　最初にコンタクトを取ってくるのは、あなたが最も共鳴するＥＴ種です。まずは睡眠中に起こるでしょう。半分無意識の状態のときです。ＥＴたちはとても進歩しているので、あなた自身より、ＥＴたちの方があなたのことを知っています。あなたの側から恐れを感じたら、近寄ってこないでしょう。

　コンタクトを始めるには、すべての期待・恐れ・不安を手放してください。ときが熟したら、体で感じることができ、やがて「準備ができた」と言いたくなる日が来るでしょう。

　ここで注意です。ハイテク好きの皆さん、テクノロジーに頼ってはいけません。ＥＴは、私たちよりも技術的に進歩しているだけでなく、スピリチュアル的にも進歩しています。友好的なＥＴはテクノロジーのことなど気にしません。友好的なＥＴたちが一番関心を持っているのは、スピリチュアリティの面で私たちを導くことです。焦らなくて大丈夫。技術に関する情報はいつか来ます。ＥＴはその前に、彼らの技術を教えるのに十分な責任感があなたにあるかを知りたいのです。


私はグループでコンタクト意識を習得する方法を教えたいと思っています。そうすればグループでETとコンタクトが取れますから。でもやってみたら、かなり難しいことが分かりました。

コンタクトが実現したら、きっとあなたにとって最高に美しい経験の一つとなるでしょう。欠けていた自分のかけらを見つけるようなものです。ETの存在には圧倒的な畏敬《いけい》の念を感じますが、ETたちは本当に優しくて、あなたを尊重してくれます。ETたちがあなたに深く感謝していることに、あなたも非常な感謝を覚えるでしょう。たった3～4秒が永遠のように感じられます。それは激しい、泣きたくなるような、素晴らしい経験です。ありのままを受け入れてください。理解を超える何かがあなたの中でつながり、それがあなたを変えるでしょう。言葉で説明できないくらい感動的な経験です。

でも引き寄せの法則が働いていることを忘れてはいけません。あなたがネガティブならネガティブな存在を引き寄せます。コンタクトはあなた自身を反映します。あなたが与えるものが、あなたに返ってくるのです。

## ETが人間と関わる際の決まりは？

一連の規則があります。『スター・トレック』に出てくるプライム・ディレクティブ（最優先司令）のようなものでしょうか。また、異なる種が、異なるレベルで、異なる方法でコンタクトを取ることができます。でもほとんどの場合、私たち人間は自分のことは自分でしなくてはなりません。ETは私たちが自分自身で問題を解決することを望んでいます。

それと、ETがコンタクトを取ってこない理由として、「蟻塚理論」があります。これは「動物園理論」

と関連しています。

踏みつけられたアリの巣でアリが大騒ぎしています。それをあなたが助けようとしているところを想像してください。石をどかしてあげるたびにアリはパニックになり、状況が悪化します。木星ほどの大きさの宇宙船が私たちの太陽系に現れるのを想像してみてください。または、数百万という宇宙船が数キロメートルにわたって広がっているところでもいいでしょう。実際、それは起こりうることです。人間は大パニックになるでしょう。あなたが人類を助けられる唯一の方法は、人間の世界に住み、理解を助けることです。それがハイブリッドの役目です。大抵の人にとって身長二メートルのカマキリは恐ろしいイメージですが、私にとっては50年ぶりに会ったお母さんやお父さんと一緒にいるような気分です。私は人間として、人間がＥＴについて理解するのを助けます。「みんな、石を拾ってる巨人のことは心配いらないよ。あの巨人たちは俺たちを助けに来たんだよ」と教えてあげることができます。

ＥＴからコンタクトを受けたら正気を失う人もいるかもしれません。人々はいろいろなことに幻滅するでしょう。みんなが、今まで自分が知っていると思っていたことがすべてデタラメだと気づいたら、どうなるでしょう？　１９４０年代から政府がＥＴについて嘘をついてきたことが分かったら、あとは芋づる式に問題が発覚していくでしょう。過去70年間にわたって有毒な化学物質を散布して癌を流行させたこと、本当は40年前からガソリンなど必要なくなっていたこと、他にもまだまだ続きます。

私の覚醒のプロセスは、こんなふうに始まりました。

「よし、ＥＴが本当にいることは分かった。さてどうしよう。いつから地球にいたんだろう？　地球で何をしてるんだろう？　このことについて知ってる人は他にいるのか？」

こうして私は進み続け、最終的にはこう思いました。

「マジかよ！　この惑星を仕切ってる奴らはみんな完全に頭がイカれちまってるのか？」

これと同じ覚醒のプロセスが多くの人に起こると思います。そうして十分な人数が覚醒したら、ＥＴが直接指導するようになるでしょう。政府から情報開示があったためしはありません。何十年もの間、政府が私たちを苦しめてきたことを認めることになるからです。情報開示はＥＴからもたらされると思います。そして、「みんな、心配しなくて大丈夫！」と教えてあげるのが我々ハイブリッドの役目です。政府が情報開示を主導したとしても、私は信用しないでしょう。政府が「はい、これがＥＴです」と言ってきたら、きっとこう思います。

「でも、何ていう種類のＥＴ？　君たちが作ったやつ？　それとも本物？」

政府がＥＴを作っていることを私は知っていますから。

**バーバラ**：現時点では、私たちの活動こそが情報開示の役目を果たしています。世界中で本が出版され、協議会が開かれています。政府関係者がなんと言おうと、情報開示はすでに起こっています。

政府は、ＥＴが地球でやろうとしていることを止めることはできません。私はＥＴが実際にそれをやるだろうと感じます。やるしかないのです。今の惑星の状態では、ＥＴが介入せざるを得ません。さもなければ、この惑星を失うことになります。人々は、この現実を受け入れて理解し、私たち人類がこれまでやってきたことや、やらなかったことに対して責任を負うという選択肢があることを認識すべきです。その選択肢があることを知らずにこのまま進まなくてはいけないのは、不公平だと思います。洗脳が深すぎる人々を目覚めさせるために、いつか大規模なＵＦＯの目撃が起こるはずです。そうでなければ、私たちは今のまま変わらず、この惑星を殺し続けるだけです。私に子供がいても、孫の顔を見ることはできないでしょう。正直言って、この惑星が次の二世代を支えることはできないと思います。太平洋はもうおしまいです。大量のアシカが死んで海岸に打ち上げられています。アシカは捕食者の頂点ですから、アシカが死んでいるのなら、それは食物連鎖が壊れていることを意味します。イワシが酸素不足のために死んでいるので、湾に通風器を置かなければならないというニュースを最近聞きました。それはプランクトンが死んでいることを意味します。プランクトンは酸素を作り出すからです。食べ物がないので、大量の小魚が死んで打ち上げられています。ヒトデさえもどんどん死んでいます。4億5000万年を生き抜いた生物が死んでいるなら、海に何か問題があることは明らかです。それと福島の原発事故、さらにマイクロプラスチックの問題…サイアクです。私たち人類はこの世界に唾を吐いているのです。

では、人々を目覚めさせるには何が必要でしょうか？　ハイブリッドたちが情報を提供することもできますが、大勢がＵＦＯを目撃するか、あるいは天の川銀河の中心にあるブラックホールが覚醒すれば、衝撃を与えられます。天の川の中心が明るくなって、5万光年の長さのエネルギーのビームが放射されるのを見れば、確実に目が覚め、自分たちの存在がいかに小さいかを思い知るでしょう。

何かがやってくる気がします。それは開示に関係しているようです。私は、もうすぐＥＴが姿を現すつもりだと思います。それまでの間もう少し、世界が続いてくれることを願っています。様子を見ましょう。

## ハイブリッド化計画は地球を乗っ取るためだという説について、どう思いますか？

そうなっていたかもしれませんし、そういう計画があったのかもしれません。あるいは、人々にハイブリッドを恐れさせ、あまりハイブリッドの話題に触れさせないようにし、本当のハイブリッド化計画を隠す計画だったのかもしれません。

ハイブリッド化計画には確かにネガティブな面があります。私は11歳のときに怖い経験をしています。両親が出かけ、私は一人で家にいました。おもちゃの救急車があり、押して床の上を走らせるとライトが点いてサイレンが鳴るのですが、そのサイレンの音が二階から聞こえてきたので、見に行こうと思って二階に上がりました。するとドアが思い切り閉まって、私の体が吹っ飛び、ベッドの上に投げ出されました。目に見えない力が私を圧迫し、窒息させ、悪夢のような、モンスター的な呼吸音が私の真上で聞こえました。私は気を失いました。それが私にとって初めての、ネガティブな存在との物理的な遭遇でした。

彼らは私を何度か誘拐したのではないかと思います。家から宇宙に飛んで上がっていったことが何度かあったのを覚えています。

私個人に関して言えば、ワンルームマンション暮らしの私に、何かを乗っ取ったりできるはずがありません。近所のマクドナルドを乗っ取ることすらムリでしょう。今日もコーヒーを注文するだけで30分かかりました。

## コラム

### 自分を守る方法

私はスピリチュアルな防御を使って自分を守る方法を学びました。視覚化がどれだけ有用か、やってみたら驚くと思いますよ。人の体には影響力のあるエネルギーフィールドがあり、想像力を使うことで、脳でそれを操ることができます。視覚化を使うと瞬時にエネルギーで防御を作り出すことができます。物理的なものにも効果があります。

ネガティブなものの存在を感じたら、引き寄せの法則を使います。視覚化を通して、意図的に自分の周りにバリアを張ってください。

ネガティブな存在は本来この次元にいるべきものではないので、あなたの思考やエネルギーフィールドに非常に敏感です。ですから、自分が愛の光の玉の中にいるところを想像すると、それと同じエネルギーのものだけが引き寄せられます。それ以外のものは入ってこられません。これは本当に効果がありますし、ネガティブな存在から自分を守ることは大切です。みんな仲良し、というわけではないのです。

ネガティブな計画が進んでいるのは確かですが、私の近くでは起こっていません。私の経験のほとんどは非常に善意に満ちたものです。正直に言えば、ハイブリッドによる乗っ取りが起こってほしいです。そうなれば世界はかなりいい状態になると思います。私なら素晴らしい大統領になれると思いますよ。私が大統領になったら、法律はただ一つ、「クソ野郎にならないこと」です。

## 軍や諜報機関から接触を受けたことはありますか？

人間ではなくてＥＴに捕らえられたことがあります。今一緒に仕事をしているＥＴグループではなく、別のグループが私を誘ってきた時期があり、２０１１～２０１２年頃、地下の基地に連れていかれました。その基地を所有しているのは「光の中に隠れている闇の者たち」と私が呼んでいるＥＴです。ノルディックタイプで、背が高く、長い金髪と青い目をしています。奇妙な記章のついた青いジャンプスーツを着ていました。優しくて礼儀正しく見えましたが、私は不安を覚えました。何かがおかしいと感じたのです。彼らは私を地下施設に連れていきました。誰もが思い浮かべるような、頭上に明かりのあるトンネルを下って行きます。

ツアーガイドのような人が私についていましたが、何かヘンな感じがしました。奇妙な幾何学的な部屋に到着すると、そのガイドが言いました。

「ここがアセンションの部屋です」

学習室といった感じで、響きはいいけど何かおかしいと思いました。そのとき、一人のＥＴが私の横を通ったのですが、彼の顔がホログラムのように変わり、茶色の鱗がある爬虫類の顔が見えて、とても不快な感じを受けました。

ツアーは続き、次はクローン製造用の青い液体で満たされた容器がある場所に案内されました。グレイなどのETが中にいます。その次の部屋でガイドが言いました。

「彼らはコントローラーと呼ばれている者たちです」

そこにいたのは征服されたET種のように感じました。そのコントローラーと呼ばれるETたちはマンティスのように骨ばった体をしていましたが、皮膚はシワシワで、萎縮していました。ガイドは、「これがチャネリングされたメッセージの出どころです」と言いました。これらのETたちは機械に接続されていて、まるでコンピュータと融合されたかのように、ほとんど死んでいるように見えました。このETたちはチャネリングでメッセージを送ります。でも実際のチャネリングと違い、彼らはメッセージを受け取る人間に完全に憑依し、「私は大天使ミカエルです」「私はアシュタール司令部のアシュタールです」などと言っています。この分野では人気のある名前を使っていますが、何らかの理由で情報は完全に改ざんされていました。ここで私は「十分に見た。もう帰らせてくれ」と言い、それから次に覚えているのは、家で目が覚めたことです。

そのETグループは最初のトライの後、1ヵ月たらずで再び私を勧誘しようとし、私に脳腫瘍のイメージを見せてきました。「このままではあなたは死にます。でも我々と一緒に戦うなら治してあげます」と言うので、「やなこった」と答えました。それ以来、そのETグループを見ていません。それにしても自分がこんな話をしていることが信じられません。以前ならこんな話をする奴がいたら「あの男は頭がイカれてる」と言っていたでしょうから。

## 地球規模のハイブリッド・コミュニティについてどう思いますか？

私はコミュニティの人たちが大好きです。彼らの周りにいるとリラックスして、ありのままの自分でいられます。私たちが集まると、互いを加速し合います。みんなで一緒にコミュニティを築けたら素晴らしいでしょうね。そうすればいつも一緒にいられて、みんなで何ができるかいろいろ試せます。

## 他のハイブリッドと話したいことは？

まず、前に私が話した「分離効果」（155ページ）にどう対処しているか。

みんなが人間関係の問題にどう向き合っているのかを知りたいです。パートナーはどんな対応をしているのでしょう？　私の妻は私と一緒にたくさんの経験を共有してきました。妻はとても協力的で、私たちは何をするにも一緒です。妻も様々なＥＴ種とのつながりを持っています。他のハイブリッドたちも、私と妻のようなつながりを持っているのか興味があります。

他に聞きたいのは、どこから情報を得ているかです。私の場合は思考とハートから情報が来ます。Ｅ

Tは私を導き、正しい方向を示してくれますが、直接は何も伝えてきません。情報をどんどんくれるETに対しては、私は少し疑わしく思っています。

目覚めかけているハイブリッドやスターシードのために協議会を開きたいです。でも従来の協議会とはまったく違うものにしたいと思っています。長々とプレゼンテーションをするより、参加者との対話を中心にしたいです。私が目覚めかけていたときは、「自分も参加して一緒に活動したい」という燃えるような、消えることのない思いがあったのですが、どうしていいか分かりませんでした。現在の協議会のやり方では、参加するのは不可能です。何年もかかります。私が目覚めたのは２００９年ですが、２０１１年頃まで直接関われませんでした。私はいつも若いスターシードやハイブリッドが参加できる何かを作りたいと思っています。子供たちに話す機会をあげたいのです。私よりもずっとクレイジーな経験をしている人が大勢います。彼らの話を世に出すべきです。協議会のQ&Aは、答えを知っている人には退屈です。でも現在の構造では、ただ座って耳を傾けるしかありません。その状況を変えたいです。

## ハイブリッドであることの一番の利点と欠点は？

一番の利点は、ほとんどの人が信じないような経験ができることです。価値があるどころではありません。最高の経験は、２００９年に妻と一緒にUFOを目撃したことです。家ほどもある大きさの三角形でした。私にとって深い意味のある素晴らしい経験でした。他にも公式には存在しないとされている物をいろいろ見ました。例えば、プラズマを出しながら空を飛ぶピラミッドからブラックホールが出てくるところなど。そういうスゴいものを見られるし、人類の可能性についての素晴らしい視点を持てるのも利点です。

欠点は、私が経験していることが現実とは見なされていないことです。それがいくつかの大きな問題を引き起こしています。私が若い頃には、存在していたことすら知らなかった問題です。ETたちが私の覚醒を2009年まで待ってくれて助かりました。さもなければ私の人生ははるかに厳しいものだったでしょう。私はもともと十分にヘンな奴でした。さらに奇妙さを加えるなんて想像もできません。すでに「クレイジーなロバートが来たぞ。例のET男だよ」という感じでした。嘲笑とからかいを受けるのがハイブリッドであることの一番つらい部分です。「おいみんな、俺は本物の経験をしてるんだ。からかうのはやめろ」と思います。イライラしたりムカついたりせずに社会生活を送るのが難しいです。ハイブリッドがどんな扱いを受けるか分かったし、実際にその様子を見て、嫌悪感を覚えます。他のみんなのことを思うと気の毒になり、自分も傷ついた気持ちになります。でもだからこそ、我々はこうしてハイブリッドたちを助ける活動をしているんですよね。

## あなたに協力するために、人類にしてほしいことは？

みんなにこの質問させることです。

「もし私が真実を語っているとしたら？　もし私がクレイジーじゃないとしたら、どうする？」

私が人々にしてほしいことはそれだけです。

一番の問題は、人々がETを理解していないことです。みんな両極端に誤解しています。ドキュメンタリーでは専門家と呼ばれる人がUFOについての見解を述べています。UFOを見たことも、乗っているETに会ったこともないのに。「何を言ってんだか！」と思います。そういう人たちはまだ人間の視点に囚われていて「このくらいのスピードを出すにはこの量の燃料が必要だ」とか言ってます。まったくもう……！

## あなたにとって「神」とは？

私はジェームズ・ギリランド〔著名なETコンタクティ〕の表現が好きです。「すべての命に浸透する意識とエネルギー、マルチバース（多元宇宙）全体のあらゆる面と次元におけるすべての意識を包含する一つの意識。絶対的存在」

それが何であるか、ビジュアルは分かりますが言葉で説明することはできません。いつか説明できるようになりたいです。

## あなたが学んだ一番重要なレッスンは？

もっと人間らしくなる方法です。様々な能力を手に入れ、素晴らしい経験をしてきましたが、もっと地に足を付けて人間としての存在を経験する必要があります。目を覚まし始めたときは、人間性を手放してしまいました。人間でいることが重荷で、ひどいことばかりやっている人類とは関わりたくないと思っていました。そうして自分がハイブリッドであることを言い訳にして現実逃避した結果、人間としての生活が悪化し始め、妻や友人や家族から遠ざかってしまいました。だから今は、もっと愛情深く、思いやりを持ち、この現実をフルに体験し、人間でいることを楽しみ、人間という種がタイプAからタイプBに移行するこの素晴らしいときに生きていられることに感謝することを学びました。経験したいことを何でも選べる「私」という一つの存在が、「欠乏」を経験するために地球にやってきたとすれば、これほど素晴らしいチャレンジはありません。

「どうやら人類は大丈夫そうだ」と思う日もあれば、「もうおしまいだ！　おまえたちみんなバカだ！」と思う日もあります。それからまた、「長い目で見れば大丈夫だろう」に戻ります。最初の頃は、人類なんて早く滅亡してしまえばいいと思っていました。でも今はまったく違う見方に変わり、「ちょっと待ってくれ、やっぱり気が変わった。ようやくこの人間としての経験ってやつが分かってきた」と思っています。かつての私は株式市場を見てはクラッシュ（崩壊）してほしいと願い、ダウ平均株価が３００ポイント下落すると「やった！」と喜んでいました。でも今は「世界が安定してほしい。自分もいい調子でいたい」と思っています。人生は最近、好転しています。以前は関係が悪かった身近な人のことも、ポジティブな目線で見られるようになりました。物事にアップダウンがあるのは仕方ありません。でも、以前私を悩ませていた小さなことは、今は気になりません。それにこの本の出版プロジェクトに参加したことも、大きな助けとなりました。

物事の実情について人々の見解を聞けば、重複している部分もあれば、まったく理解できない部分も出てくるでしょう。ある意味で、私たちは意識の開拓者のようなものです。世界の大部分が発見された今、これは新しいフロンティアです。私たち自身のスピリチュアリティほどつかみどころのないフロンティアはありません。そもそも「意識」とは何なのでしょう?　私自身の意識についての学びは試行錯誤であり、どの概念が私に有効で、何がうまくいくか、いかないのかを試しています。自分自身を使って意識の実験をしているのです。

# ジョージャリー・キュータ

ジョージャリーは43歳のアメリカ人女性で、アリゾナ州に住んでいます。人間としての祖先は、ドイツ系、アイルランド系、スコットランド系、ネイティブアメリカン系です。

## 自分がハイブリッドであると、どのように知ったのですか？

それについては生まれてからずっと答えをもらい続けてきて、今でも毎日答えをもらっています。私は生まれたときから自分が他の人間と違うと分かっていました。声が聞こえたり、パッと一瞬、記憶が映像で見えたりしていたのですが、６歳を過ぎるともっといろいろなことが起こり始め、インプラントを通してＥＴが話しかけてくるようになりました。

自分が使命を持って地球に来たことと、他の人間と違うことを理解していました。その使命が具体的に何であるかは、生涯にわたって徐々に学んでいます。転機となった時期が何度かありました。５～６歳の頃と20代、それと30代は特に重要でした。その後、これといった啓示はありません。これからは成長と学びが続くのだと思います。

6歳のときの半年間、ＥＴ仲間がほぼ毎晩やってきました。当時は何が起こっているか分からなかったし、誰も説明してくれなかったので、ただ恐怖で凍りついていました。両親には話せませんでした。両親はペンテコステ派のキリスト教徒だったので、話せば悪魔の仕業だと言われるに決まっているからです。廊下が黄色と白の光で照らされていました。どうして他の人にそれが見えないのか不思議でした。心臓がバクバクいって、ＥＴがドアから入ってくる直前にいつも失神してしまいました。恐怖のあまり失神したのだと思っていましたが、後にそれが普通の出来事だと知りました。ＥＴが私に姿を見せないように、私を失神させていたのです。ＤＮＡを注入するのがその年頃であることも後に学びました。私の両親はＥＴと接触する契約をしていなかったので、その方法しかなかったのです。

ＥＴが来るのはいつも私の部屋だと思っていたのですが、あるとき、ドアのそばにブラックホールがありました。私は逃げようと思い、勇気を出してブラックホールに走って突っ込んでいきました。すると中は真っ暗で、進むと大きな赤い目が近づいてきました。私は「バカなことをした」と後悔して走って部屋に戻り、いつものように失神しました。

ＥＴたちが唯一私の記憶にとどめてくれたのは、最後に来たときのことです。ドラキュラのような襟《えり》のついたケープを着たＥＴがドアから入ってきました。私には吸血鬼に関する経験がたくさんあるので、私の心がそういう姿として見せていたのだと思います。そのＥＴが部屋に入って座ったとき、私は、私たちが同じ宇宙船に乗っている仲間で、別の世界でとても近い存在なのだと感じました。そのＥＴの名前はジャーメといいます（「メ」にアクセント）。私はジャーメたちが使う言葉を話すことはできますが、綴り方はよく分かりません。ジャーメと私は同じタイプのET種です。ETと対面するなんて普通のことではないし、あわてるべきだと分かってはいましたが、ジャーメはずっと私に話しかけて、安心させてくれました。ジャーメは私の目玉を片方ずつ外して何かをし、それから元に戻しました。私はその様子を全部見ることができました。痛みも恐怖もまったくありませんでした。

ETについて何も知らなかった子供の頃、私はすでにジャーメの絵を描いていました。筋肉質でたくましく、とても背が高い、長い尾を持つ二足歩行のレプティリアンです。その絵を学校に持って行きましたが、みんなにひどく笑われ、持って行ったことを後悔しました。それまで、そういう絵を描くのは普通だと思っていたのです。

私たちにはオンドリのようなトサカと肉垂《にくすい》［鳥のあごから垂れ下がる肉のかたまり］があります。私は今でもまだ、自分の種について情報をもらい続けています。ETは重要なことだけを私に伝えてくるようです。目の色はアボカド色、または黄色です。でも私の種は5次元のETなので、そのときどきで姿が変わる可能性もあると思います。

**バーバラ・ラム**：私は自宅の居間でレプティリアンの男性と出会ったことがありますよ。強烈な経験でした。そのレプティリアンは背が高くて筋肉質で、素晴らしいエネルギーを発していました。大使として特別に生まれてきたそうです。しばらくの間手を握りあい、とても幸せな気持ちを味わいました。そして、レプティリアンの男性は消えていきました。のちに退行催眠を受け、そのときの経験について多くのことを学びました。私が覚えていたよりもずっと長い間の出来事だったようです。

ＥＴに触れると、いろいろなことが起こります。エネルギーの衝撃を受けるようなもので、そこには多くの意味があります。みんな気づいていませんが、そのエネルギーはあなたの中に残り、あなたを変えます。

私は自分が何者であるかを知ったとき、「そんなまさか！」とは思いませんでした。確証を得て、ようやく物事が腑に落ちました。私が思っていたことや感じていたことが正しかったと分かり、人生のすべてを説明する大きなパズルピースを手に入れた気分でした。おかげで基礎ができて、前に進むことができるようになりました。これは私の個人的なやり方ですが、私は自分のことについて人に話しません。聞かれたときや、理解できる人にだけ話しますが、それでも話す必要があるときに限ります。

## あなたを構成するＥＴ要素は？

私はレプティリアンのファージャン族です。アンドロメダ銀河にあるファグイ、という惑星から来ました（「イ」にアクセント）。自分たちのことをファージャヤンと呼ぶこともあります。他の種と協定を結び、一緒に銀河を巡回しています。近隣の惑星や銀河から助言や救助の要請が来たときのためです。多くの人から「宇宙の警察」と呼ばれますが、権威主義的な響きだし、そういうつもりでもないので、私はその呼び名は好きではありません。私たちの目的はあくまでも助言と救助なのです。アーマー（防護服）を着ているので、多くの人が警察と結びつけて考えるのでしょう。

ファージャヤンは誇り高いETです。それは彼らの仕事によるものだと思います。とても大変でストレスの多い仕事ですが、他者の役に立つことが何より重要です。私が地球でも同じ仕事をすべきかどうかは分かりませんが、地球に来る前に私がその仕事をしていたということだけは知っています。直前の過去生なので、つながりが深いのです。

私が覚醒し、これらの情報を受け取ったときに、自分の名前も教えてもらいました。キュータは私の家族が住んでいる場所の地名なので、私の名前は「キュータのジョージャリー」という意味になります。ジョージャリーを略してジュジュと呼んでいます。

２００６年に改名しました。この名前はとても高い振動数を持っています。私はスピリチュアルな人間なので、できるだけ高振動でいたいのです。パスポートにもこの名前を載せています。

レプティリアンにはいろいろな姿の種がいます。私の種は長い尾を持っていますが、尾がないレプティリアンもいて、これは私の目には痛々しく見えます。私たち５次元の存在は自分の姿を選べるので、皆の合意でレプティリアンになりました。尾はレプティリアンにとって非常に重要です。どう説明したらいいか分かりませんが、レプティリアンがどうやって尾なしでいられるのか、理解できません。

私たちの体は一般的にたくましく、色はエメラルドグリーンです。地球に転生した今も一番好きな色がグリーンなのは、そのせいなんですね。ファージャヤン族の仲間たちが言うには、私はまだキュータで生きていて、地球に転生するために死ぬ必要はなかったそうです。私はその意味がまだ理解できていないので、説明できません。

## あなたはどのように作られたのですか？

私の両親はETとの接触を望んでいませんでしたが、私と母には深いつながりがあります。誕生日も同じです。母方の祖母とも宇宙的なつながりがあるようです。確信はありませんが、そう感じる理由は、私の妹がこの分野の話題を受け入れているからです。妹にはスターチルドレンが何人かいます。でも妹の今世での目的は、私のように事実を深く掘り下げることではありません。

聞いたところによれば、私が地球に転生してきたとき、人間の姿になるためにプレアデス人のDNAを使ったそうです。スターエッセンスエネルギーを使って体を発達させるためです。それから出生後に私のET仲間が戻ってきてDNAを操作し、6歳になる前にレプティリアンのDNAを私に注入しました。私は普通のスターシードと同様、ETの要素を持った人間ということになりますが、注入されたDNAの中には活性化されたものと、されていないものがあります。

ときどき、私のトサカを見たり、目が変わるのを見たりする人がいます。いつもそこにあるけれど、違うレベルの振動が重なったときに見えるようです。私の全身が変化するのを見た人もいます。UFO協議会やMUFONの会議などエネルギーが高い場所にいるときによく起こります。MUFONの会議でネガティブなレプティリアンについて話し合いが行われている間、私の目が変化したのを友人が目撃し、声を上げそうになりました。私がレプティリアンであることを知られたら最悪のシチュエーションだったので、友達に静かにするよう頼みました。目が変わるときは、目の後ろに圧迫感があるので分かります。

**バーバラ**：以前、ある女性が目の変化を写した写真を送ってきました。感情が高ぶるとそれが起こると言っていましたよ。舞台でオペラを歌っているとき、彼女の目が変わり、目の周りの皮膚がレプティリアンの皮膚のようになったのを人々が目撃したそうです。

私の場合、愛情や感謝などを感じたときに起こります。高い周波数によって引き起こされるので、低い振動の周りで起こることはあり得ません。ポジティブな高い振動によって起こります。これは人を見極めるのにいい指針となります。もし誰かのETのDNAが怒りによって引き出されるなら、それはその人の性質を表しています。批判ではありませんが、その人がどんな人かが分かるでしょう。

私の種は、他の様々な種と一緒に「スターアライアンス（星間同盟）」に所属しています。私は地球に転生する前に、その目的や詳細をいろいろ決めてきました。例えば、転生後にどの同盟と連絡を取るか、誰が私を守り、癒し、教育し、情報を伝えるかなどです。私たちはアシュタール司令部の一部ではなく、アシュタール司令部と家族的なつながりもありません。私の体を作るにはプレアデス人の協力が必要でした。様々な種と協力していますが、特に昆虫型、マンティス、グレイは身近な存在です。マンティスやグレイには強く惹かれるし、いつも助けてもらっています。彼らとの間にハイブリッドの子供もいます。

子供の父親の一人はカーツァンといい、男性のエネルギーを持つ昆虫型のETです。今生の私は異性愛者ではないのですが、ETが相手だとまったく関係ないようです。面白いですね。視点がまったく違い、人間と同じタブーや制限がありません。大事なのは、互いのエネルギーが絡み合い、音色がどう響き合うかです。体、性別、肌の色、種を超えた、とても深いつながりです。音楽と同じです。エネルギーのつながりであり、シンフォニーなのです。相乗効果で美を作り出します。こうして作り出す音楽は、目に見える効果を宇宙にもたらします。共鳴しながら渦巻くエネルギーは、まるで銀河が作られているように見えます。ETとつながっていると自分の周りに不思議なことがいろいろ起こるのはこのためです。異世界のものを引きつけているのです。宇宙船から地球を見下ろすところを想像してみてください。地球でエネルギーが生み出されているのが分かります。戦争からの醜いエネルギーや、つながりから生まれる美しいエネルギー。その美しいエネルギーの渦を見たら、地球に降りてその一部になってみたいと思いませんか? 例えばUFO協議会にはまったく異なるエネルギーがあるので、多くのETが引きつけられて来ます。地球に降りてきてそのエネルギーを感じてみたいのです。ETたちにとっては魔法の国、オズへ行くようなものです。

14歳のとき、人に打ち明けるときには注意が必要だと気づきました。私の両親は私が同性愛者であることを絶対に受け入れませんでした。両親はシンプルに生きるのが好きで、いろいろなことに否定的です。母とは仲がいいので、私がアンドロメダ銀河の出身で、名前がジョージャリーであることを打ち明けました。でも受け入れてもらえなかったので、それ以上のことは自分の胸に秘めることにしました。私が2010年に自分の経験について書いた本『We Are Among You Already（私たちETはすでにあなたたち人間と一緒に暮らしている）』を出版したときも、母に「読まないで」と言いました。知る必要がないし、知らない方がいいと思います。母が知りたいと思っているなら問題ありませんが、知る準備ができていない場合、知識は毒になることがあります。テレビ、ラジオ、ドキュメンタリーなどに出演したときも、最初のうちは母がどんな反応をするかと思ってリンクを送っていました。母は私を愛しているので見てくれましたが、でもそれは母のためになりません。今は、撮影でロサンゼルスに行くときなどはうれしいので報告しますが、詳しくは話しません。友人や同僚に対しても同じです。自分のことは話しません。

## スターファミリーとどんなつながりを持っていますか？

面白いことに、グレイと昆虫型のＥＴが私のことを家族のように扱ってくれます。私の出身星の人たちが地球に来ないのを知っているためです。グレイたちは私を迎えに来て宇宙船に乗せてくれて、仲間の一員として接してくれます。あるとき、サンフランシスコの上空を飛びました。グレイたちは私に、空から水の中に飛ぶ方法を教えてくれました。私の頭にはヘッドバンドが巻かれていて、私を訓練しているＥＴの姿が心の目で見え、声がテレパシーで聞こえました。宇宙船が水しぶきを上げて海に飛び込むと、そのＥＴは首を横に振りながら言いました。

「移動とは違うんだよ。Ａ点からＢ点に行くんだ。その中間はない」

いわば場所から場所へと「瞬く」ようなもので、心で操縦するのです。私を訓練しているＥＴの知性に圧倒されました。私とそのＥＴはつながっていたので、そのＥＴの知性が非常に高いことと、私とコミュニケーションを取るために振動数を下げてくれていることが分かりました。私はパイロットなので宇宙船の操作方法は知っていますが、Ａ点からＢ点への瞬間移動となるとまったく話が別です。なぜ私を訓練しているＥＴが私に瞬間移動の方法を教えていたのかは分かりません。高い次元での出来事だったかもしれませんが、そのときは現実感があり、そのＥＴが見えたし、声が聞こえたし、存在を感じることもできて、３次元のような感覚でした。ゴールデンゲートブリッジ［米国カリフォルニア州サンフランシスコにある有名な橋］で飛び込みの練習をしている私の宇宙船が人間には見ることができたのかどうか、不思議に思いました。

今この話をしている間に、ガイドたちが来て新しい情報をくれました。宇宙船の周りにエネルギーフィールドがあり、それが水を押しのけるのでスムーズに水に入れるそうです。トルーマン大統領［第33代米国大統領］は「ＵＦＯを見たら撃墜せよ」というポリシーを持っていました。ＥＴはそれを知っているので、身を守っています。空には透明化したＵＦＯがたくさんいるかもしれません。私はいつも、ＥＴたちに姿を見せてくれと頼みます。するとときどき、特定の星を見るように言われ、見ると一瞬ピカッと光って存在を知らせてくれます。政府は強力な破壊兵器を持っていますから、これはとても危険なことです。ですから、たとえ一瞬の光でも見せてもらえるのはありがたいことです。宇宙船は透明化したり振動数を高めたりして人間の目に見えないようにしていますが、実際にはそこにいるのです。ときどき、複数の人がいても一人だけにＵＦＯが見えることがあります。一人だけに見せるためにＥＴたちがその人の振動数を上げたのかもしれないし、または、その人の振動数がすでに十分高いのかもしれません。

## コラム

### グレイからのレッスン　愛のエネルギーを送る方法

あるとき、宇宙船の中で一人の男性のグレイに小さなハイブリッドの赤ちゃんを渡され、その子の成長とバランス調整のために愛情を送るよう頼まれました。私はつい最近グレイ・ハイブリッドとの恋愛関係が破局したばかりで、ハートに痛みを感じていました。そのグレイは私の気持ちを知っていましたが、私が指示に従って赤ちゃんを助けるだろうと信じてくれていました。そんなに私を信頼してくれるなんて、驚きました！

赤ちゃんは、私の腕の中でぐったりしていました。グレイの男性は「純粋な愛を、できる限り明るい白い光として想像して、その光が君から赤ちゃんのエネルギー体に流れていくのを想像して」と言いました。でも私が光を送り始めるとすぐ、そのグレイの男性に止められました。そのとき、彼の優しさと、私と赤ちゃん両方への愛を感じることができました。「君が送っていた光を見てごらん」と言うので見ると、他の色の光が流れに混じっていました。赤、緑、黄色もあり、これは子供に害を及ぼしてしまいます。自分をコントロールすることが重要でした。「悲しみ、嫉妬、自己憐憫《れんびん》の気持ちは、今は脇に置いておきなさい。赤ちゃんを助けるために純粋な愛に集中してほしい」と彼に頼まれました。

5回ほど、他の色の線が届いて赤ちゃんのエネルギー体に悪影響を与えそうになり、そのグレイの男性に止められました。でもついにやり遂げました！　このレッスンには驚いたし、彼が赤ちゃんの命を危険にさらしてまで私に信頼を置いてくれたことに畏敬の念を覚えました。この経験のすぐ後、私のスターファミリーからレイキを始めるようにと強く勧められました。今ではこの素晴らしいスキルをレイキに生かして実践していま す。あのときのグレイには心から感謝しています。どこにいるのか知らないけど、ありがとう！

## あなたが作られた目的についての見解は？

私が地球に来たのは人類のためというより、母なる地球と動物のためです。優先順位では、人類は3番目です。母なる地球が「より高い周波数へと移行し、進化するための準備ができたから手伝ってほしい」と私たちを呼んだのです。地球が救難信号を送ったとき、私は宇宙船にいました。とてもパワフルで圧倒的な感情でした。まるで地球がエネルギーの量子ビームを宇宙に放ったようでした。この話をするたびに鳥肌が立ちます。その美しい波が通り過ぎた後、私はその場に膝《ひざ》から崩れ落ちました。私は評議会に戻り、この出来事を報告しました。私たちが生きる目的は、特定のグループだけでなくすべての存在のために尽くすことです。私たちはアンドロメダ銀河全体を故郷として考え、できる限り多くの存在の役に立つように決定を下します。そうして私は地球に来ることを許されました。なぜ私が選ばれたのかは知りませんが、私が持つ5次元の周波数を地球にもたらすことと、この任務に関われることは、大変な栄誉です。私の魂は5次元のエネルギーを持っているので、ハイブリッドであることでその周波数を多く持つことができます。ハイブリッドだからといって特別というわけではなく、任務のためにハイブリッドである必要があっただけです。母なる地球が振動を高めるのを助けるために、多くのETが地球に来ています。

目的に関して言えば、ET種の数と同じくらいたくさんの目的があります。任務は似ていますし、いくつかはまったく同じですが、それぞれが自分たちの種を代表しています。

私の場合、私の仲間たちが私の目の後ろに設置したインプラントによって、私のすべての経験を送ることができます。バイオフィードバック［通常の状態では知覚できない生体の情報を電気的な信号などに変換して出力し、見たり聞いたりできるようにすること］のようなものです。この一生の間に私が経験するすべてが、私の仲間たちに送り返されます。つまりこのインタビューをしている今、ミゲル・メンドンサとバーバラ・ラムは私の故郷のカメラに映っているわけです。夜間はデータを送り返すためにハイブリッド状態、つまり5次元の姿にシフトします。私の元恋人は、ある夜、私の全身が変化するのを目撃しました。悲鳴をあげて逃げなかった理由は、私の持つ特徴があり、それが私だと気づいたからだと言います。彼女が見ている中、私は元の姿に戻りました。プロセスの終わりの方だったので1分程度の出来事でした。私のET仲間はその彼女なら耐えられると信じていたので、あえて私の本当の姿を見せたのでした。それまで私は彼女に自分がETであることを明かしたことはありませんでした。自分の中にとどめておくことを学んだからです。それは30歳のときで、私にとって大きな転換点となりました。ようやく話せる相手ができて、美しい贈り物をもらったような気持ちでした。彼女とはその後、様々な経験を共有しました。ETとのコンタクト、部屋の中の奇妙な明かり、ドアが勝手に閉まるなど。彼女はすべて理解してくれました。

人類にETについて教えることは私の使命ではありませんが、知りたい人には喜んで教えます。でも、そこまでです。私の惑星から地球に来ているETは他にいないので、ちょっと寂しいです。生まれてからずっと故郷から遠く離れているので孤独を感じますが、地球にはあちこちからたくさんのETが来ています。みんな私の親戚のようなものです。私は人間の視点よりもETの視点から物を見ることの方が多く、いつもETがどう感じているかを考えます。ETの視点で物事を見る方が分かりやすいのです。

## 複数のアイデンティティを持つことについて、自分の中でどう折り合いをつけていますか？

ETでいることの方が私の使命であり優先順位が高いので、そちらにフォーカスしています。人間のDNAはこの体を作るのに必要だっただけです。二重のアイデンティティを持って地球に転生して来た人たちもいます。地球では人間の姿で、宇宙船上ではETの姿をしています。それを知って生まれてきたことが、彼らの使命であると私は感じます。ETが地球に来て頑張って生活していることを考えると愛おしくなります。

私が宇宙船に連れていかれるときは、自分がいつも人間の姿をしているので悲しくなります。でも乗組員たちが人間ではないことを知っているので、なぜわざわざ言いたくなるのか分かりませんが、乗組員たちに「あなたたちがETだってことは分かっていますよ」と伝えます。すると彼らは微笑んで歩き去るか、またはETの姿を見せてくれます。多くの場合グループで宇宙船に連れていかれるのですが、他の人たちは人間です。私は自分をETだと感じているので、この見知らぬ人間たちのグループとはつながりを感じられません。ETと一緒にいたいのです。あるとき、一人の女性が私の顔の真ん前まで来て、彼女のグレイの姿を見せてくれました。私は彼女の目に引き込まれました。素晴らしかったです。彼女の目の中には銀河がありました。私は彼女の目の中に落ちていき、宇宙に入りました。それは本当に美しい経験でした。私は彼女の魂に入り、宇宙を見たのです。

私はいつも社会の中で不安と不快感があり、うつ病を経験しなくてはなりませんでした。でもうつ病を抜け出して初めて、それが贈り物だったことが分かります。他にどうやって負のエネルギーを取り除くことができるでしょう？　病気は、私たちのシステムから負のエネルギーを取り除く方法であり、任務を続けるために魂を引き上げてくれます。シャーマンの死のようなものです。私たちは否定性とカルマを蓄積し、ときには学びのために痛い目に遭うのです。

数年前、私は魂のつながりを失い、別の町へ引っ越しました。そのとき、私の所有物を運んでいたトラックが火事になり、すべてを失いました。でもそこから立ち直り、白紙の状態から再出発しました。まるで空に昇っていくフェニックス（不死鳥）のようでした。振り返ってみれば、これは私が使命を果たすために必要な出来事だったと分かります。でもそのときは地獄です。砂漠へ歩いて行って死んでしまおうかと思ったこともありました。そうすることは簡単だったでしょう。でも私には使命があります。とはいえ、地球を去る準備はいつでもできています!

私がここにいる間は、助け、奉仕し、喜びに満ちた状態を保ちます。喜びと愛情に満ちていることで振動を高く保つことができ、健康と幸せを保つことで任務の成果が増幅します。バーバラ・ラムの催眠療法を受けたとき、私にとって最も重要なことは、幸せを維持し、光を支えるのを助け、光を吸収することだと知りました。

イルカとクジラは地球で最大の光の錨《いかり》です。錨が多いほど地球に注入される光エネルギーが多くなります。

イルカは地球上の真の、完璧なＥＴだと思います。こういう夢を見ます。まあ、実際は夢ではありませんが、夜に起こります。私が夜にボートに乗っていると、イルカたちがいるのを感じ、水の中に飛び込みます。私の周りのボートに乗っている人たちには理解できないことは分かっていますが、私は気にしません。これは私の旅なのですから。

## 人間と肉体的に違うところはありますか?

子供の頃、学校の授業でガイコツが歌って踊りながら体の仕組みを説明するビデオを見ましたが、私には納得いきませんでした。私の体の中があんなふうになっているとは、どうしても思えませんでした。自分がどのくらい人間と違うのかは分かりません。若い頃、ETが私の視力を調整したようです。十代のときはメガネが必要だったのですが、ある日メガネがぼやけて見えて、視力が1・0に戻っていることに気づきました。インプラントのために視力を保っているのだと思います。カメラのレンズが汚れていたらきれいにしますよね。それと同じで、仲間のETたちはできる限りクリアな視界を保ちたいのです。

## 自分には使命があると感じますか？

人間でさえも使命感を持っていますから、私たちハイブリッドはなおさらです。ETからのビジョンを受け取ったり声を聞いたりして、使命を思い出させられます。私が本を出版しようと計画していたとき、大好きなクライオンの本を読んでいると「シンシアに電話をかけなさい」と言う声が聞こえてきたので、「この章を読み終わったらね」と答えました。その本を読み始めてから私の振動がとても高くなっていたので、読み終わるまで何もしたくなかったのです。するとETたちに大声で言われました。「ダメ！今すぐ電話しなさい！」私は「もう、分かったってば！」と答え、シンシア・クロフォードに電話をしに行きました。こんなふうに、彼らは念を押してきます。

**バーバラ**：共著者のネイディン・レイリッチと一緒に『Alien Experiences（エイリアンとの遭遇体験）』という本を書き終えて校正段階に入ったとき、私は美しくて背が高くて細身の、ほぼ透明なETからの接触を受けました。そのETたちは私たちがその本を書いていたことをよく知っていて、それに対する励ましと称賛を伝えてくれました。私たちは最初、その本の出版は地球レベルのプロジェクトだと思っていました。でも本ができあがったとき、ETたちがとても喜んでいることを知らせてくれ、「この情報を世に出すときが来た」と言ってくれたのです。私たちが気づかないうちに、ずっと影響を及ぼしていたのかもしれません。ETたちはネイディンが私を見つけるのを助けたとさえ思います。

そうですね。私たちはみんな、新しい仕事やパートナーを探しているときなどに導かれていると思います。地球は厳しい場所なので、守護霊、パワーアニマル、天使、この世を去った家族、スターファミリーなど、高い次元にいる誰かからの援助を得ていると思います。

## ガイドからの導きはありますか？

スターファミリーはいつも私と一緒にいます。また、多くのETが私を気にかけ、私が新しいことを学ぶのを助けてくれます。私はしょっちゅう、自分の想像か、それともガイドからの導きか、自問自答しなくてはなりません。どちらかを見分ける方法としては、かかる時間を意識することです。自分の心が創造している場合は時間がかかりますが、真実は瞬間的にやってきます。何かが「すぐに分かる」場合は、それに従います。考えがまとまるまで3秒かかった場合は、自分の想像です。意識を広げると、情報がどこから来ているのか分かるようになります。ハイヤーセルフか、それともETか。夢と実際の出来事を区別するのと同じです。

## 特殊な能力はありますか？

それについては謙虚な立場を取っています。私は自分が他の人と比べて特別だとは思いません。イエス・キリストは、みんなが同じことができると言いました。私たち全員が癒し、癒しを導き、動物とつながり、浮揚し、サイキック能力者になる力を持っていると思います。

私は特にスピリチュアルな成長と意識の拡大を進んで受け入れます。私にはスターファミリーにアクセスして情報を受け取る能力がありますが、それは私の使命のためなので、特別な能力として見ているわけではありません。

私は直感的で、サイキック能力をいくつか持っています。それは筋肉のようなもので、鍛えて強くなるものですが、私は鍛えようとは思いません。警官だったときはよく直感に耳を傾け、役に立つ警告を受け取っていました。

車で大学へ行く途中、私のスターファミリーが私の腸に強烈な痛みを送ってきたことがあります。「高速道路を降りて方向転換しなさい」という声が聞こえ、「大学に行きたいのに、なんで？」と思いましたが、私がUターンするまで痛みを送り続けると言います。最終的に私が「分かったよ、もう！」と叫ぶまで痛みは悪化し続けました。そうして彼らの言う通りにするとすぐ、痛みは治まりました。それが何だったのかは分かりません。私の魂が経験したくないことが待っていたか、あるいは何らかの形で私の任務に悪影響を及ぼしたのではないかと思います。

私は常に動物と強いつながりがあります。それが能力と呼べるものか分かりませんが、定義次第でしょう。私は間違いなく人間よりも動物とのつながりの方が強いです。例えば友人と散歩に出かけるときなど、野生動物がいつも近くに寄ってくるので友人は喜んでいます。似たエネルギー同士が互いに引かれ合うためだと思います。意図的に引き寄せるのではなく自然に起こります。野鳥が私たちのすぐそばの枝の上で眠ったりと、愛と平和を感じる素敵な経験ができます。動物は、あなたの状態を映す鏡です。あなたが人としてどのレベルにいるのかを表しているのです。あなたが平和的な出会いを引きつけているのなら、それはあなたが平和でバランスのとれた人間であることを意味します。すべてエネルギーに関連します。私がカリフォルニアの丘の上で瞑想していたとき、コヨーテが3メートルの距離まで近づいてきました。コヨーテは私がいることに気づかなかったので、私を見て驚いていました。「あらまあ、あなた何者？」という感じでした。それから離れていきましたが、攻撃的ではありませんでした。明らかに、コヨーテは私のエネルギーに脅威を感じなかったのです。

## ETが人間と関わる際の決まりは？

様々な憶測がありますが、私は自分の知っていることだけを信じます。私は、ETが核戦争を許さないだろうと非常に強く感じます。核戦争は素粒子レベルであらゆる物に深すぎる影響を与え、近くにある他の次元と相互作用します。

でもETが介入しているかどうかは分かりません。介入や操作は低い振動の行為です。「ハイブリッドは高い振動をもたらし、拡張された意識と、愛・スピリチュアル・感謝のエネルギーを使って地球全体のエネルギーに影響を与える」というのが私が教えられてきたことです。私の使命は地球の動物を助けることです。そうすることで人類にも影響を与えますが、動物の方が優先です。

地球にいるすべてのETが地球のエネルギーを上げようとしているわけではないし、地球にいるすべてのETが他者への奉仕を目的としているわけでもありません。自分の利益だけが目的のETもいて、そういうETたちからは支配欲やコントロールを感じます。支配やコントロールは介入です。

スターシードとハイブリッドが話し合ったり意識を高めるのを妨害しようとするETもいるようです。電話の盗聴は利己的な行為です。

地球には人類のために奉仕していないレプティリアン種がいます。悪という意味ではありませんが、彼らは人類のために地球にいるのではありません。これには大きな違いがあります。人々はそれを疑問視するのを忘れています。人間が間違って蟻塚を踏んだようなものです。もしアリに「私たちは悪者ですか？」と聞いたら、何と答えるでしょう？

## あなたにとって周波数とは？

音楽のようなものです。あなたの一番嫌いな音楽を想像してみてください。それから、その音楽が流れているバーに入るのを想像してください。あなたならどうしますか？　回れ右をしてバーの外に出たくなるかもしれないし、気分が悪くなることもあります。だからといってそれが悪い音楽ということではありませんが、あなたにとっては不和です。あなたを不快にさせ、あなたの本質と共鳴しません。これはすべて周波数によるものです。次に、世界一美しい音楽を想像してみてください。ヘッドフォンを付けてその音楽を聴いていると、いろいろな場所に連れていってもらえたり、情報を受け取ったり、体の調子が良くなったりします。これが、周波数があなたにどのように影響するかの例です。

## アセンションについてどう理解していますか？

誰もが自身の理解、自身の真実を持っています。私たちみんなが、進化したいという先天的な欲求を持っています。私の理解するところでは、母なる地球自身が前進と進化を望み、それに集合的に5次元の存在へと移行したがっている人間のソウルグループも、そうすることを望んでいます。アトランティスとレムリアを含め、過去に破壊のサイクルが何度もありました。そして宇宙に救難信号を出したときのように、地球は高められた状態に入ります。地球は人類の有無にかかわらず進化するでしょう。私たちＥＴが地球に来たのは地球に助けを求められたからです。動物はすでに地球の意向に同意しています。動物を脅かす唯一の存在は人間です。

アセンションのプロセスとは、生命が次の段階に移行するのに必要な高さまで振動数を上げることです。その移行が起こると（すでに起こっています）、私たちＥＴが家に帰れるレベルまで振動が上がるときが来るでしょう。私は29歳で死ぬといつも思っていましたが、死ななかったので、次は２０１２年になる前に死ぬだろうと思っていました。でも私たちの契約は流動的で、そのときの状況によって延長されたり変わったりします。誰もが思っていたようなことは起こりませんでしたが、移行は今でも起こっています。私たちは今アセンションの中にいます。０～１００の範囲で見れば（１００が5次元に入ることだとすれば）、その中間です。私たちはすでに道を進んでいます。タイムライン上の特定の時点で、ＥＴたちは故郷に帰れることを知っています。私は家に帰れる日が来ることを祈っています。10年以上前から帰る準備はできていました。ここでできる限りのことをやってはいますが、早く故郷に戻りたいです。

## コラム

### 振動数を高める方法

すべては考えることと意識を広げることから始まります。エネルギーを進化させることです。もっと愛情深く、寛容で、奉仕の心を持ち、自分の行動や考えが他の人にもたらす影響に気を配ること、それが意識を広げるということです。高いところから物を考えるようになると、すべてが変わります。皆が一緒に変わると、コミュニティ全体の考え方や生き方が変わります。動物とETは高い意識を持っています。動物とETの高い思考はここ地球に存在していて、触れることができるのですから、それを自分の中に取り入れ、変化を受け入れればいいだけです。思いやりは高い意識であり、他の生命体を尊重することです。これが高い思考です。宗教ではなくスピリチュアリティです。常に自分の思考に注意しなくてはなりません。引き寄せの法則によって、あなたの思考に沿ったものが引き寄せられるためです。私たちは思考によって、毎秒、自分の現実を創造しています。人々が愛情深くなるほど、意識と振動が高まるほど、より早くみんなで変わることができます。

振動数が高くなればなるほど最高の宇宙の真理に近づきますが、私たちの個人的な真実はそれぞれ異なります。それを尊重しなければなりません。私は「宇宙の真実」を、「源」のエネルギー、つまり「すべてなるものの創造主」の最も純粋な知識だと考えています。魂が「源」のエネルギーに近づくためのステップを一歩踏み出すたびにその人の振動数が高まり、純粋な真実へと近づきます。私たちはここ地球で肉体を持ち、3次元の姿をとるので、高次元に住む者たちに比べて純粋な真実へのアクセスが非常に少ない状態です。ですから、私たち一人ひとりがそれぞれの真実を持っています。すべての魂がいつか宇宙の真実に向かって進化したいと思っていると、私は信じています。これ以上にウキウキする、美しいことはありません。

私がここ地球で愛情深く、人々の助けとなるための最善の方法は、私の真実を可能な限り誠実に、明確に、正直に表現することです。人を支配したり、変えようとしたり、お金を欲しがったりしてはいけません。自分に忠実であることと、人を助けることがベースです。自分以外の誰かをコントロールすることはできません。自分が人に影響を与える以外に人を導く方法はありません。

もし自分の言動に気を付けることで毎日最高の自分でいられるなら、つまり最高の振動数でいられるなら、それは自分が自分に忠実であるということであり、自分と同じような振動数を持つ人や出来事を周りに呼び寄せます。メディアはネガティブなことにフォーカスしているので、ニュースを見たり聞いたりするのは、私には苦痛です。自然に関するドキュメンタリーや『古代の宇宙人』［ヒストリーチャンネルで放送されているアメリカのドキュメンタリー番組］は大好きですが、コマーシャルになるとすぐにテレビを消します。自分の経験の中に入ってきてほしくないのです。自分が吸収することに関しては細心の注意を払っています。理想のレベルまで振動数を上げるには時間がかかるので、妥協したくありません。世の中と関わらないわけにはいきませんが、大事なのは、その関わりをどのように経験するかです。どのように感じ、どう考えるか。ものの見方は自分で選ぶことができます。それは他の人も同じことです。

仏教徒が言うように、あなたが何かについての感じ方が気に入らない場合は、それについての考え方を変えてください。ここは地球です。あなたが望むどんな感じ方をしてもいいのです。私はもっと進化した感じ方をすることにしました。私は常に高い振動を選びます。多くの人が自分を犠牲者のように感じていますが、代わりにもっと進化した考え方を選んでみませんか？　例えば私は、宇宙船に乗っていたときに医療処置の一環として背中を切開されたことがあります。肉が焼けているようなにおいがしました。でも私はそれを心に傷を負うような経験とは見なさず、恐れも感じませんでした。ＥＴが私を癒してくれたことに感謝しました。その経験を、背中を刺された犠牲者として受け取るのではなく、癒された経験として受け取ったのです。私が体に戻ったとき傷あとはなかったので、高次元での処置だったようです。私はそれを前向きな経験として捉えました。それまで抱えていた腎臓の問題がなくなったので、ＥＴたちが癒してくれたのだと思います。

これほど多くのＥＴが地球にいる理由は、できるだけ多くの光と高い周波数をもたらすためです。なぜなら地球が進化したいと望んでいるのに、影の政府、欲、権力、支配、階層を生み出すことなどが、ネガティブで非常に遅れた３次元の思考だからです。私たちはそれを乗り越えようとしています。平等の美しさを実感すると、それらは必要なくなります。私には麻薬取締局に勤める友人がいます。その友人が言うには、アメリカ中にある携帯電話の基地局は周波数に蓋《ふた》をして人々の思考が広がるのを防いでいるそうです。基地局は生命の自然なバランスを崩す周波数を送り出します。私たちはそれらすべてを突破しようとしています。私たちは皆テレパシーが使えるのですから、携帯電話のようなタイプの技術は必要ありません。すべて金儲けのためだけに存在しているのです。

でも、光と愛は何にも反対しません。光は何かに反対するのではなく、光そのものを提供するだけです。いつでも使えます。光の中に戦いや戦争はありません。争いは低いエネルギーの産物です。否定性とは、弱いものなのです。それを理解すると、否定性はもはやあなたに影響を与えません。風邪やウイルスに似ています。十分に健康で体にいいものを食べていれば、病気になることはありません。病気は低い振動ですから、高い振動を保っていれば、それはあなたに影響を与えることができません。

「証明」も同じです。「何かを証明する必要がある」というのは低い振動の考え方です。進化し、高いスピリチュアルな振動に移動すると、証明を必要としなくなります。あなたの目はありのままの物事を見ることができるようになり、証明は得ますが、そのときにはもう必要なくなっています。とにかく「知っている」のです。3次元の思考から5次元の思考への移行は、一瞬にして起こるのではなく、個人的な成長です。でもスターシードとハイブリッドが振動数を上げているので、その移行はずっと簡単になります。空から降りてきた巨大な梯子のようなものです。その梯子がこう言います。「ほら、使っていいんだよ。怖くなければ、君が梯子を上がるのを手伝うよ」

それに反対する人たちは5次元に移行することはありません。それでも構わないのです。彼らの魂が学びたかったことをまだ学んでいないという意味なので、批判する必要はありません。私たちは愛情をもって彼らを支持します。全員が5次元に行くべきだという考え方は愛ではありません。私たちは行きたい人、準備ができている人を助けたいのです。先へ進む能力を提供しているだけです。私たちはあなたに手を差し伸べています。準備ができているならその手を取ってください。準備ができていなくても、それはそれでサポートします。

アセンションは、人類よりも宇宙のものです。宇宙が拡大することです。進化は必ず起こりますし、すでに起こっています。人間は自分で選んでいいのです。誰もコントロールしたり批判したりしていません。あなたがすべてを学び、高い次元に行く準備ができているなら、その道を選ぶでしょう。もっと学びを必要とし、昇る前により良い基盤を作りたいと望んでいる魂もいます。人間のソウルグループは、小さなソウルグループで構成されています。いくつかのグループは後ろにとどまるかもしれませんが、彼らにはまた別の機会がやってくるでしょう。それ以外のグループは５次元に行き、残ったグループは別の３次元の世界で学び続けます。

## ハイブリッド化計画は地球を乗っ取るためだという説について、どう思いますか？

ＵＦＯ研究者のデイヴィッド・Ｍ・ジェイコブス博士は「脅威」という言葉を使っていますが、認識の問題だと思います。あなたが選ぶ言葉は、あなたの考え方を示しています。ハイブリッド化計画は確かに起こっていますが、なぜ「脅威」として見る必要があるのでしょう？　人類が他の種を助けることも含む、もっと深い出来事として捉える方がはるかにいいと思いませんか？　私はそっちの捉え方にフォーカスすることを選びます。私たちハイブリッドの多くは頼まれてドナーになり、ＥＴとの間にハイブリッドの子供を作り、ＥＴ種の存続を助けてきました。私にとって、それはとても愛情のあるスピリチュアルな経験であり、「脅威」ではありません。まあ、その人の見方次第なのでしょう。皆の見解を尊重しますが、私はジェイコブス博士の本を買って支持することは決してありません。

バーバラ・ラムがレプティリアンと会った経験を聞いて、とてもうれしく思います。私もポジティブなレプティリアンがいることを人々に伝えたいのですが、私自身がターゲットにされてしまう可能性があるので言動にはかなり注意が必要です。あまりにも多くの人がレプティリアンはみんな悪者だと思っているからです。バーバラが会ったのは地球にいるレプティリアンの大使でしたね。ものすごく大変な仕事でしょう。私ならやりたくありません。ネガティブなレプティリアンが影響力を持っているのは知っています。アストラル界で彼らに遭遇したことがありますから。イギリスの女王に会ったこともあり、怖い思いをしました。すれ違う瞬間、女王に「あなたも彼らの一員なんですね」と言うと、ニヤリと笑ってうなずきました。悪寒《おかん》を覚えました。言葉はなく、ほんの一瞬でしたが、愛情のなさを感じました。恐れを感じる人もいるでしょう。大勢の人が終末を望んでいるので、大げさに騒ぐ理由も確かによく分かります。そういう人たちは自らそれを引き付けていることに気づいていないので、気の毒です。私はポジティブな面にフォーカスする方を選びます。自分が注意を向けるものが自分に引き寄せられるということに気づかなくてはなりません。

一部で乗っ取り計画が実行されている可能性は確かにあり、それを裏付ける証拠もあるでしょうが、私にはその現実は起こりません。私がそれを選ばないからです。多くの人々にとっては、それが現実となるでしょう。多くの人々がそれにフォーカスしているためです。そういう人たちの考え方とエネルギーが、自ずと実現させてしまうのです。

私のスターファミリーは地球には来ません。ネガティブなレプティリアンがすでに地球の歴史の一部となってしまったので、私のスターファミリーにとって地球は立入禁止なのです。あまりにも多くのレプティリアンが地球にやってきて、ネガティブなレプティリアンたちと一緒に影響を与えてきました。

いわば政治的な問題なので、私のスターファミリーは誰を地球に送るかに関しては非常に慎重です。私の惑星から来ているのは私だけなので、ときどきとても孤独に感じます。だから、ハイブリッド同士の絆を強め、つながりを築く助けをしているバーバラとミゲルの活動に感謝しています。

## 軍や諜報機関から接触を受けたことはありますか？

私は18歳で軍に入り、ドイツに行ったりと、いろいろな体験をしました。それが私の経歴ですが、人々が言うところの「レプティリアン民兵」のようなものの一部ではありません。私は体を使ったトレーニングが大好きです。狙撃手として「ホークアイ（鷹の目）」という高評価を獲得し、選ばれて上級訓練も受けています。

軍に入った理由はインディアナ州から出ること、他の人について学ぶこと、成長すること、私が人として何ができるかを知ることで、やりがいがありました。でもETに関連した経験はありませんでした。軍にいた頃もET仲間のジャーメは私のところに来ていましたが、当時の私はジャーメのことを守護霊だと思っていて、レプティリアンだとは気づきませんでした。ジャーメは私を男たちから守ってくれました。私は優しくて恥ずかしがり屋だったので、好意を持たれていると勘違いした男性が何人かいたようです。男たちの意図に気づかず2度ほど危ない状況に陥りましたが、いつも守られていました。軍にいるスターシードがすべて悪の計画の一部であるとは限りません！

## 地球規模のハイブリッド・コミュニティについてどう思いますか？

私たちはまだ自身について学んでいるので、団結するのはとても健康的だと思います。自分が何者かを知る能力を与えられたことは私にはうれしいことですが、スターシードの多くは同じ覚醒を経験しません。それがその人たちの使命の一部ではないためです。私の場合は人を目覚めさせることが使命の一部なので、そのための本を書きました。

私たちがつながることで、記憶を引き出し、サポートし合うことができます。同じことを経験している人が他にいることを知るだけでもとても健康的だし、物事を理解するのに役立ちます。手に入るパズルピースが多ければ多いほど全体像が鮮明になり、より完全な自分に近づくことができます。経験は人それぞれ違うので、自分の経験を人に話し、情報を共有することで、自分に何が起こっているのかを理解できます。私も人に話すことで、自分がなぜ人間に転生したのか、なぜ特定の年齢ごとに転機となる出来事が起こったのかなど、自分の背景を理解するのに役立ちました。私は、私の両親がETとの接触を望んでいなかったので、両親の願いを魂として尊重し、この方法で転生することを選びました。誰かがこういう話をするのを聞かない限り、そんな知識は得られません。私たちは成長するため、答えを得るため、よりバランスを取るために、お互いに大いに助け合っています。バランスが取れているほど、振動は高くなります。できる限り最高の自分でいる努力をすることと、自分の光を照らすこと。それが大切です。

私には十分なサイキック能力がないので他のハイブリッドを自動的に見分けることはできませんが、

ときどき見えたり感じたりすることはあります。でも誰かの正体を暴くことは決してありません。他のレプティリアンに会ったとしても、その人がそれを知る必要があるとは限らないので、発言には注意しています。レイキはサイキック能力を使うものなので、セッションをしていると他の次元や様々な場所から来るエネルギーなどが見えます。でもそれを人に伝えるときには注意が必要です。例えば「背がものすごく高いひょろっとしたＥＴがあなたを治療しているのが見える」と言うことによって、その人の成長を遅らせてしまうかもしれません。私の目標は常にポジティブな成長を支えることなので、そんなことになったら罪悪感を感じるでしょう。

私は以前ＥＴについての教室を開いていたことがあり、ハイブリッドとスターシードが一緒になると彼らの光が同調してとても明るくなるということを教えていました。まるでシンフォニーです。宇宙船から地球を見下ろすと、彼らの光が集まるのを見ることができます。本当に美しい光景です。

恋人と一緒に宇宙船に乗り、宇宙船の中を歩き回りながらテレパシーで会話をしたこともあります。こういう経験を共有すると関係が深まりますが、激しさも増します。

## 他のハイブリッドと話したいことは？

たくさんあります。経験、記憶、言語を共有し、出身星について学び、どのように目覚めたのか、彼らの使命は何かなど、聞いてみたいです。ハイブリッドたちの認識の度合いは人によって様々なので、

ETとのコンタクト体験を持ち、特殊能力やミステリーサークルなど形而上学的なことに興味を持つ、覚醒した人を見つけるのは困難です。夢の中などで出会ったETについても聞きたいです。それによって私の記憶が誘発されるかもしれません。

## ハイブリッドであることの一番の利点と欠点は？

人間とのつながりを持つことが本当に難しいです。私は先天的にエネルギーに敏感なので、すべての生き物の間でエネルギーが相互作用するのを感じます。でも私と同じように感じている人はごく少数です。他の人との違いを大きく感じるのはそこです。私が接する人々は物事の捉え方が私とあまりにも違うので、まるで違う言語を話している気分です。私の違いを受け入れてもらえない環境でそれを受け入れ、よりよい人間でいること。これがハイブリッドとしての難しい部分です。

**バーバラ**：人々にもっと深く広くつながる方法を教えるのが、あなたが地球にいる理由の一つかもしれませんね。人間は特定の一人とのつながりを求める傾向がありますが、あなたにはすべての生き物とつながる能力があります。その能力を共有するのは素晴らしいことですし、人々が同じ能力に目覚めるのを助けるかもしれません。

ハイブリッドであることの利点は、使命感と目的があることです。それと、私たち一人ひとりを超えた、はるかに多くのものがあることや、より大きな全体像があることを知っていること。それが希望の種を与えてくれます。もっと素晴らしい経験ができること、もっと大規模なことが起こっていることを知っているのは、深いスピリチュアルな経験です。私たちはこの小さな3次元の世界に閉じ込められているわけではありません。外には、自分とつながっている美しいものが本当にたくさんあるのです。

覚醒すると、自分の経験を理解しようとして勉強を始めるようになり、そこから多くを学びます。そしてそのプロセスによってスピリチュアリティに目覚め、物事の仕組みを学んでいきます。どんどん理解度が増し、自分がもっと大きなものの一部であることに気づき、様々な存在に助けられていることを知ります。その存在の何人かには、ここ地球ですでに会っています。彼らには彼らなりの感情やドラマがあります。たとえ意見が合わなくても彼らはあなたの姉妹・兄弟なのですから、先入観を捨てなくてはなりません。スターシード同士だからといって仲良くなれるとは限りません。一緒に宇宙船に乗っていた仲間だとしても、地球に下りてくると状況は変わります。

要は意識のレベルです。例えば、自分の街のことまでしか考えられない人もいれば、街を超えて州のことまで考えられる人、州を越えて国のことまで考えられる人もいるでしょう。世界や地球にまで意識を広げる人はほとんどいません。これは私にとっては驚くべきことです。私はアンドロメダ出身である自身に目覚めているので、私の考えは宇宙のことにまで及びます。「影響はどのくらいまで広がるか？ETにも影響を与えるか？」と、行動が与える影響を宇宙規模で考えます。

真実を理解するのはとても難しいので、直感に頼るしかありません。でもそれはワクワクすることでもあります。終わりのないパズルのようなものです。あらゆる方向に拡大し続け、３次元という謎を解くパズルのピースがどんどん増えていきます。新しいパズルピースが入ってくるたびに信念が変わり、物事の見方が変わります。自分を知ることを含めた学びの旅です。

それがハイブリッドである一番の利点です。宇宙規模の視点を持てること。でもだからこそ、この３次元の狭い場所での生活が憂鬱《ゆううつ》になることもあります。利点と欠点、両方ですね。

## コラム

### 自分を守る方法

ＥＴが私を通して「このメッセージをミゲル・メンドンサに伝えてほしい」と言っています。さっきあなたが「導きを受け入れる」と言ったとき、あなたのエネルギー全体がシフトして、高次元の存在からの導きを許しました。あなたの意識的な心が信号を送り、導きを受け取るためにオーラを開いたのです。だから、それを言ったことで、このプロジェクトに関わっているすべてのＥＴが「ミゲルを助けてもよい」というオーケーを得たということを知っておいてください。でも気をつけて。

私は今日のインタビューを始める前、私たちの周りを神聖な空間として取り囲み、低い振動が入ってこられないようにしました。可能な限り高い振動にするために白と金の光を使っています。オープンになりすぎて何もかも受け取ってしまわないように注意して。あなたが主導権を握り、あなたの準備ができたときに、特定の高次元の存在から導きが欲しいと言ってください。直感に従ってください。良い存在か悪い存在か？悪くなくても中立的で、あなたのことを気にしない者もいます。直感に耳を傾けてください。

振動の低いネガティブな存在は、愛の高い振動のそばでは生きられません。だから、あなたが恐怖を感じるのをやめて愛と光を感じることができれば、ネガティブな存在から守られます。普段の生活でも同じです。あなたがすることは何でも、高い振動で行ってください。何事も、知識、よりよい関係、愛と光を求める心で行うのです。そうすればあなたが知識、よりよい関係、愛と光を受け取り、あなたの経験から低い振動を遠ざけることができます。

シンシア・クロフォードも拉致被害者に対して、ハートの中に愛を召喚し、それをETに送ることを奨励しています。ネガティブな存在ならば去るでしょう。彼らには耐えられないからです。愛を送ることで、あなたの経験が変わります。自分を光の中に保てば、経験の本質をもっとクリアに感じ取れるでしょう。人々が恐れや不安を感じ、自分を犠牲者だと感じると、振動を低下させます。すると本当に恐れているものを自身にもたらしてしまいます。

私たちハイブリッドは人間にとっての「きっかけ」です。人間が私たちに対して何か引っかかる部分を感じたら、それはその人間が何を学ぶ必要があるかを表しています。動物があなたのレベルを教えてくれるのと同じです。中には自分で調べる代わりに一方的な意見を言ってくる人もいます。私はそういう人たちを気にしないようにしてはいますが、なかなか難しいですね。身構えたりせず、冷静に反応するには練習が要ります。

私はとても内向的なので、私の仕事を手助けするためにときどきレプティリアンが出てくることがあると思います。家に帰る前に心を落ち着け、私の犬に影響を与えないように気を付けています。私たちはみんな、この惑星上のあらゆる生物（人、植物、動物）とエネルギーを共有しているということを、覚えておいてください。拒絶反応、偏見、恐怖を持つ人間に接すると、実際にダメージをくらいます。私は害を受けないようにするため、エネルギーを抑えて、そういう人たちとつながらないようにしています。エネルギーを与えるときは思い切り与えますが、そうするかどうかを決めるのは私です。

私は、他の人より進化している人間に出会うと、それを伝えずにはいられません。進化している人間というのは、オープンマインドで、物事の本質を理解し、重要なのは中身だと理解している人たちのことです。私の母もそうです。母はスターシードにはまったく見えませんが、母にレイキのセッションをしたとき、母の中に金色の光がたくさんあるのを見て、涙が出ました。それは夕日のような、本当に美しい、純粋な、母の中核となるエネルギーでした。私は人間に対して偏見はありませんが、人間の周りにいるとおじけづくし、不安になります。でも進化した人間もたくさんいます。

ＵＦＯ協議会にいると普段よりずっと快適でいられます。ＥＴ的なエネルギーにあふれているからです。目覚めたエネルギーを感じるし、多くの人が目覚めかけているのを感じます。まだ活性化されていない人のエネルギーも感じます。とにかくすべてそこで感じることができます。同時に、心を開きたいけれど実際には偏見を抱いている人もいます。変人を見たくて来ている人もいれば、「スピーカーはETがいる証を見せてくれるんだろうな」と、みんなが驚くような証拠を要求してくる人もいます。私がブースでシンシア・クロフォードと本を売っていたとき、私のところに来て証拠を要求した人が何人かいました。私はそういう考え方をしないのでショックでした。そういう人たちのレベルに合わせようとすることで私のエネルギーが落ちて、振動が低くなります。嫌な気分でした。私のブースに話を聞きに来たある男性に出身星の言葉をいくつか話してあげたのですが、あとで私のことをバカにしていたと聞き、ショックを受けました。私と話していたときには誠実な態度だったのに、本当に失礼です。絆ができたと思っていたのに後で裏切られるのは、いい気分ではありません。地球には様々な感情、意図、欺瞞が蔓延《まんえん》しています。私にとって一番難しいのが、表面ではいい顔をして、あとで後ろから背中を刺すというゲームに対処することです。

## あなたにとって「神」とは?

私はETや、その概念について書いたたくさんの本を読んできましたが、個人的には、すべてに神が含まれているという結論にたどり着きました。すべてが神のエネルギーの一部を持っているので、すべての生命体を神の一部として尊重するよう心掛けています。でも私は神より「源のエネルギー」という言葉を使います。私が育ってきた文化的な背景により、「神」には父親的な意味合いがあるためです。私は「性別は必要ない」という概念が好きです。それは物質や二重性を超えた、3次元の脳では理解できないものだと思います。「源のエネルギー」がすべてを生み出していて、そのエネルギーはすべてに伝わっていくのだと思います。あなたの魂の、どれだけが元の魂で、他のかけらはどこにあるのでしょう？　あなたは巨大な木につながっている小さな小枝です。その木が、神あるいは源のエネルギーです。そこから大天使たちが来て、次に天使たち、それから私たちが神々と呼ぶものが来ました。それぞれが宇宙を創造し、うち何人かは太陽系を創り、他の何人かは銀河全体を統治しているのかもしれません。確かではありませんが。

私の出身であるアンドロメダ銀河はどうでしょう？　アメリカ先住民は、私たちは銀河の中心「フナブ・ク」から来たと信じています。人間のソウルグループは天の川のサイクルから地球に転生するそうです。私たちスターシードは自分の出身銀河の中心から来たのでしょうか？　もしかしたらそれはまったく別の神なのかもしれません。私は自分が人間のソウルグループの一部だとはまったく感じません。

すべては「源」のエネルギーから来ています。私たちはみんなつながっているのです。行けるところまで後ろに下がって全体像を見ることができれば、「源」がしたたり落ち、そのしずくが魂となって分かれ、いくつもの生を生きているのが見えるでしょう。ということは、自分の一部に会ったとき、ソウルメイトに会ったということになるのでしょうか。

## あなたが学んだ一番重要なレッスンは？

スピリチュアリティがすべてです。互いに結びつくこと、愛情深い人間でいること、受け入れること、最高の振動を保つこと、意識を広げること、成長すること。

リサ・ロイヤル著『宇宙人 内なる訪問者』（訳書は徳間書店刊）の中で、ETとのコンタクト体験が誤って解釈されていることについて語られています。人々は宇宙船に乗せられて最悪の恐怖を見せつけられ、心に傷を負ったと感じ、ETに襲われたと感じますが、リサはそれが実際には贈り物だったと説明します。恐怖に直面し、それを乗り越えることで自分に力を与え、より強く、より軽くなれるのです。

積極的になり、自分の真実に従い、自分の力に従うこと。「攻撃的」ではなく「積極的」です。進化し、本当の自分になり、自分を愛すること。これは極めて重要です。自分自身を愛していないと他人を愛することはできません。大切なのは魂の本質です。何者にも魂の本質を奪うことはできません。

向き合い、勇気を持ち、白と金の光で自分を囲み、癒しを使い、自分の力で立ってください。一番重要なのは思考です。愛と感謝の振動を保ち、意図的に思考し、その思考を賢明に使ってください。そうすればネガティブなものが引き付けられることはありません。被害者意識や自己憐憫は自分に力を与えることにはなりません。当時はネガティブだったと思うことを後で振り返ると、実際にはそれが適切なタイミングで起こっていたことが分かります。例えば、それが起こっていなかったらプロジェクトが完了していなかったり、会うべき人に会っていなかったりしますよね。意図的に生きること、選ぶこと、意識すること、前向きな姿勢を保つこと、それとありのままの自分になることが大切です。

# ヴァネッサ・ラモート

ヴァネッサは24歳のアメリカ人女性で、ネバダ州に住んでいます。
人間としての祖先はイタリア系です。

## 自分がハイブリッドであると、どのように知ったのですか？

子供のときからずっと、自分が人と少し違うことが分かる例がたくさんありました。7歳のとき、私は空を見つめては空の中の分子を動かす方法を考えたり、「UFOが裏庭に降り立っても怖くない。だってUFOから降りてくるのはいい人たちで、私をUFOに乗せてくれるんだから」などと考えていました。実際、彼らは本当にいい人たちで、見た目は人間と同じでした。ETに関する私の最初の記憶は、私が4歳のときのものでした。シカゴからラスベガスに引っ越して間もない頃です。3人のアンドロメダ人（男性二人と女性一人）が午前3時頃に私のベッドのそばに来て窓のブラインドを開け、「月を見つめて」と言うのです。そのアンドロメダ人たちは親切だったので、怖いと思いませんでした。私は超常現象やスピリチュアルな領域があることを、とてもよく分かっていました。存在を感じたり、見たり、聞いたりすることもできました。

自分がハイブリッドであるという認識は、思春期に入ってより強くなりました。16歳の頃から自分がハイブリッドであることを示す夢を見るようになり、20歳の頃にはアストラル・プロジェクション［一般的に幽体離脱と呼ばれる現象］が始まりました。21～22歳の頃、過去生の記憶を意識的に呼び起こすことができるようになったのですが、これは急激にではなく徐々にでした。北カリフォルニアにいる友人を訪ねたとき、彼女とアストラル・プロジェクションや瞑想を通して自己や意識を超越することなどについて話しました。私たちはお互いにとって素晴らしい鏡のような存在であり、触媒でした。15歳の頃から、私たちは「夢を見ているときには共通のエネルギープールにアクセスする」という説を持っていたので、夢の中で会おうということになりました。次の日、お互いの夢の内容を紙に書いて見せあうと、まったく同じ内容でした。私たちは妖精か小人の姿で、カリフォルニア北部のレッドウッドの森にいて、きのこのテーブルでお茶を飲んでいました。不思議の国のアリスによく似ていました。

２０１３年６月、学士号を取得したばかりの頃は、数多くの明晰夢とアストラル・プロジェクションを経験していました。その後、スターシードとしての自分を拒絶する期間がありました。自分のそういう側面を信じたいかどうか分からなかったのです。自分を受け入れるまで時間がかかりました。最終的に自分がスターシードであると認めましたが、「ハイブリッド」という言葉は新しく、ここ３ヵ月で使い始めた言葉です。「私はスターシードで、これまで他の惑星や星系に転生したことがある」と言うのは抵抗がありませんでした。今世では、この体の中に銀河のＤＮＡがあることを分かっています。

私は人間ですが、人間はみんなハイブリッドだと思います。自分の人間性を否定してしまうほど宇宙の自己に吸い込まれてしまうのは、健全であるとは思いません。私はバランスのとれた生活を送っています。食料品の買い物や筋トレのような日常的なタスクをこなしながら、多次元的な経験もたくさんしています。自分がここと他のどこかに同時にいることや、ときには宇宙船に乗って他のタスクを実行していることに気づいています。私が瞑想状態にあるとき、または家事をしているとき、自分が別の場所に行くのを感じます。そうしてバイロケーション［複数の場所に同時に存在する現象・能力］が起こります。そうやってたくさんの情報が入ってくるのです。

私は透視能力が非常に強いのでETが家に入ってくるのが見えます。でも私の家の周りにはエネルギーの境界をしっかり張ってあるので、純粋で高い振動を持つ者しか入ってこられないようにしています。子供のときにとても怖い経験をたくさんしたからです。私の家には、ET、天使、精霊など、様々な存在がいてにぎやかです。私は入ってくるエネルギーには用心深く接し、「あなたは誰ですか。どこから来ましたか。何の用ですか」と、必ず最初に尋ねます。私のガイドが来ることもあり、その場合はすぐに分かります。

## あなたを構成するET要素は？

クライアントと仕事をしているときは、通常、その人から感じるギャラクティック・オリジン（銀河での起源）やギャラクティック・インプリント（銀河での印、跡）は2～3種ですが、私自身が共鳴し、私のDNAに強く影響していると感じるのは7種です。一番強く感じるのがシリウスBのシリウス人とリラ人、その他はアンドロメダ人、ペガサス人、キリン座星系人、それと少量のゼータとプレアデス人です。この7種のETは友好的で、光の銀河連合の一部です。彼らは私と同様、地球上の人類の大義と宇宙全体の慈善に向けて取り組んでいます。

私は銀河で行われている取り組みや目的を広い視点で見ています。すべてのアメリカ人が善だとか悪だとか言えないのと同じです。一般化してはいけません。私が交流しているのはリラ・シリウス評議会、アンドロメダとキリン座評議会、それと他の様々なグループで、彼らは皆とても友好的なETです。シリウスはリラ人によって作られたので、私とリラ人とのつながりはそこからきています。

シリウスには4つの主要な種があります。まずは人間型。どの種もほぼ完全に人間に見えますが、わずかに異なる特徴があります。特に目。シリウス人はやや大きめのネコ型の目をしています。次に、シリウスのエルフ。彼らはクリスマスのエルフのようではなく、『ロード・オブ・ザ・リング』のエルフのような見た目です。身長は約180〜200センチ、細身または筋肉質で、髪の色と肌の色は様々です。アフリカ人のようなシリウスBのシリウス人には会ったことがありませんが、アフリカ人のようなシリウスA人とプレアデス人には会ったことがあります。人間型は白い肌をしている人もいますが、ほとんどの場合は青みがかった色の肌をしています。

人間型のシリウス人の中には古代エジプトのネフェルティティ王妃のような長い頭蓋骨を持つ人もいますが、ごく一部です。肌の色は青、白、または金です。一般的にリラ人に似た特徴を持ち、大きな、ネコのような目をしています。

他の二つのグループはシリウスBのマーピープル（人魚など）と水生類またはクジラ類です。シリウスBは水生の惑星で、別名は「オセアニア」です。私は様々なマーに会ったことがあります。男性と女性がいて、半人半魚もいれば、あまり魅力的ではない見た目のマーもいますが、皆パワフルな存在です。彼らはより生物っぽい見た目で、腕に鱗《うろこ》があり、ハダカイワシのような顔の特徴を持っていて強烈な見た目ですが、悪意を持っているETではありません。水生生物にはイルカやクジラをはじめ、他にも様々な種類の魚がいます。それと『ハリー・ポッター』に登場する屋敷しもべ妖精のドビーを思わせる、トロールのような、身長約90〜120センチの非常に興味深い生き物もいます。エラがあり、手足には水かきが付いていています。完全に3次元ではなく、本質的には次元を超えた、ホログラム的な存在です。

シリウスBの大部分は水で、そのうち一部は凍っています。北極のような気候で、エルフの多くがそこに住んでいます。私はエルフの王国に行ったことがあります。二つの山の間にある凍った谷にあり、巨大な居住用の建造物がありました。その上からは河口を見下ろすことができます。水はマーがいる海に流れていきます。身分階層はなく、エルフがマーを監督しているわけではありません。

私がポータルを介してシリウスに行くときは、マーとして行くこともあるし、ときにはもっと人間的、あるいはエルフ的な姿で行くこともあります。私は自分が複数のパラレルライフ（並行している人生）と自己を持っていることを理解しています。シリウスは3次元ではなく5次元以上なので直接行くことはできません。光の体として旅します。私が「次元」や「密度」という言葉を使うときは、「異なる調波構造を持つ領域」を意味しています。厳密に5次元のポータルもあれば、多次元的なものもあります。このように、肉体を持ったままシリウスに行くことはありませんが、肉体を持ったまま宇宙船に乗ったことはあります。3次元の宇宙船もあれば、そうでないものもあり、多くは透明化できます。

## あなたはどのように作られたのですか？

人間の両親を通して通常の受胎が行われましたが、母が妊娠中に宇宙船に連れていかれ、子宮の中にいた私のDNAにギャラクティック・コード（銀河の記号、符号、暗号）が埋め込まれました。母はこのことを覚えていません。私の両親はとても寛大なので私は大好きです。初めてスターシードについて話したとき、私の父の反応は「パパは間違いなくエイリアンだよ」でした。母もです。ですから私は両親もハイブリッドであると感じますが、両親の銀河のエネルギーは私のものほど強くありません。私はハイブリッドを幅広い視点で見ています。人間はみんな、ある程度ハイブリッドです。

私はカトリック教徒として育ちました。スターシードおよびハイブリッドとしてのライフスタイルは順調でした。教会との関わりが少なくなったとき、私の家族のものの見方が突然変わったように思います。家族全員が宗教よりも普遍的な愛を信じるようになり、地球外の命にも意識を向けるようになりました。

恋人のマット［マシュー・トーマスとは別人］と私は一緒に住んでいます。マットは救急救命士で、とても地に足のついた人です。「実は私は完全な人間じゃない」と打ち明けたとき、マットは動揺しませんでした。マットは相手に共感する能力が高く、予知能力も強くなっているようです。でもこれらの能力は意識的ではなく、自然に発達しています。マットはおそらく、様々な存在が入ってくるこの家に私と一緒に住んでいることで、たくさんのエネルギーを吸収しているのでしょう。マットと出会ったとき、私には自分とマットが光の体として見えました。私は青いエネルギー、マットは金のエネルギーでした。それから私が子供のときに見ていた夢に引き戻されました。宇宙に浮かんでいて、金色の光と一緒に遊んでいる夢です。だからマットに会ったとき、あのときの光だと分かりました。マットも私も、お互いを知っているように感じたのです。

**バーバラ・ラム**：彼が意識を広げ、あなたを認めてくれるのは素晴らしいことですね。

マットは一見懐疑的な態度を取ることもありますが、的を射た質問をしてくるので、私自身の理解の助けにもなります。付き合い始めた頃は、彼の質問が私を不安にさせることもありました。4年前、20歳のときは私にとっていろいろと大変な時期だったのです。でも彼が支えてくれました。

## 魂の同意があったのですか？

魂のレベルでは私はそう信じています。これに関する話し合いを意識的にした覚えはありませんが。銀河のＤＮＡやエネルギー・インプリント（エネルギーの印、跡）の貢献者もたくさんいたと感じます。「君の両親は地球の両親だ」と、私のガイドが言っていました。私にはアニカという名前のプレアデス系シリウス人の女性のガイドがいるのですが、私が初めて地球に転生してきたときは彼女が母親だったそうです。転生してきた場所はレムリアでした。私は実際に自分が創造されるところを見ています。

## スターファミリーとどんなつながりを持っていますか？

前記のように、前世の母親でガイドでもあるアニカというプレアデス系シリウス人との交流がありますし、アンドロメダ人のトゥークは私が4歳のときに会っていた3人のうちの一人で、ほんの二ヵ月前に私の人生に戻ってきました。アニカとトゥークはリラ・シリウス評議会のメンバーで、宇宙船やその他様々な場所に住んでいます。私にとってプレアデス星団は心が落ち着き、愛情を感じる場所です。天国のように感じます。プレアデス人は天使の領域に関連していると感じるので、私はプレアデス人を「銀河の天使」と呼ぶこともあります。

私の中に情報のダウンロードが入ってくるときは、周りに様々なETの存在を感じ、会話をして、情報をもらいます。自分からETたちとコミュニケーションを取ることもあります。私のエネルギーが宇宙船へと上がっていくこともあります。バイロケーションのようなものです。車を運転しながら、自分が車の中ではなく、ETたちのいる空間にいると感じることもあります。

ETに会いたいときは意識的に会いに行きます。拉致されたり、記憶が飛んだりしたことは一度もありません。ETたちはホログラムとして私のところにやってきて、私に宇宙船で仕事をしたり、何かを学ぶ準備ができているか聞いてきます。あくまで招待されるのであり、決して強制されることはありません。夢の中で宇宙船に乗るときは、眠る直前にエネルギーが動くのを感じたり、ETを見たりします。

でもときには「行きたくない」と断ることもあります。二晩前、宇宙船で仕事をしてほしいと頼まれましたが、とても疲れていたので断りました。惑星や星系を通して愛と光を押し進めるのを手伝ってほしいということでした。いわば宇宙のヒーリングです。「それってすごくエネルギーを使いそうな大変な仕事だね。私、今かなり疲れてるの」と私が言うと、ジョージと名乗るET（実際には私が発音できない宇宙語の長い名前です）は、笑って「全然問題ないよ」と言ってくれました。ジョージはリラ人でした。二足歩行の人間型のネコで、肩から下は人間と同じ見た目です。身長は2メートル強、頭蓋骨の形は人間と同じですが、顔はかわいいネコの形です。唇と鼻もネコにそっくりですが、ひげはありません。ネコのような毛皮ではなく、白桃のうぶ毛のような毛で覆われていました。

リラ・シリウス評議会と初めて話したとき、リラ人がエジプトの植民地化に大きく関わっていると教えられました。それがスフィンクスが作られた理由です。その後、他の人々のチャネリングと情報、特にリサ・ロイヤルとキース・プリーストによる本『プリズム・オブ・リラ』（訳書はネオデルフィ刊）でも同じ話に接しました。

## 自分のハイブリッド・チルドレンはいますか？

私は自分がハイブリッドであることを知るより前に、自分にハイブリッド・チルドレンがいることを知っていました。２０１３年4月、私は最終試験のために勉強していて、ウトウトと眠りかけていました。すると私の娘になる存在がやってきて、「２０１８年6月17日に生まれる」と言いました。「なにこれ！誰が私に話しかけてるの？ こんな奇妙なことってある？」と思いました。娘の名はソフィアです。ソフィアはその日に生まれてくることを望んでいますが、私にはまだやりたいことがたくさんあります。私は自由意志があることを知っているので、迷っています。ソフィアとはその後も交流があります。ソフィアはピンク色のオーブの妖精としてやってきて、私がソフィアの姿を見ることができるように高密度になり、形を作ってくれます。薬に関する情報をくれたこともあり、月経痛を和らげるためにはゼラニウムオイルがいいと教えてくれたので試すと、効果がありました。ソフィアは私とプレアデス人をつなげる手助けもしてくれました。

昨年［２０１４年］の夏、私のハイブリッド・チルドレンと、その父親たちについての情報がもっと入ってきました。父親というのは、ハイブリッド・チルドレンを作る上でＤＮＡとエネルギー・インプリントを提供した男性たちのことです。私はその男性たちを受け入れますが、恋愛感情があってつながっているとは感じません。ハイブリッド化計画は、地球上の親の役割とは大きく異なります。私の知る限り、私には男の子と女の子がそれぞれ二人ずついます。４人とも宇宙船にいて、そこには他のたくさんのハイブリッド・チルドレンがいます。みんな幼児の姿なので、すでに様々なギャラクティック・コードを収集する過程を経ているようです。私はそれを「スピニング・プロセス」（回転の過程）と呼んでいます。これを行うのはＥＴの医者で、ＥＴの医者たちは地球上にいながら別の魂を持ち、宇宙船でこの仕事をしています。私の４人の子供たちはケンタウルスからのＤＮＡを大量に持っています。

## コラム

### ハイブリッド化の４つの主要段階

1．様々なハイブリッド化計画用の宇宙船で、「源」からのタネ、つまり純粋な金のプラズマの光の体から始まります。

2．それから、「回転《スピニング》」（銀河注入）をします。人々のＤＮＡとエネルギー・シグネチャー（エネルギーの特徴、これがこの人のエネルギーであるというサイン）から取り出したエネルギーのインプリントが回転してトロイダル磁場を作り出します。

3．銀河受胎。すべてのインプリントとＤＮＡが凝固し、赤ちゃんへと変わります。この段階ではまだ肉体はありませんが、細胞塊のテンプレートは構築されています。赤ちゃんは転生する準備ができるまでは看護師その他の専門家から愛情を受けて育てられます。

4．地球の両親と調和して、転生のためのステップを始めます。それから通常の受胎が行われますが、その後ろにある神聖な計画はすでに広範囲にわたって決められています。

宇宙船にいる子供たちが幼児のように見える場合、その子たちは高次元のホログラムまたはエーテルの魂で、転生を待っています。時間はここでは違った働きをします。宇宙船の中では3歳か4歳に見えても、転生が決まると、最初から始まります。

ギャラクティック・インプリントは、物理的なDNAの構成要素とは対照的に、ライト・コード（光の記号、符号、暗号）に合わせたものです。コードは様々な人から来るのでほぼ無限の数があり、地球のように一つの精子と一つの卵子というわけではありません。地球の人々がハイブリッド・チルドレンを作るためにDNAを提供するときには、魂レベルでの合意がなされています。でも意識レベルでは合意したことを覚えていないので、ETに拉致されたと感じる人もいます。私はハイブリッド化計画には常に魂レベルでの合意があると信じていますが、人々の意思に反して行われるハイブリッド化計画も存在します。

これらの情報は、リラ・シリウス評議会と、私が交流している他の宇宙船のETたちから受け取ったものです。ハイブリッド化計画はあちこちで行われていて、地球も追いついてきています。何世紀もの間、

郵便はがき

恐縮ですが切手をお貼りください

101-0051

東京都千代田区神田神保町3-2
高橋ビル2階

株式会社 ナチュラルスピリット

愛読者カード係 行

| | | | |
|---|---|---|---|
| フリガナ | | | 性別 |
| お名前 | | | 男・女 |
| 年齢 | 歳 | ご職業 | |
| ご住所 | 〒 | | |
| 電話 | | | |
| FAX | | | |
| E-mail | | | |
| お買上書店 | 都道府県 | 市区郡 | 書店 |

# ご愛読者カード

ご購読ありがとうございました。このカードは今後の参考にさせていただきたいと思いますので、アンケートにご記入のうえ、お送りくださいますようお願いいたします。

小社では、メールマガジン「ナチュラルスピリット通信」(無料)を発行しています。
ご登録は、小社ホームページよりお願いします。**https://www.naturalspirit.co.jp/**
最新の情報を配信しておりますので、ぜひご利用下さい。

●お買い上げいただいた本のタイトル

●この本をどこでお知りになりましたか。

1. 書店で見て
2. 知人の紹介
3. 新聞・雑誌広告で見て
4. DM
5. その他 (　　　　　　　　　　　　　　　　　　)

●ご購読の動機

●この本をお読みになってのご感想をお聞かせください。

●今後どのような本の出版を希望されますか?

## 購入申込書

本と郵便振替用紙をお送りしますので到着しだいお振込みください(送料をご負担いただきます)

| 書　籍　名 | 冊数 |
|---|---|
| | 冊 |
| | 冊 |

●弊社からのDMを送らせていただく場合がありますがよろしいでしょうか?

□はい　　□いいえ

ハイブリッド化は人間の進化に貢献してきました。これから地球にやってくるハイブリッド・チルドレンは多様なエネルギーと情報の引き出しを持っているので、さらなる統合を生み出すでしょう。その子たちは自身のエネルギーや起源についての意識が高く、人々が宇宙を理解するのを助け、「地球だけが宇宙における唯一の生命の源」という自己中心的な感覚を捨てる助けをします。それが一つの側面です。

もう一つの側面は、アセンションのプロセスで周波数を高めるのに役立つコードを地球にもたらすことです。ハイブリッド化計画だけが周波数の向上に貢献しているわけではありませんが、ハイブリッド・チルドレンは私たちの多次元の側面についての意識を高めます。ハイブリッド・チルドレンが持つコードには地球と協働する光のエネルギーがあるので、ハイブリッド・チルドレンは生まれつきのヒーラーであり、周囲のエネルギーを変容させることができます。

**バーバラ**：ハイブリッド・チルドレンは、多次元や周波数について話す必要なしにヒーリングやエネルギーの変容ができるということですか？ ただ存在しているだけでエネルギーを注入し、人々を助ける周波数を送り出しているのですか？

その通りです。誰もが宇宙のエネルギーフィールドを使っていて、その使い方は様々です。ハイブリッド・チルドレンには特定の周波数があり、それを自分のエネルギーの場から送り出し、特定の結果のために自分のいる環境の変化を促進します。これは多くの場合、無意識のうちに起こり、魂のレベルで機能します。

人間はみんなハイブリッドです。ＥＴのＤＮＡを目覚めさせ、使うことができるのですから。それをどう使うかが大切です。私のようなハイブリッドは、ＥＴのＤＮＡが人々を助け、目覚めさせるためにどのように機能するかについて、より多くの認識を持って生まれてきます。私たちは人間らしく生きるだけでいいのです。自分にとっての至福を経験し、自分らしくあること。それこそが使命なのです。それで十分です。あなたがあなたらしくあるとき、あなたはすでに世界のために多大な貢献をしています。ハイブリッドが転生すると、ハイブリッドの存在そのもの、ハイブリッドが至福の状態の中にいることが、人類を助けることになるのです。それがＥＴからの教えの大部分です。

ですからハイブリッド化計画の論理的根拠は、基本的にギャラクティック・コードと、天使や妖精のエネルギーを含む高いエネルギーをＤＮＡに注入することで、ハイブリッド・チルドレンが人間に教えと変化をもたらす準備を備えて生まれてきて、進化のプロセスを支援できるようにすることです。

ハイブリッド化計画の手段は不気味に思えるかもしれません。人々は物理的に宇宙船に乗ってＤＮＡを提供しています。私が見たことのある方法は、人間がテーブルの上に横たわり、レーザーのような器具が体の上に浮かんで切開なしの手術をし、性細胞、卵子、精子、またはエネルギー・インプリントがレーザーに引き出されていきます。膣から採取するときは、膣に光の管が挿入され、卵子とエネルギー・インプリントの両方を抽出します。

私がそれを経験するときは体を縛りつけられたりすることはないし、宇宙船に乗ることも事前に分かっています。光の体として行き、宇宙船で私の姿になります。拉致されることはありません。通常、行く前には私の部屋にＥＴが来て、エネルギーを確認し、それから目覚めているか別の意識状態のどちらかでおしゃべりを始めます。ETたちは私に宇宙船に行くことを強要しません。いわば招待されるのです。私はいつも貢献する気満々です。私は同意し、眠りにつき、意識の状態が変わり、ETと一緒に特定のポータルを通り抜け、宇宙船へ行きます。私はそれをアストラル状態で経験しますが、光の体がもう一人の自分となって私の姿になり、ETたちが私のエネルギー・インプリントを取り出します。肉体のまま夜に宇宙船に連れていかれ、卵子を抽出される人もいますが、私はそうではありません。でも以前私は、自分がベッドに意識のある状態で横たわっていて、ETが部屋にいて、10～30秒の間、細胞が伝達されるのを感じたことがあります。私はこれを透視能力を使って観察することができました。

**バーバラ**：このような状況の間、あなたの恋人はいわゆる「スイッチを切った」状態ですか？

はい、いつもそうです。つついても起きません。彼はそれを体験する準備ができていないためです。彼は「君が言うことを信じるしかない」と言うでしょう。彼は私が間違っているとか、頭がおかしいとは思っていません。実際、ハイブリッド・チルドレンというアイデアが好きだと言っていました。彼が銀河のDNAを持っているので意外だとは思いません。彼は彼自身の目覚めの過程を通り抜けるでしょう。彼が睡眠中に宇宙語を話すのを聞いたことがあります。私はそれが彼のためになる素晴らしいことだと思うので推進したいのですが、我慢すべきだと心得ています。

ハイブリッド・チルドレンは悪魔などと呼ばれることがありますが、マリー・ロドウェルは彼らを「ホモ・ノエティカス（新しい人間）」と呼んでいます。私はそれに共感します。

**バーバラ：**これまで行ってきた数多くの退行催眠から考えて、私はこれは善意の伴った現象だと感じます。ハイブリッド・チルドレンは人間の意識を拡大し、向上させ、啓発し、銀河全体のコミュニティがあることに気づかせ、いつかそのコミュニティに参加できるようにするために地球にいます。ETに拉致されたと思っている女性たちは最初はおびえているかもしれませんが、理解するにつれて驚きの念を持ち、そのポジティブな目的に気づくようになります。そういう女性たちは理解が深まるにつれて意識が進化していきます。その様子を見るのは私には興味深いのですが、あなたは他のほとんどの女性よりも視野が広いので、特に興味深いですね。

私もそう思いますが、参加者が不快に感じているなら、「もうこのイニシアチブの一部になることを望まない」と言って身を引くこともできます。

私の恋人のマットは、私に複数のパートナー、つまりハイブリッドの赤ちゃんのパパがいるという事実について「君はある意味、銀河のヤリマンだね」と笑っています。女性たちは宇宙船に乗り、妊娠させられ、地球に戻り、出産します。あるいは、子供たちはしばらく子宮の中にいることで地球の周波数になじめるかテストすることもあります。その結果、地球を出ていく選択をするかもしれず、誕生までのどの段階にいるかによっては単なるエネルギーとして母体に入っているかもしれないし、あるいは肉体的な胎児の場合は、地球を出て行くと流産のように見えるかもしれません。

**バーバラ：**私の仕事上、様々な種のETとの間に定期的にそういう経験をしている人をたくさん知っていますよ。

私は実際、自分のベッドでETと寝たことがあるのですが、そのETはマットの自己の一人でした。その日、マットは一晩中働いていたので私は一人でベッドにいました。ETが私の寝室に入ってきたとき、私はそれがどんなETか確認していました。そして、マットのパラレルな自己のうちの一人だと気づいたのです。私はまた、どんなETとも見境なく寝ていないか、自分のエゴに確認もしていました。私は自分の信念体系に何かを受け入れる前に、必ず物事をチェックします。「マットだから、という理由をつけて正当化しているだけじゃないの?」と疑う人もいるかもしれませんが、このETは青く、身長は2メートル強、映画『アバター』に出てくるキャラクターに似ていました。顔の構造はそれほどネコっぽくなく、もっと人間的でした。私は『アバター』で描かれているETは、リラ系アルクトゥルス人にとてもよく似ていると思います。

そのETはドレッドのような三つ編みの黒髪でした。とても鍛えられた体で、太い眉毛で、ペルシャ人のような顔立ちでした。彼は30秒ほど私の前に姿を現したのですが、私は彼のことは第三の眼でしか見えませんでした。彼のエネルギーはとても際立っていましたが、威圧的ではなく、宇宙語のテレパシーで自己紹介してきました。彼が入ってきたとき、私はアルクトゥルス人と性交をすることと、彼がマットの側面の一つであることを分かっていました。セックスはすぐに行われました。とても幸せで、人間的で、迅速でした。宇宙船で行われる、膣に光の管を入れて卵子を抜き取るプロセスと似ています。陰茎は私の中に入るまでは正常に見えましたが、膣に入ると光の管のようになりました。宇宙船上での卵子の抽出のときと同様、オルガスムを感じました。それは超新星のような、５～10秒の爆発でした。それからそのETは消えました。

すべてがあっという間だったので、私は深呼吸をして何が起こったか思い出さねばなりませんでした。着床したのだと思います。宇宙船での経験と同じで、あとから腹部が敏感になったためです。翌朝に覚えていなくてもその感覚はあり、何かが昨夜起こったのだ、ということは分かります。それに実際、子宮が満たされている感覚になることがときどきあります。でもこれは即席の妊娠のようなものです。お腹の中に子供がいたことは覚えていますが、物理的なものではなく、前に話したように、回転するボールのようなエネルギー体でした。子供は地球のコードや周波数を集めていました。プロセスを進める前に、子宮内で時間を費やして私とマットの周波数を集める必要があったのです。その後ヒーリングを受けたのを覚えています。私の友人は、私の仙骨のチャクラ［第二チャクラ］がとても活発になっているのを感じたと言っていました。その友人がどう受け取るか分からなかったので、アルクトゥルス人との経験については話しませんでした。膨満感は３日間続いた後、消えました。そのような子供を身ごもったのは以前一度あっただけで、そのときは一週間お腹の中にいて、生理が遅れました。このように、エネルギー体でも私の体に物理的に影響を与えます。生理が遅れるか、または来ない期間があり、妊娠したと思っていろいろ検査すると、結果はすべて陰性なのです。

**バーバラ**：あなたのお腹に宿ったエネルギー体は、何者かによって取り出されたのですか？

はい。私が子供を身ごもる場合、別のコンタクト経験をします。ときにはETたちが来て私の体の上に手を置きます。するとエネルギー体が出て行きます。翌日、私はむくみが少なくなり、妊娠している感覚も少なくなります。またときには宇宙船内で私がテーブルの上に乗り、レーザーが使われることもあります。ETたちはまた、銀河胎児を私の体から取り出すために、光を注入した様々なシンボルも使います。一週間の地球での妊娠期間中、私は5～6日目に宇宙船に乗りました。ETたちは子供を取り出すために特定の金色のシンボルを使っていました。子供と再び会えることを知っていたので悲しくはありませんでしたが、子供のエネルギーを楽しんでいたので少しがっかりしました。金色のエネルギーでした。

**バーバラ**：そのシンボルは、何年も前に会議で見たラコタ族のシンボルを思い出させます。ラコタ族の人たちは、彼らが「スター・シンボル」と呼ぶシンボルがたくさん入ったアルバムを持っていました。

私は自身の交信を通して、ネイティブアメリカンと一緒に仕事をしているのを感じます。プレアデス人と交信できるようになったとき、男性の姿を心の目で見ることができました。その男性は言いました。

「私のことをプレアデス人と呼んでもいいし、人によってはラコタ・スーと呼ぶ人もいる」

私はまだラコタ・スー族の研究を始めていませんが、ラコタ・スー族の人たちが宇宙語を使っていることは知っています。

**バーバラ：**あなたが身ごもった子供たちは誰として転生してくるのですか？

私には、私とマットの共通の友人であるニックという男性の間にハイブリッドの子供が二人います。私とマットが誰かの結婚式に行く予定だった日の前日、私はニックについて奇妙な夢を見ました。ニックは巨大な母船の中にいました。母船には公園があって、ニックはそこにいました。私はなぜニックに会っているのか不思議に思いました。それと、去年の夏、私は宇宙船に引き上げられ、大至急で別の地域に連れていかれたことがありました。そこにいるニックを慰めるのを手伝うよう頼まれたのです。ニックはパニックになっていました。ニックは服を着てテーブルの上に乗っていて、私を見て驚いていました。「ここで何してるの？」と聞かれたので、私はこれがハイブリッド化計画であることと、魂レベルでの合意によって、ニックがエネルギー・インプリントを提供していることを説明しました。ニックは私から情報開示を受けたわけです。それから8月下旬、同じことがまた起こりましたが、そのときは精子が採取されたことを知りました。その頃、私はニックとテレパシー的なつながりを持ち始めていました。ニックのテレパシーが強くなっていたのです。私はニックの感情や思考を読むことができましたが、私たちは単にインスタグラム上の友達で、地球上では一度も話したことがありませんでした。私が突然ニックについて何らかのひらめき得た直後に、ニックが私が感じたのと同じものをインスタグラムに投稿したりしました。「大勢の男性の中で、なんで彼なの？」と疑問に思いましたが、当時は何が起こっていたのか完全に理解できていませんでした。私はニックにハイブリッド化計画について話すべきだと考え始めていました。

そして9月、私はアリゾナ州セドナで行われるバシャール［チャネラーのダリル・アンカが交信するET］のイベントに行くことになっていました。マットと一緒に行く予定でしたが、マットが仕事で行けなくなってしまいました。そこでいろいろな人に声をかけたのですが、どういうわけかニックしか行ける人がいませんでした。この時点で私は6ヵ月、テレパシーによるメッセージのやりとりとミーティングが夢の中で行われていましたが、まだニックには何も真実を明かしていませんでした。私のガイドから何も言わないようにと言われていたのです。バシャール旅行の前日、私のところに子供が来ました。青い目と黒い髪をした男の子で、肉体的な特徴はニックとマッチしていました。その子が、自分の父はニックだと言ったので、ようやく私はニックとの関係を理解しました。細胞の結合があったため、テレパシーのつながりができていたのです。ニックが私と一緒に旅行に行ける唯一の人だったのは、偶然ではありませんでした。私はハイブリッド化計画についてニックに話しました。するとニックはそれを非常にすんなり受け入れました。でもそのときは、私たちの子供については話しませんでした。ニックと一緒に過ごしたのはそれが初めてでしたが、バシャール旅行は順調にいきました。

数週間が経って、ニックに子供のことを話した方がいいというアドバイスをETから受けたので、ニックをランチに誘いました。「私の頭がおかしいと思ってもいいけど、これだけの期間で、私はこういう経験をしてきた」と前置きをして、どっしり構えて、さりげなく、事実だけを話しました。ニックはとても冷静に受け止めました。宇宙船の夢を見たことはないし、意識レベルでは何も覚えていないと言っていましたが、魂のレベルですでに理解していたのだと思います。私は「子供たちが誰として転生してくるのか知らないし、あなたが子供と会えるかも分からない」と伝えましたが、ニックはそれも受け入れました。ニックは独身で、いつか子供が欲しいそうです。9月から今日までの間に、ニックはかなり進化しました。

奇妙な経験ですよね。マットは不快感は示しませんでしたが、仕組みを知りたがっていました。「君が地球上でニックとベッドを共にしてないなら気にしない」と言うので、私は「宇宙船の中でも彼と寝てないよ。DNAを提供してるだけ」と答えました。バシャール旅行の前日に私のところに来た男の子は、マットのDNAも持っています。その子にDNAを提供した存在が他に何人いるかは分かりません。子供たちが誰として転生するのかはよく分かりませんが、「黒髪で青い目の男の子があなたのところに転生したがっている」と、別々の二人のサイキックから言われました。マットと私が受胎のための身体的な側面を提供し、その子が細胞に転生してくるのでしょう。でもそれが実際にどんな仕組みになっているのかは、今のところ分かりません。

ソフィアは、マットと私が一番多くDNAを提供したという点で、私たちがメインの両親と言えるでしょう。彼女は私の子供です。私にはもう一人の女の子と二人の男の子がいて、あともう二人、生まれてくる予定です。

ニックとの子供は男の子と女の子が一人ずついます。マットとの子供たちより、ニックとの子供たちと交流する機会の方がが多かったです。男の子の方は光の体で訪ねてきます。私は透視能力を使って彼を見ることができます。

ハイブリッド・チルドレンとの経験や、チャネリングから得たハイブリッド化計画についての情報をネット動画として公開したところ、とても複雑な反応がありました。大勢が視聴し、大変な物議を醸しました。私を悪魔と呼ぶ人も一部いましたが、自分の経験を理解する機会になったと言って感謝してくれた人もいました。

ハイブリッド・チルドレンはテクノロジーと新しいヒーリングの実践を通して、私たちの生き方を革新するでしょう。人類にとって刺激的なときですね！　誰もが最高の至福状態の中で、ありのままの自分でいられる世界。それがどんな世界になるにせよ、完全に受け入れられる、批判のない世界。ハイブリッド・チルドレンのもたらす革新がすべての架け橋となり、平和を生み出すでしょう。

## 複数のアイデンティティを持つことについて、自分の中でどう折り合いをつけていますか？

私は自分を人間と呼び、ハイブリッドとして仕事をし、気持ちの上ではＥＴです。これは、私の経験と能力、銀河の家族、評議会とガイドとの関係に基づくものです。前にも言いましたが、私は広い視点を持ち、人間とＥＴを二つのグループに分類せず、全員が一種のハイブリッドであると見なしています。

## 人間と肉体的に違うところはありますか？

今のところ思いつきませんが、頭蓋骨の上部にとても平坦な場所があるくらいです。ハイブリッドでもある二人の姉妹もそうです。母は、私が幼児の頃は疝痛《せんつう》［乳児が特に原因もなく長時間泣き続けること。腹痛と関連があると考えられている］を持っていて、何を食べても拒否反応を起こしていたと言います。私がぐずる理由が分からなかったし、医者は私の体に何も問題を見つけられなかったそうなので、これは私がハイブリッドで地球の周波数に適応しようと葛藤していたことを示していると思います。

## 自分には使命があると感じますか？

私の地球での目的は、人間として生き、私の光を広げることで、人々が私のような生き方を経験できるようにすることです。また、地球外での生活やアストラル・トラベルについての情報を人に教えることも使命だと感じます。私の使命を体現する言葉は「インスピレーションを与えること」でしょう。教えたり、指導したり、ヒーリングを施したり、いろいろやっていますが、使命は、人々が最大限の力と至福の状態を得るためのインスピレーションになることです。

今、私はレイキなどのセッションで生計を立てているのですが、定期的な仕事をしようかと考えることもあります。狭い分野で仕事をしているので、もっと多くの人に光と情報をもたらす方法を考えています。でも、定期的な仕事をすればその助けになるだろうかと考えるたびに、自分の中で大きな抵抗を感じます。私はみずがめ座なので（星座に固執したくはありませんが）、自由な環境の中で最善を尽くせます。もっとラジオや協議会に出たいのですが、まずはいろいろ整理し、自分の方向性を明確にしようと思っています。

**バーバラ：**リラ人に会ったり、宇宙船に乗ったり、ダウンロードの受信、コミュニケーション、ライトワークなど、あなたの経験すべてが、あなたが地球ですべきことと非常によく似ているように感じます。あなたはまだ若いから、その豊かな経験を共有する機会がもっと来ますよ。

ありがとう、私もそう感じます。私はまだ温められている卵の状態、いわば胎児のようなものです。

## ガイドからの導きはありますか？

はい。リラ・シリウス評議会が私の個人的なガイドです。他にもいくつか、評議会に属していない種もいます。私自身の種もいるし、それ以外の種もいます。ガイドたちは次元と密度の間を行き来できます。でも私たちが地球上で交流するときは、彼らのほとんどはホログラムの光の体です。

## 特殊な能力はありますか?

現在、私はサイキックおよびエネルギーのヒーラーとして働いています。それが私の得意分野です。私は自分のことを「ETコンタクト・スペシャリスト」とも呼んでいて、これは私の活動の多くが銀河に関連するためです。私の直感と心理学の知識の両方を使ったセッションを提供しています。人々の精神を通して、宇宙の自己と、それが意味するすべてを理解する手伝いをするのは、楽しい仕事です。多くの女性が私のところにやってきて、彼女たちの経験を説明してほしいと言ってきます。最初のうちは、彼女たちがハイブリッド化計画の参加者で、ハイブリッド・チルドレンがいることを理解してもらえるか自信がなく、うまく伝えるのに苦労しました。でもサイキックとして、それにこの仕事のプロとして、受け取った真実を誠実に伝えています。今はハイブリッド・チルドレンの情報を求めて私のところに来る人が特に多くなりました。「自分にはハイブリッド・チルドレンがいる」と思っている人たちは、ほとんどの場合、実際にハイブリッド・チルドレンがいます。みんな自分の内側で「知っている」のだと思います。私はその事実にどう対処すべきか、彼女たちに教えています。個人的で、親密な形で知っていくのが望ましいと思います。

子供の頃はテレキネシス［念動力］とテレパシーを経験しました。成人してからはバイロケーション、遠隔透視、アストラル・プロジェクションの経験も加わりました。私はこれらを自由に行うことができます。能力を誠実に使い、私の教えを通して人々が自身の能力を伸ばすのを応援しています。

アストラル・トラベルをする際は、様々な領域、次元、意識や存在の状態に合わせて光の体の周波数を変えています。地球上ではレイキ、サウンドヒーリング、宇宙語、クリスタル・シンギング・ボウル、自然の中でのウォーキングなどの方法を通して様々な意識状態に移行し、体の外に出たり戻ったりできます。アストラル体になることもあります。これらすべてが至福と変性意識状態をもたらします。

宇宙語は異言を話すようなものです。異なる意識の周波数であり、ハートのチャクラを開くことが大切です。すべてハートスペース［心臓がある部分。胸］を通してアクセスされ、解釈されます。ときどき私がガイドとチャネリングすると、ガイドたちは宇宙的または天使が使うような言語で話します。ときにはそれが私のハイヤーセルフであり、私自身の魂から来ていることもあります。言語の中のシードサウンド（音の種）が振動の変化をもたらします。異なる音色、ピッチ、トーンが、私という器の中で違うハーモニーを生み出します。私はこれを「宇宙語を使ったリキャリブレーション（再調整）」と呼んでいます。

宇宙語はハート中心のコミュニケーション・システムで、万物とコミュニケーションできるシステムです。宇宙語にもいろいろあり、リラまたはシリウスなどから来る宇宙語には、いわゆる方言があります。言葉はときどき邪魔になるので、認知的・論理的な言語を使わずにハートスペースでダイレクトに話せます。宇宙語には様々な用途がありますが、魂のレベルでコミュニケーションを取ることができ、他の周波数やエネルギーをもたらす手段となります。

宇宙語は言語とテレパシーの架け橋でもあります。私のセッションを通して気づいたのですが、宇宙語が参加者の直感を鋭くしています。論理的で区画にこだわる左脳ではなく、感情でコミュニケーションを取ることで、脳に思考をさせないように再訓練するためです。感情面で言えば恍惚《こうこつ》状態を味わえますが、それよりも大事なのは直感を使い、抽象的な方法で自分の視点とコミュニケーションを解釈することです。テレパシーは便利ですが、情報は意識の状態にとどまり、地球には流れていきません。その点、宇宙語は周波数を生み出すのが利点です。

以前、オンラインで3週間の宇宙語コースを教えたことがありますが、またこの方法で教えることはないと思います。やはり人々が自然に話せるようになることに価値があると思ったためです。宇宙語はとても神聖な、自分だけのプロセスです。

私の宇宙語はダウンロードによって受け取ったと言えるでしょう。宇宙語は、ペンテコステ派教会などの宗教的な環境で聞くことがあると思います。こうして宇宙語に触れることで、自身が活性化されることがよくあります。私の場合は一緒に働いているETのグループ、リラ・シリウス評議会を通して活性化されました。評議会は様々な場所からの26人のETによるグループです。でも大半はリラとシリウスから来ているので、その名前がついているのです。評議会はリラとシリウスの間を行ったり来たりしています。

評議会のメンバーたちが来て私と話しているとき、私は自分が奇妙な音節を何度も繰り返しているのに気づきました。何だろうと不思議に思いましたが、ヘンなので最初のうちは避けていました。運転しているときや自宅にいるときなど、一人で静かな場所にいると起こります。その言語が私の中から湧き上がってくるのです。耳に心地よいと同時に薄気味悪くもあったので、慣れが必要でした。自分がいかにオープンであるかがポイントです。「私は何も知らない。知る必要がない。知りたくない」ではなく、「知らなくていい」という状態でいると、より多くの知識が得られます。

## ＥＴが人間と関わる際の決まりは？

私の経験から理解していることを言えば、介入が起こるのは、ＥＴを含むすべての者にとって最大かつ最善の利益がある場合のみです。他人の意思を否定することになる場合はＥＴは介入しません。

## あなたにとって周波数とは？

私たちは皆、毎日周波数と振動を使っています。私は宇宙船からのコミュニケーション、ガイドからのコミュニケーション、それに私の体内のインプラントの更新やガイドによるヒーリングがある際、それぞれを示す特定の周波数を聞くことができます。宇宙語を使った仕事でも周波数を使います。音と光のコードを通して周波数を高く調整することで、病気を予防し、オーラやエネルギーフィールドを清らかに保つことができます。宇宙語の伝達セッションではもっといろいろなことが起こりますが、以上が簡単な説明です。

## アセンションについてどう理解していますか?

アセンションは自分自身を「源」と同調させるための再調整のプロセスです。そうすることで「源」のエネルギーと一体になる、またはつりあうことができ、永遠の至福の境地を体験できます。私たちの振動と「源」との間を均衡にしようとしているのです。私はこれを、標高の低い土地から高い土地へと船を運ぶために運河を作って水位を調節するように、高さのバランスを取るシステムと考えています。

要するに、私たちは古代の知恵に再び注目し、そこから革新と創造を生み出そうとしているのです。魔術師マーリンやイエス・キリスト他、多くのアセンデッドマスター［アセンションを達成した存在］たちは並外れた能力を持っていました。私たちの目標は、アセンデッドマスターたちのように、自分が持つ力を完全に自分のものにすることです。それが、ハイブリッド・チルドレンの起こす大きな運動です。

アセンションが起こるのは、私たちが周波数を高めているため、または私たちが自身の多次元性に意識を向けているため、つまり、より宇宙的で、一体になってきているためです。ハイブリッドは架け橋であり、リンクです。ハイブリッド・チルドレンが出身星のことや、地球外の惑星で生きることについて両親に教えてくれるでしょう。ハイブリッド・チルドレンの経験と知識が、私たちに変わる方法を教えてくれるのです。

## ハイブリッド化計画は地球を乗っ取るためだという説について、どう思いますか？

人類のためにならない目的を持つETがいて、そういうETたちが行っているハイブリッド化計画があることは理解しています。でも私は皆の魂が特定の条件に同意して転生してくると信じています。ですから一見ネガティブに見えても、その背後には高い次元での合意があったはずです。内省的な観点から考えてみてください。親は遺伝子を組み換えられた子供を愛せず、拒絶するしょうか？　そんなことはあり得ないと思います。親は子供を愛し、問題があれば立ち向かいます。親子の間には巨大な愛があり、それは非常に慈悲深い振動です。ですから、人類のためにならないハイブリッドが地球を支配するというのは無理でしょう。私も当事者なので、こういう説を聞くと自分の言い分を言わずにはいられません。つい感情的になってしまいます。

## 地球規模のハイブリッド・コミュニティについてどう思いますか？

直感力を高め合ったり、過去生の記憶を共有したり、銀河・宇宙の存在としての自己を受け入れる助けになります。また、宇宙で行われている取り組みや、ハイブリッド・チルドレンの両親への教育についても情報を共有できます。安全な環境の中で意識を高められます。コミュニティ外では、みんなこれらのトピックについて話すのは安全ではないと感じています。

## 他のハイブリッドと話したいことは？

自分がハイブリッドだと認識している人たちとの共通点を知りたいし、他の惑星での経験や個人的な話を共有したいです。

## ハイブリッドであることの一番の利点と欠点は？

利点は、自分の多次元的で多面的な性質を理解し、自分の意識と宇宙にオープンになれることです。一番大変な点は、無知で偏見を持つ人々との間の橋渡しをすることです。

## あなたに協力するために、人類にしてほしいことは？

自分を受け入れ、自分らしく生きることに専念してほしいです。

## あなたにとって「神」とは？

私は神を「源」として見ます。すべてがそこから来る、最高で最も純粋なエネルギー源。私たちはあらゆる姿をした神です。

## あなたが学んだ一番重要なレッスンは？

私のメッセージと最も重要な教訓は、多次元性を受け入れることです。私は、それまでのフレームワークや信念体系が壊れるような経験を山ほどしてきました。それ以外に多次元性を統合する方法はありません。多次元性を受け入れることで、より深い気づき、意識、情報にアクセスすることができます。知らなくてもいいのです。知らないことで、知ることができるのです。

私はそれをテーマに卒業論文を書きました。人生の謎を知りたいけれど、知らないことを受け入れるという内容です。そんなパラドックスの中で生きていくには、どんな瞬間にも自分が主導権を持つこと、自分が誰であるかと、何が自分の最高善と一致していると感じるかを明確に分かっていること。結論はそこに行き着きます。

そのためには、古い構造やパラダイム［ある一時代に支配的なものの考え方、見方］を打ち壊すことです。

私たちは「答えが必要、知ることが必要」と学校で教えられます。そこにも知恵はありますが、私たちが今向かっている先はそうではないような気がします。答えを得るためにウサギの穴をできる限り底まで下りていく、そのプロセスにこそ大きな価値があるのです。

この話題はタイムリーですね。今ちょうど［2015年］金星や天王星の逆行、ひと月に二度満月があるブルームーンなどの天体の影響があるので、答えを探すのにいい時期です。自分自身について何を信じるか？「他のことは何も知らないけれど、これだけは知っている」と言えることはあるか？　このように、自分が確実に知っていると感じることを明確にするのです。

カオスや魂の暗闇について話すのは気持ちのいいものではないので、人々は天体からの影響として説明してきました。私は天体のエネルギーのせいにしたくはないのですが、実際、人々が影響を受けているのも分かるので、対処方法を知っています。つらい思いをする必要はありません。

**バーバラ**：私がもしあなたの人生を経験できたら面白いでしょうね。あなたは人間であるという前提で、人間のシステムの中で、家族、友人、学校など、人間の生活を送る中で当たり前とされる概念を持って成長しました。でもその間ずっと、あなたには他の現実、存在、宇宙、次元についての認識や視点があったんですね。学校や友人や家族からは絶対に出てこない話題でしょう。それでもあなたは理解する方法を模索しました。これらすべてがあなたの中にあるというのは、驚くべきことです。多種多様な知識と視点を持っていますよね。これには宇宙語も含まれます。自然に宇宙語が出てくるとき、意味は分かるのですか？

最初は分かりませんでした。でも宇宙語を話すのは楽しいし元気が出るので話し続けました。今、私は心と体のつながりをもっと意識するようにしています。肉体をメーターとして使うことで、一連のビジョンが見えてきます。クライアントのためのセッションで使うのはこの手法です。ハートで感じ、そのときのヒーリングに必要なコードを伝えます。これはレイキなどのエネルギー療法に似ています。それから様々なチャクラポイントと千里眼を使ったビジョンを通して気づいたことを伝えます。例えば、セッションの途中でハートに重さを感じると、それがクライアントの私生活の中で起こった離別や死別を表していたりします。あるいは誰かが流産した場合は仙骨のチャクラでそれを感じることもあります。

みんな、人間が地球にダメージを与えていると言いますが、地球は自然災害を通して自分自身を再調整する方法を知っているような気がします。人類が今、地球を扱っている方法について同意はしませんが、私は最終的に地球は大丈夫だと感じます。みんな生存できるか不安に思っていますが、この壮大な宇宙において、人類と地球はどれほど重要でしょう？　人類は実際、寄生虫のようなものです。ハイブリッド化計画で作られた子供たちが地球を救うために来るという話を聞きますが、実際は地球ではなく人類を救うために来るのです。この現実から目を背けてはいけません。なぜハイブリッド・チルドレンが地球にやってくるのか？　それは、私たちがやってしまったことを修復するための革新的な方法や、さらには、もう住めなくなってしまった地球から人類を脱出させる方法を見つけるためです。蜂が絶滅したら、人類は4年しか生きられません。

リラ人、シリウス人、プレアデス人、それに他の多くのETたちが地球に来て、人類を目覚めさせようとしています。ハイブリッドたちは確実にその助けになるでしょう。でも現実的には、人類を月や火星に移動させるにはもっと革新的な技術が必要です。私たちは自分自身を大事にし、使命が何であるかを理解しなければなりません。

**バーバラ**：私は長年、ハイブリッドが地球にいる理由は人間を向上させ、他の次元への意識を高め、宇宙の他の生命体を受け入れ、もっとスピリチュアルになるのを助けるためだと理解していました。これはあなたの意見とは違うのですか？

一致してはいますが、ハイブリッドは私たち人類を救うためにここにいて、惑星を救うためではないという区別が私にはあります。人類は次のステップに進むために進化しなければなりません。これは受け入れるのが難しいでしょうが、私は自分の知っていることをきちんと伝えたいのです。人類が目を覚まさないと状況が悪化し、多くの人が死ぬことになります。そうなったら本当に悲惨で恐ろしいことです。私がこの仕事に取り組んでいるのはそれが理由だと感じますが、私は銀河全般の任務にも取り組んでいて、非常にマクロなレベルで、全員がお互いに関係する方法を革新しています。私たちが今進んでいる先には、いくつかの深刻な未来が待っているかもしれません。ハイブリッドたちはその対処法を教えてくれるでしょう。例えば宇宙船の作り方などです。その宇宙船で人類を別の宇宙船に連れていくのです。私たち一般人に情報開示はされていなくても、映画『インターステラー』のように、移住できる惑星の探検はすでに始まっていると感じます。

意識を高くすることはもちろん重要であり、それを否定しているわけではありませんが、ハイブリッドのより深い使命は、人類に革新的な技術を教え、それを公正に皆が使える方法を教えることです。この惑星から出ていく方法をすでに知っている人はいます。そういう人たちは、今から20年以内に火星に入植できると言っています。私たちに知らされていないだけで、火星にはすでに人間が住んでいることでしょう。限られた人間だけでなく、みんなが革新的な技術を使えるようにするために、ハイブリッドを保護し、育成し、ハイブリッドたちの話を聞くことが重要です。

　地球は実験場でした。これは、誰も話したがらない重要な問題です。地球は外から見ると美しくて楽しそうな、いわば宇宙のラスベガスのような惑星です。でも実際に行ってみるとこう感じます。

「あ、まずい。何だかヘンなことになってる」

　地球に来て、「美しい惑星だけど、やらなきゃならないことが山ほどある」と思うＥＴもいれば、地球人がみんな死んでもいいと思っているＥＴもいます。地球が抱える問題は壮大な宇宙の中では本当に小さなことなのです。

　ハイブリッド化計画は、人類創造の初期段階で起こった過ちを正すために実施されました。人類創造の初期、銀河の遺伝学者のグループが科学の実験として様々なＥＴ種を接合し始めました。理由は、ただやってみたかったからです。アヌンナキ［背の高い人間型のＥＴ］は、開発途中の人間をテストのために地球に連れてきました。アヌンナキは自分たちの創造物である人間に対して所有権を持っていると感じていたので、人間を奴隷のように扱いました。これまでに発見された「原始人」の多くは、アヌンナキのプロジェクトから生じたものです。アヌンナキは地球の資源を略奪し、多くの植物、木、土地のコドン（遺伝暗号）のマトリックス（母体、基盤）を損傷しました。マトリックスは、物を生み出す周波数とコードの、エネルギーの多次元のコンテナです。これをＤＮＡと呼ぶこともできますが、もっと深い、基本的なエネルギーです。マトリックスのレベルでプログラミングを損傷すると、構造的なゆがみが生じます。レムリア時代とその文明がこのゆがみの大部分を修正しましたが、我々はまだ最後の努力に取り組んでいます。アヌンナキは人間の主権を認めなかったので、人類は完全な人権を否定され、多くは気力を失いました。人間の可能性を最大限に引き出すため、それに、このゆがみをどうすれば修正できるかを他の人に教えるために、ハイブリッド化計画によって遺伝子修正が行われているのです。

意識と振動の両方を高めて次のステップに進むためには、誠実さと力が必要です。これは人類の取り組みに懸かっています。知識を使い、自分と誠実に向き合い、個人・地球・宇宙の中で、より自分らしくいられる場所に移動することが大切です。ハイブリッド化計画はステキなことばかりではありません。素晴らしいプログラムではありますが、過去に犯したひどい過ちを正すためのものです。アヌンナキやリラ人などが、かなり自分勝手なやり方で人間を創造しました。私がリラ人の過去生を持つのはそのためです。リラ人が科学や遺伝学的な興味のためにいかに軽率に人間を創造したか、私はその身勝手さを理解しています。リラ人は今はとても友好的で、銀河連邦のメンバーです。アヌンナキ、レプティリアン、ドラコニアンの一部、それと私の知らないその他のグループによる、物質主義的な「できるんだからやろう」という考え方には、誠実さと力が欠けています。映画『ジュラシック・パーク』に出てくるセリフのようです。

「科学者たちはやれるかどうかに夢中になりすぎて、やるべきかどうかを考えなかった」

ハイブリッド化計画は、目隠しを破り取り、否定のすべてを取り除き、真実を知るためにあります。

私たちは別の人生で、してはいけないことをいくつかしてきました。地球は今、緊急事態にあります。私たちは過去の過ちをすべて解き明かし、そのせいでできた傷を癒そうとしているのです。最終的には、問題なく、美しい結果になると思います。でも前進するには、見たくないものから目を背けず、正直になる必要があります。

過去の過ちはどんどん明るみに出てきています。多くの情報開示が起こっていて、多くの人が深く掘り下げて調べています。YouTubeやFacebookなどで、人々の真実が爆発しています。もうこれ以上ジャンクDNA［機能が特定されていないDNA領域。非コードDNAとも呼ばれる］に関する嘘にしがみつくことができないからです。私たちは、光の体と、私たちの可能性へのフルアクセスが必要です。それにはすべての不快なものに直面し、膿を出し、克服しなくてはなりません。これは小規模なレベルでも、世界的なレベルでも起こっています。

# ジャクリン・スミス

ジャクリンは65歳のアメリカ人女性で、オハイオ州に住んでいます。
人間としての祖先はドイツ系、イングランド系、スイス系です。

## 自分がハイブリッドであると、どのように知ったのですか?

だんだんと知っていきました。子供の頃は「自分は他の人と違う。なじめない」と感じていました。母も、私について同じように感じていました。私は、人間の見た目って変だなと思っていたのです。人間の写真の脚の部分にバツ印を書いて、どうして人間には足が二本しかないのだろうと不思議に思ったりしていました。なぜそんなことを感じていたのか理解したのは何年も経ってからでした。

記憶がよみがえってきたのは12歳の頃で、その後もずっと人生を通して意識的に、多くの場合、自発的によみがえってきています。5歳になる前からしばらくの間、宇宙船の中で夜間学校に出席していたのを覚えています。それ以降、次元の中や外を旅してきました。スターガーディアン(宇宙における保護者、守護者)たちによって私の遺伝子が強化されたことも思い出しました。スターガーディアンたちが自らのＤＮＡと、その他のＥＴのＤＮＡ、それと地球に住むあるハイブリッドの男性のＤＮＡを交ぜたのです。私のスターペアレンツ（宇宙における両親）はトールホワイト・ゼータのハイブリッドです。両親も、複数の種類のＥＴのＤＮＡを私のＤＮＡと交ぜました。

年月の経過とともに、私の人生のパズルピースがはまっていきました。14歳のとき、ベッドに座って頭の中でこう叫びました。

「宇宙船が来て私を連れ去ってくれればいいのに！」

すると巨大な銀色の円盤がやってきて、裏庭の木の上すれすれをホバリングしました。人間としての私は「どうしよう、本当に連れ去りに来た！」と思っていましたが、ＥＴとしての私は乗組員たちに会えるのを喜んでいました。宇宙船は十字を描くように飛んだあと、そこから一瞬にして真上に飛び、夜空に消えていきました。のちに私はその宇宙船に乗ることになり、ＥＴたちが、私がハイブリッド・チルドレンを作る準備を始めました。

20代のある日、ある女性から瞑想のやり方を教わっていたときのことです。私のスターファミリーであるクァバーが話しかけてきました。「あなたの原点が私たちであることを知ってほしい」と言うのです。今回の生ではトールホワイト・ゼータが私のスターペアレンツですが、ＥＴとしての私の中心となる周波数はクァバーであることを知りました。

## あなたを構成するＥＴ要素は？

私が持つ周波数は主に7種類のＥＴの周波数です。他にもありますが、中心的ではありません。マンティス、トールホワイト・ゼータ・ハイブリッド、アルクトゥルス系ゼータ・ハイブリッド、クァバー、イルカに似た種、レプティリアンが少し（人間型ではありません）、それと人間が名称を知らないＥＴ。様々なＥＴだった過去生も含めれば、他にもあります。私はこれらの周波数を多次元的に自分の周波数の中に持ち、彼らやその他の種と簡単にコミュニケーションを取ることができます。

２０１３年のサンクスギビング（感謝祭）の頃、14日間連続で宇宙船に乗りました。体外離脱をしたり、過去や未来に行ったり、自分の側面の一つが魂に戻っている間に、また別の側面が高次の周波数として入ってきて、それまでの自分と統合したりしました。このようなことが起こるのは、私たちがアセンションのプロセスの中にいるためです。

この経験をしてから、手書きの文字やサインなどが変わってしまいました。「ご本人とは違う人がサインしているようなので確認しています」と銀行から電話がきたほどです。これは、様々な次元にいる「自分」のうちのいくつかが統合された結果です。私の人生は、このような体験に満ちています。

先ほど述べたいくつかのＥＴの種について説明しましょう。マンティスは楽しくて、愛情にあふれていて、遊び心たっぷり。素晴らしく純粋なところがあります。非常に進化したヒーラーで、太古の種です。マンティスが住む次元に行ったことがありますが、そこは愛と光と喜びに満ちていました。マンティスの次元を訪れるとネオンの虹があちこちに見えます。

クァバーは私の原点となるスターファミリーで、アセンションしたエーテルの集合意識体です。クァバーがいるのは「地球の外にある7つ目の宇宙」だそうです。私はクァバーを「私の魂の中心的周波数」と呼んでいます。クァバーは非常に高い周波数で、人間がつけた名前はありません。トールホワイト・ゼータと同様、クァバーの意識はよく私のそばにあります。クァバーは人間について楽しいコメントをするのが大好きです（意地悪ではなく）。ダジャレも言います。ETのユーモアについて本を書き始めたので、クァバーのコメントを書き留めています。スターファミリーに「私がときどきすごく不機嫌になるのは分かってるけど、地球で暮らしてみなさいよ」と言えば、「もし私たちに目があれば黒目を上に向けてるよ「アメリカ人が「あきれた」という意味を表すときの表情」」と返してきます。いつも私を笑わせてくれる、クァバーのドライなユーモアのセンスが大好きです。

私がコミュニケーションを取っているET種は笑うのが大好きで、いつも喜びに満ちています。私が交流したいのは愛と喜びを表現する種で、ひどくシリアスな種や低い周波数の種には興味がありません。私が関わりを持っているETたちはみんな笑うのが大好きで、面白くて素晴らしいETばかりです。クァバーとは1982年から、意識がはっきりした状態でコミュニケーションを取れるようになりました。クァバーは愛と光と喜びに満ちた存在で、クァバーが私のそばにいるときにはいつも至福の気分に包まれます。クァバーと、他のすべてのスターファミリーを愛しています。彼らとは宇宙語を通じて会話することができます。それぞれの種が私にシンボルを与えてくれますし、それらの書き方や、ヒーリングや浄化などポジティブな方法での使い方を教えてくれます。

２０１３年のサンクスギビングに、アルクトゥルス系ゼータのハイブリッドを裏庭で見ました。その彼は木の後ろから姿を現したのですが、すぐにまた木の後ろにひょいと戻ってしまったので「お願いだから出てきて。あなたのことが大好きだから」と言いました。すると彼は少しだけ姿を見せてくれましたが、また木の後ろに隠れてしまいました。とても恥ずかしがりやさんでした。

多くの人がゼータやトールホワイトはみんな同じだと思っているようですが、私たちと同様、彼らにも個性があります。ハイブマインド、つまり集合意識に属する存在ではありますが、だからといって皆同じということではありません。ＥＴにも個性があり、私には見分けることができます。宇宙船でトールホワイト・ゼータを見れば、どれが私のスターペアレンツか分かります。

子供の頃、宇宙船にはアルクトゥルス系ゼータの子守がいました。私は彼のことが大好きです。呼び名は「サンドマン」。私のスターペアレンツはいつも子供たちに「サンドマンが来て寝るのを手伝ってくれる」と言っていました。このおかげで私はサンドマンや他のＥＴたちとポジティブな関係を築けるようになりました。

トールホワイト・ゼータはゼータと見た目は似ていますが、肌の色がグレーではなく、白く輝いています。愛情深く、地球と人間に対して友好的な感情を持っています。サンドマンは身長が１４０センチほどで、美しい青い肌をしています。とてもポジティブで子供のような無垢な存在です。

## あなたはどのように作られたのですか？

私の母が妊娠していたとき宇宙船に連れていかれました。そこでトールホワイト・ゼータのハイブリッドや他のＥＴたちが、地球にいるハイブリッドの男性から採取したＤＮＡおよび様々な種のＥＴのＤＮＡを、胎児に移植したのです。私の両親のＤＮＡも入っています。私はこの様子をすべて、霊体の状態で見ていました。子供の頃は幾夜も宇宙船の中で過ごしました。そこでの両親はトールホワイト・ゼータです。宇宙船の中にはマンティスやアルクトゥルス系ゼータのハイブリッドやその他の種がいました。私はそこで育ち、愛や意識の旅について多くを学びました。彼らは私を冒険に連れ出し、過去生から知っている他の様々な種のＥＴたちにも会わせてくれました。

魂レベルでは、私の両親はこの計画に同意していました。けれど、意識レベルではまったく気づいていませんでした。私の地球の家族は何世代にもわたってＥＴからの接触を受けてきました。そのどこかの時点で、私の家族はＥＴと交流することを決めたのです。ＥＴたちはインプラントを使い、両親の宇宙船での記憶をブロックしました。私の記憶もしばらくの間はブロックされていました。子供には対処できない情報量だったためです。家族の中で私はいつも変わり者だと思われていました。両親は私のサイキック能力に気づいていて、母からよく言われたものです。

「まったく、その才能は一体どこから来たの？　うちの家系でそんなことができる人はいないわよ」

母は私が最初に書いた動物とのコミュニケーションについての本［『Animal Communication: Our Sacred Connection（動物とのコミュニケーション：私たちとの神聖なつながり）』］を読んで驚いていました。それから後年になって、私の能力をより受け入れてくれるようになりました。

## スターファミリーとどんなつながりを持っていますか？

スターファミリーとは定期的にコミュニケーションを取っています。私から彼らにサポートや愛情や情報をもらえるよう求めることもよくあります。すると向こうからはテレパシーで情報をシェアしてきたり、彼らの存在を知らせてくれたりします。クァバーと、ザズとアメサという二人のトールホワイト・ゼータ、それと私がサンドマンと呼んでいるアルクトゥルス系ゼータとは関係を築いています。マンティスとイルカの家族とも深い絆で結ばれています。彼らや他のＥＴとの絆を築けていることをとてもうれしく思っています。これらのＥＴは私の目を通して世界を見ることができるのです。

## あなたが作られた目的についての見解は？

私は架け橋です。ＥＴが人間を、そして人間がＥＴを理解するのを助ける存在です。私の周波数が地球にあるだけでアセンションの助けになるとＥＴたちは言っていました。彼らは私が進むべき「道」は不要だと言います。なぜなら道などないからだと。私の才能をシェアすることで人類のハートが開き、意識と周波数を引き上げる助けになるのです。「私たちはひとつ」というメッセージをシェアすることは私の喜びです。どんな形であれ、または形のないものまで、すべての生き物には平等な価値があります。地球も生き物であり、人類やその他の種と同様に進化しています。

私は何年も人々に、動物やETとテレパシーで会話する方法を教えてきました。私の2冊目の著書『Star Origins and Wisdom of Animals（動物のスター・オリジンと知恵）』では、動物たちがスター・オリジン（出身星）についての情報を明かし、共有してくれます。基本的に私はメッセンジャーであり、そのメッセージとは「愛がすべて、私たちはひとつ」です。

## ハイブリッド化計画の理論的根拠についての見解は？

ハイブリッドが地球上にいることで、人類の周波数を引き上げる助けになります。周波数が上がれば人類は進化して宇宙の家族を受け入れ、自身を宇宙人として受け入れることができます。ハイブリッドたちはこの意味で架け橋と言えます。大規模なパラダイム・シフトが起こっている中、人類は「新人類」へと進化しています。これは、人類が意識を拡大できるようDNAが変化していることを意味します。人類は高い周波数によって活性化され、これまでは準備ができていなかったためアクセスしてこなかった自然なスキルや才能に気づき始めます。これが人類に透視能力や透聴能力などの自然なサイキック能力を発達させる機会を与えてくれます。より多くの人がバイロケーションやテレポーテーションを経験し、時空の制限を受けずに自分や他人を治癒する方法を学ぶでしょう。ハイブリッドの多くはすでにこれらの能力を身に着けており、その能力を他の人を助けるために使っています。

## 地球にいるハイブリッドと、そうでないハイブリッドの違いは？

地球にいるハイブリッドは人類と地球の進化をサポートするために働いています。他の恒星系や領域にいるハイブリッドも同様に、宇宙にいる様々な種の架け橋となる役目をしています。これには地球も含まれます。

## 自分のハイブリッド・チルドレンはいますか？

40人以上のハイブリッド・チルドレンがいます。現在ETが使っているアップデートされたハイブリッド技術では、女性は子供を妊娠する必要がなく、例えば髪の毛一本など、DNAさえあればいいのです。数年前に3人のハイブリッド・チルドレンが作られたのですが、そのとき私は言いました。「ねえみんな、もうこのへんで終わりにした方がいいと思う。私ももう年だから」本当にもう終わりにしたいと思っていたので、私の意志を尊重してくれたようです。でももし彼らが私の髪からDNAを採取したければ、それは構いません。16歳か17歳の頃は、私は自分の卵子が採取されていることを知らずにいました。知らなくてよかったと思います。

宇宙船で自分の子供たちのうち何人かの世話をしましたが、子供との別れはとてもつらかったです。ETによると私にはロシアに住む娘がいるそうです。それと、私の息子のうちの一人は地球での生活に適応できなかったため、他の場所に移されたそうです。その場所で息子はエンジニアとして素晴らしいテクノロジーを新しく創造し、人類とETの架け橋になるべく頑張っているそうです。

私のハイブリッド・チルドレンと同様、私もこのプログラムにボランティアとして参加していることは分かっています。だから文句はありません。ただ、子供たちに会えないのが寂しいだけです。話すことは、いつでもできます。私から招待すれば、子供たちがコミュニケーションを取ってきます。グループとしてやってきて、ひとつの声として私と話をするのです。

子供たちは私のスターファミリーが育てました。私はここ地球でハイブリッドとしての自分の任務を果たしています。会議でスピーカーを務めたり、ワークショップを開いたり、人生やスター・オリジンについての個人コンサルテーションをしたり、ETとの体験の手助けをしたりしています。私の全人生のフォーカスは「愛がすべて、私たちはひとつ」というメッセージをシェアすることです。

## 複数のアイデンティティを持つことについて、自分の中でどう折り合いをつけていますか？

受け入れられるようになるまでは長い道のりでした。今はもう平気ですが、以前は違和感があり、自分の場所がない気がしました。私は常に、自分が人間というよりETであると感じていますが、過去15年ほど人間を相手に仕事をしてきたので、自分の人間の部分を前よりずっと受け入れるようになりました。うれしいことです。私はETとしての要素がとても強いので、自分の人間的な側面を受け入れて対処することが私にとって最大の課題でした。でも今は現在の自分の状態に満足していて、自分の使命に専念しています。私は7つのET周波数を持っているので、これまで膨大な量の経験と情報を統合してきました。過去生でも多くの情報処理をしてきました。私の過去生は人間よりETだったことの方がずっと多かったです。

この世界がどのように機能するのかを理解しようとすること、それが大切です。地球は非常に多くの意味で制限されています。例えば、なぜ男性と女性しかいないのでしょうか。他の星系では他の選択肢があります。でも私は長老評議会にこう言いました。

「地球に転生するなら女性がいいです。アセンションには神聖な女性性が必要なので、女性の方が効果的に使命を果たすことができます」

私は自分自身のETとしての側面および他のETと共鳴しています。毎日ETと連絡を取り合っています。家の中を歩き回って何かをしているだけのときも宇宙語を話します。宇宙語の周波数は非常に高いので、話すと元気が出ます。ハイブリッドは周波数を上げるために地球にいます。自分の中を流れる様々な宇宙語を聴くと、それぞれが特定のリズムと流れを持っていることが分かります。

マンティスは他の多くの種と同様、周波数を使って通信します。マンティスからのメッセージは言葉ではありません。私たちの声帯には限りがあるため、音では正確に表現できません。マンティスはカチカチいうような音を出しながら非常に高い周波数で話します。アルクトゥルス系ゼータのハイブリッドは喉の奥でガラガラいうような音で話します。

私がシェイプシフトしたり、目が変わるのを見た人が何人かいます。14日間ETと過ごしたとき、そのうち3日間、記憶が抜け落ちる経験をしました。実際、地球にいなかったのです。私は母船の中で、自分の数々のETの姿にシェイプシフトしました。とてもワイルドで、楽しい経験でした。ブルーアルクトゥルス系ゼータのハイブリッド、トールホワイト、マンティスになりました。私は何年もかけて、自分自身のあらゆる側面を受け入れるようになりました。そのプロセスは今も続いています。

## 自分には使命があると感じますか？

ハイブリッドとして任務を始める上での即戦力であると感じます。6歳ですでに他の次元に行き、ETや、亡くなった人間や動物とコミュニケーションを取っていました。意識的に多くの領域に出入りしていたし、臨死体験も二度しました。6歳と20代のときです。これらの経験のおかげで、あっという間に意識が拡大しました。

私が作られた理由は、地球で数々のET種を代表する大使になるためだと言われたことがあります。

私はコミュニケーターです。人に教えたりメッセージを共有するのが大好きです。私は基本的にメッセンジャーであり、教えたり、自分の経験について話したり、人の経験を聞いたりすることが私の役割だと感じます。メッセージの一つは、人類が母なる地球がどれほど素晴らしいか、それに他のすべての存在、ET、動物、木、水が、どれほど重要であるかを理解するのを助けることです。

実際には、動物も木も水も、すべて宇宙の生命体です。他の惑星では、それらは同じ重要性を持つ存在と見なされているため、動物というカテゴリー自体がありません。これは36年以上にわたりワークショップで教えてきたメッセージの一部です。私たちは、人類が宇宙や地球上で一番重要な種ではないことを理解する必要があります。動物やETとのコミュニケーションの方法を人に教えるのが、私の喜びです。

大事なのはETに「善」も「悪」もないということです。すべての存在は、宇宙という全体像の中でそれぞれの役割を果たしています。善と悪は存在しません。それは人間の視点です。周波数の低い存在がいるおかげで、私たちが、高い周波数と低い周波数の違いを経験できることもあります。私たちは自分と共鳴する周波数を選択できるのです。

## ガイドからの導きはありますか？

ET、天使、その他の知的で宇宙的な存在など、いろいろなガイドがいます。私にはライトワーカーたちによる心強いチームがついています。これは私だけでなく、誰もが同じです。私は人や動物と仕事をするに当たり、ライトワーカーたちのサポートを求めます。そして彼らの導きを参考にしますが、ほとんどの場合は自分のハートと魂に耳を傾けることで、自分が誰であり、何をしたいのかを明確にします。昔、私はクァバーに尋ねました。

「私の使命は何？」

「やりたいことは何でもやればいい」

「私は正しい道を進んでる？」

「道なんてない。あるのは愛だけ。君の周波数が地球上にあるだけで十分だよ」

私たちは皆それぞれの周波数で、地球と人類のアセンションのプロセスを支援するために地球にいます。

## 特殊な能力はありますか？

テレパシー、共感力、透視能力、透聴能力、超感覚などの幅広いサイキック能力があり、それを様々な目的に使います。

体の中を見ることができ、スキャンして健康問題を見つける能力にも恵まれています。

おかげで私は動物とのコミュニケーターでもあります。この仕事をプロとして始めてから36年になりますが、生まれたときからずっと自然にやってきたことです。うれしいことに、私はこの国で最初の動物コミュニケーターです。今では世界中の人々と仕事をしています。

動物や人間を癒す能力は生まれつき持っていたようです。ソウル・リカバリー（魂の回復）は、私が動物や人間を相手にする特別な仕事です。動物や人間がトラウマを経験したときに破損したエネルギーを取り戻すプロセスで、彼らの全体性を取り戻す助けとなります。

世界中で行方不明になっている動物の追跡もします。捜している人と話したり、写真を見たりすることで、その動物の振動を感知できます。それからサイキック能力で動物のエネルギー・シグネチャーを追い、動物とコミュニケーションを取って居場所を聞きます。

向こうの世界にいる魂（死後の世界にいる動物や人間）と会話し、残された人々の心に平和を取り戻す助けをするのも、私にとって楽しい仕事です。サイキック能力者および催眠術療法士として、ET／UFO体験者を支援することもまた私の喜びです。

ETについてクラスで教え、UFO会議などで講演し、ハイブリッドとしての私の経験を共有しています。ほとんどの人は好奇心旺盛で、私の話の中に何かしら共感できる部分がある人も大勢いるので、そういう人たちをスターシードやハイブリッドとしての自己に目覚めさせることができます。

これらの能力はすべて私にとって自然で楽しいものです。

個人的な関心事としては、意識と量子物理学を探求することが好きで、たくさんの本を読みました。でも本当の学びはクァバーやその他のETから直接得られます。物事がどのように形成され、機能するのかを見るために、私の意識がETたちと一緒に宇宙に行くのです。

自分の感情に注意しないと、コンピューターが影響を受けたり電気が消えたりします。これは怒りや喜びなど、感情が高まった状態のときに起こります。何年か前、とても幸せな気分で食料品店にいたとき、缶詰が次々と棚から飛び出し始めました。「まずい、店を出なきゃ！」と思いました。奇妙な現象だったので少し怖くなり、こういうことが起こらないよう気を付けるようになりました。

子供の頃、夜私が宇宙船に乗っていたとき、ETがテレキネシスを使って物を動かす方法を教えてくれました。それには地球のエネルギーとつながり、自分の力を制御する方法を学ばねばなりませんでした。シンボルは力とエネルギーを持っていますが、それらを使う方法も教わりました。様々な星の文化からシンボルを受け取るのは、とても楽しいことです。座ってペンと紙を用意すれば、シンボルが私の中に流れ込んできます。意味が分かるときもあるし、分からないときもあります。

私の仕事を実践する上で強調していることがあります。「私たちはひとつ」というメッセージを伝えることと、人々が目覚め、ハートで生きられるようにするのを助けることです。この二つが私にとって重要です。私は自分が知りうる限りの方法で、最も愛情深い存在でいることにフォーカスしています。

私は「あなたはスターシード?」というクラスを教えています。楽しい仕事です。生徒たちがスターファミリーとコミュニケーションを取ることによって、ETとしての自己を感じる手伝いをしています。スターファミリーとのつながりを強めるために、まずはスター・オリジン・リーディング（出身星鑑定）を望む人もいます。そのリーディングでは、その人のスターファミリーが現れて、私と話し始めます。それから、その人の魂が一番最初に生まれてきたところまで戻ります。私はこれを「魂が最初の経験をするために宇宙の水の中につま先をつける」と表現します。情報を共有し、その人に共鳴する周波数またはトーンのマントラを与えます。そうすることでスターファミリーがより近くなります。今まで多くのヒーラーのためにスター・オリジン・リーディングをしてきました。ヒーラーたちはその後、スターファミリーが周りにいて、より深いヒーリングの手伝いをし始めてくれたのを感知できるようになったと言います。素晴らしいことですね。このクラスやスター・オリジン・リーディングは私にとっても、生徒たちにとっても、とても楽しいことです。

**ミゲル・メンドンサ**：私のスター・オリジンもぜひ見てほしいです。私とつながっている存在があるか知りたいです。

私が感じている、あなたの周りにいる存在を今ここで伝えることができますよ…（紙と鉛筆を用意）。あなたの地球での任務をサポートしているライトワーカーのチーム全体が見えます。大天使たちが見えます。大天使たちはとても美しくて柔らかな存在で、愛に満ちた、非常に強いエネルギーを持っています。たくさんの女性的なエネルギーもはっきり感じます。マンティスも現れています。イルカのようなETもいます。彼らはイルカではなく、地球上のイルカが存在するずっと前からの、元の存在です。それから、あら、面白い。アンドロメダからの存在が見えます。以前、アンドロメダのヒーラーに助けを求めるといいと私が勧めたのを覚えていますか？　だから、アンドロメダ人の姿も何人か見えます。ゼータもいます。それと、妖精のような存在もいます。私はこれらの存在もETとして捉えていて、彼らを心から愛しています。あなたの周りには幅広い種のETたちがいますね。すてきです。これらのETたちはあなたを支えて、助けるためにここにいます。癒しが必要なときはいつでもマンティスに助けを求めるといいでしょう。マンティスは古代からいるパワフルなヒーラーですから。私が今見えるのは以上です。

**ミゲル**：ありがとう。すごいですね。どうやって彼らに助けを求めればいいのですか？

## コラム

### ガイドに助けを求める方法

あなたの意図を述べるだけです。私はこう言います。「私が地球上でしているすべてのことにおいて、私を助け、心、体、精神、魂において私を支えてくれる、愛と光のすべての存在を歓迎します」

ハートからそう言ってください。ETはハートからの意図を感じることができるので、言葉そのものより重要です。ハートから、本心でその意図を伝えれば、ガイドたちはそれを感知します。ハートからの意図ははっきりとした高い周波数を持っているからです。

ワクワクしますね！　ミゲル、これからは自分でも信じられないほどたくさんの扉が開かれると思いますよ。楽しくなりそうですね。ETはすでにあなたのところに来ています。あなたがそれを知っているかどうかにかかわらず、たくさんのサポートを受けています。素晴らしいですね。感動します。

# ETが人間と関わる際の決まりは？

ETから聞いてきた多くの話から察するに、ETはある一定のポイントまでしか介入できないようです。ETは地球のエネルギーのバランスを取るのを助けています。軍事施設で停電を起こしたこともあります。「戦争や戦闘的な行動・考え方をやめるように」というメッセージを伝えるためです。人類はこのメッセージを無視し続けています。地球上の全員がそれに同意すれば、すべてが一瞬で変われます。ETは「人類は自身への責任がある。道を見いだし成長しなければならない」と言っています。ETは直接介入することはできないので、そのためにハイブリッド化計画があり、ETのエネルギーを地球に取り入れることで、新しい種を作っています。私たちが神の愛であり、本当の自分が誰であるかを覚えているという意味での新しい種です。それが中核です。

ハイブリッドは、高い意識エネルギーをゆっくりと統合するために地球にいます。周波数を高め、人類を進化させ、意識を高め、私たちが愛であることを思い出させるためです。私たちはひとつ。常に相互作用しています。「私たち」と「彼ら」を離すことはできません。彼らが私たちであり、私たちが彼らなのです。周波数が高くても低くても、すべてが「私たち」です。

最終的には、創造主が自分自身について学んでいるのです。それが結論です。私たちが経験を通して学び、成長するための劇のようなものです。これに反対するものはありません。どっちの味方、というのはないのです。自分と違う側にいると思っている人だって「私たち」なのですから。

私たちがより高い周波数に引き上げられるにつれて、二元性［物事が相対する二つのもので成り立つこと］

だと思われているものは消滅し、愛、平和、喜びだけが残ります。「ニュー・アース」は愛、平和、喜びです。私たちは誰でも、高い周波数にいることを選ぶことができます。でも別の目的を持っている人たちは、地球の二元性のために役割を果たしているだけです。なぜなら私たちはみんなそうすることに同意したからです。地球は学びを経験する場所です。光と闇の対比を経験するのです。私はこれを広い視点で捉えています。闇と光は私たちみんなが持つ一面です。闇にフォーカスする人は、魂が二元性のためにその役割を担当することを選んだのです。対比すると同時に推進する役割です。真珠が異物への抵抗によって作られるのと同じです。低い周波数を持つ人たちは摩擦を生み出すことで、みんなが自分の本質を思い出すのを助けているというのが私の捉え方です。みんなで協力してこのプロセスを作り出しているのです。

## あなたにとって周波数とは？

周波数は、エネルギーが自身を表現する振動の範囲です。物理的にも非物理的にも同じことです。私がＥＴについて書いた本『Star Origins and Wisdom of Animals（動物のスター・オリジンと知恵）』では周波数をそのように定義しています。ＥＴは様々な周波数を持ちます。私たち人間も同様です。ＥＴが彼らの言語やシンボルを私に教えてくれるときは、その中に彼らの本質を表す振動が流れています。次元は、異なる周波数や振動数。それだけです。クァバーが次元が何かということを私に見せてくれたことがあります。私がクァバーと一緒に旅をするときは意識として行きますが、ときにはアストラル体で行くときもあります。クァバーは他の次元と星系を実際に見せてくれました。次元が玉ねぎのようにレイヤーになっている様子、それに時空などというものは存在せず、錯覚だということを見せてくれました。人間は時空という錯覚を作ったので、限られた考え方に囚われやすくなりました。時空は人間にとって重要です。密度の中で生きていくための構成を与えてくれるからです。ＥＴには時空は関係ありません。ＥＴたちは「今」を生きているからです。言葉で説明するのは、私にはこれが限界です。

トーンや倍音［音の基本となる周波数の他に生じる、整数倍の周波数を持つ音の成分］には様々な振動のレベルがあります。高い周波数に同調できる人の意識はアルファケンタウリに一瞬で行くことができるでしょう。喜びと愛に集中して自分の基礎とし、別の星系に行くという意図を持てば、行くことができます。要はシンプルに存在の状態、エネルギーの状態次第であり、誰でもそれを経験する能力を持っています。人は誰でも行きたいところに行けるのです。でも特定の次元や地球にしか行けないと信じる人は、意識を高めてくれる他の周波数を経験するのが難しくなるでしょう。これらの周波数は私たちの中にあり、外にあります。「上なる如く、下もまた然り」。上にあるように、下にもあります。すべてつながっているのです。私はこれを「意識の旅」と呼んでいますが、時空はなく、すべては今、ここにあります。存在の状態なのです。

クァバーはこのことについて、何年もかけて直接私に教えてくれました。クァバーと一緒に様々な周波数に「乗っている」と言えるでしょう。遊園地のライドのようで、いつも楽しいです。もちろん、これらの経験を表す言葉はありません。あるとき、クァバーと一緒に波に乗って深宇宙に入り、地球の周波数、つまり地球の基本的な振動が表現されているところを見せてもらいました。振動は無限に続くシンボルのリボンのように見え、それが惑星の物理的な形を作っていました。

ETの周波数に比べて、地球の密度は低い周波数です。私は地球が大好きです。美しくて素晴らしい惑星ですが、この密度の中で暮らすのはとても困難です。「もうヤダ、別の星系に行こう」と思う日もあります。それができるおかげで、私は地球で暮らし続けることができるのです。ベッドに横になってしばらく故郷に帰ることで、日々のわずらわしさを忘れられます。

## アセンションについてどう理解していますか？

アセンションは魂として成長し進化するプロセスです。人類は次第に高度な意識へと昇りつつあり、ハートで生きることと、愛することがすべてだということを思い出しています。ありのままの自分になることです。それぞれの魂が自分に合ったペースを選び、アセンションのプロセスを進んでいます。

魂は一度に多くの人生を生きていて、別の人生で学ばなかった様々な課題に取り組んでいます。すべてが同時に起こっていて、これには私たちが過去生と呼ぶものも含まれます。より大きな枠組みで見ると、私たちは過去生と未来生を統合して魂のバランスを取っています。魂は異なる周波数帯の間でバランスを取っているのです。私たちはカルマを通してこの世と関わりながら、魂がまだ学びたいことを地球で学んでいるのかもしれません。でも同時に、他の星系で他の生活をしているか、あるいは愛と光と喜びに満ちた別の次元で肉体を持たずに生きているかもしれません。私たちは皆、全体性を取り戻すために多次元の自己を統合しています。愛と光に戻ることが、アセンションの目的の一部です。そうすると意識が拡大し、こう気づきます。

「本当の自分を思い出した。私はこの肉体ではないし、この人格でもない。私は創造の美しい光。神の愛だ」

　私たちが地球にいるのは、浄化し、この世界に執着すべきでないということを思い出すためです。この世界は幻想なのですから。覚えておくべき大事なことは、私たちは愛と光だということです。すべての魂は、多くの生涯を通して行ってきた選択によって生じたカルマを解消しています。私たちは経験するために地球にいるのです。

　簡単な答えがあるかどうかは分かりません。繰り返しになりますが、頭ですべてを理解することではなく、ハートが感じること、知っていることが大事なのです。ハートは賢明です。あなたのハートは何と言っていますか？　あなたの魂は何と言っていますか？　頭は常に枠組みを作りたがり、自我は常に答えを知りたがります。頭と自我は分離を生み、高い意識は団結を生みます。私たちが全体像を決して理解できないというのが、大きなミステリーの一部です。人間の限られた観点から全体像を見ることは決してありません。

　最近はＵＦＯの目撃例が増えています。ＵＦＯがやってくるとき、私はより高次元のＥＴの存在を感じます。ＥＴが教えてくれたのですが、ＥＴたちが宇宙船で地球に来るときは様々なビームを通して周波数を放射していて、この高い周波数が多くの人の活性化を誘発しているそうです。私はアリゾナ州のスーパースティション山地にいるETとコミュニケーションを取ったことがあるのですが、彼らによると、いくつかの種が地球から去っていく一方、新しい種が周波数を上げ続けるために地球に入ってきているそうです。多くの人が、以前より多くのETの存在を感じています。団結のために徐々に準備をしているのだと思います。これは人類とETの両方にとって驚くべき可能性を秘めています。

また、私たちのチャクラシステムとDNAは、地球の上や中に流れている高いエネルギーによって活性化されています。それが私たちを目覚めさせると共に、内側からバランスを整えてくれます。このプロセスは人の周波数を高め、意識を拡大し、古い信念やパターンを一掃します。

みんながアセンションをより簡単に乗り越えられるようにするには、自分が喜びを感じるものに集中することです。そうすることで周波数が高まります。自然の中を歩くことは、地球とつながり、自分自身とつながり、地に足をつけ、気分を高めてくれます。友人やETからのサポートを受けられるシステムを持つことも大切です。地球、私たち自身、それとすべての生命体に対し、愛と癒しの思考やイメージを送ってもいいでしょう。森の中を散歩しながら、空・木・石を祝福するのもいいですね。星に愛を放つこともできます。祈り、瞑想し、トーニング［声を使って自分のエネルギーを調整すること］をし、歌い、踊り、遊び、笑うこと。創造的な表現と美は魂を高揚させますし、物を書くこと、園芸、動物や子供たちと遊ぶことは、地球規模の癒しに貢献します。何よりも、心から生きることが私たちの周波数を高め、私たちが愛の中ではひとつであることを気づかせてくれます。

## 地球規模のハイブリッド・コミュニティについてどう思いますか？

私たちはこれからも、ハイブリッドたちを地球上の様々な文化に溶け込ませていきます。ＥＴはハイブリッドをそれぞれどこに置くべきかを知っています。ハイブリッドは適切な風土や意図を理解した上で戦略的に配置されているのです。配置がうまくいくときと、そうでないときがありますが、ＥＴたちは現状にかなり満足していると言っていました。私はいつも進化がもっと速く進んでほしいと思っていますが、人間の精神のために、進化のプロセスは適切なペースで進まなくてはなりません。でも進化のプロセスは実際に起こっていて、新しい橋と周波数が物事を新しいパラダイムに移行させつつあり、人類の進化を可能にしています。人間は他の星系から家族を受け入れることにはまだオープンではないので、ゆっくり進めなくてはなりません。自我は、コントロールを失うことと、変化を恐れます。それが邪魔になっているのです。10年前と比べると、より多くの人が目を覚まし、意識を高めています。今、世界中で大きな飛躍が起こっています。これは私にとって非常にエキサイティングなことです。私は「もうやっちゃいましょう！」と思っていますが、そういうわけにはいきません。みんなビックリしてしまいますから。だからそれは愛情をもって、穏やかな方法で行われています。

私たちは皆、目的をもってこの姿として地球に来ることを選びました。ですから地球にいる間は存分に楽しみましょう！　若いスターシードやハイブリッドの中には恐れを抱き、とても苦労している人たちがいます。自分の本質を理解しておらず、人類に対して怒っています。彼らがこう言うのをよく聞きます。

「なんで私は地球で愚かな人間たちと一緒にいなきゃいけないの？」

**バーバラ・ラム：** ハイブリッドのコミュニティは、感情面や実践面でサポートを提供していると思いますか？

はい。目覚めかけているスターシードへのサポートと心の安らぎを提供できます。彼らの本質と、彼らに何が起こっているのか、その理解を助けることで、恐れを手放すことができると思います。スターシードをサポートする組織は増えています。素晴らしいことですね。

また、友人や両親からサポートを得ることもできます。友人や両親が寛容であるならですが。それも大いに役立つと思います。

私が誰かに会い、その人と共鳴するとき、その人がハイブリッドであるかどうかにかかわらず、私はその人を愛しています。でもハイブリッド同士がつながるとき、そこには特別な絆と理解があり、素晴らしいサポートになります。私はハイブリッドの友人たちと宇宙語で話すことができるし、宇宙に関することなら何でも話すことができます。ありがたいし、とても楽しい時間を過ごせます。だからといってハイブリッド同士なら誰とでも共鳴できるわけではありません。私たちはみんな個性を持っていますから。

ハイブリッドの世界的なコミュニティというアイデアは素晴らしいと思います。でもここでもまた、最も重要なことは愛です。愛はレッテル、種、アイデンティティ、能力を超えます。愛と、私たちが皆ひとつであることを理解することが、私たちが地球にいる目的の基盤となります。大切なことは、ハートで生きることです。私はハイブリッドだからどうということではなく、自分が地球でやるべきだと思っていることをやっているだけです。人間が劣るとは思っていません。植物、動物、ハイブリッド、ETに関わらず、私はすべての存在を受け入れ、愛し、大切にします。私はすべてを愛しています。

**バーバラ**：ハイブリッドがお互いを知ることができるような、ちゃんと組織されたハイブリッド・コミュニティが実際に地球にあると思いますか？

ネット上で、親としてハイブリッド・チルドレンを持ったことのある人のためのコミュニティがあることは知っています。そういう人たちを支援するのは素晴らしいことだと思います。ハイブリッドをサポートする組織はいくつかあると思いますが、ハイブリッドという言葉を使っていない場合もあるかもしれません。自分がどの星から来たのかを知っていて、地球で何をすべきかについて話し合っている人たちは、ハイブリッドである可能性があると思います。あるいは出身星を覚えている人間かもしれません。そういう人たちのコミュニティがあることは本当に素晴らしいことです。私は自分とつながっている人たちを見つけて連絡を取り合うことができてラッキーだったし、彼らにとても感謝しています。彼らは私のスターファミリーであり、地球のファミリーでもあります。

**ミゲル**：ハイブリッド同士でスキルをシェアすることはありますか？

私たちは皆、地球での目的を果たすためにそれぞれのスキルと才能を持っています。皆で集まって別々のスキルや才能をシェアできるのは素晴らしいことです。ハイブリッドはときどき自分がのけ者のように感じたり、誤解されているように感じることがあるので、他のハイブリッドと一緒にいられるときはとても楽しいです。私にとって肝心な点は、ハイブリッドであるかどうかにかかわらず、私が共鳴する人とつながることを選ぶことです。それでも、他のハイブリッドたちとの友情には本当に感謝しています。彼らがいなければ孤独だったでしょうし、今ほど地球でうまく生きていけなかったと思います。

**バーバラ：**お互いを発見することに特別な喜びと安らぎがありますか？

もちろんです。私が初めてロバート・フロスト・フリントンに会ったとき、私たちはお互いを見てすぐ、二人とも「あーっ！」と声を上げました。一緒に宇宙船に乗っていたことがあるからです。話してお互いのことを少し知ったとき、自然に、まったく同じタイミングで、マンティス流のおじぎをしました。出身星を知らない人間とはそれができないので、それはエクスタシーのような幸せでした。魂の喜びです。

たくさんのハイブリッドが集まってきています。ハイブリッドと人間を区別して考えるのは好きではありませんが、私たちが遺伝的に強化されてきたせいで人間と異なることは事実です。でも私たちは人間という器の中にいるので、人間でいることがどのようなものであるかも経験しています。

**ミゲル**：ハイブリッドは、つながりを通して能力や個人的な幸福を高めることができますか？

はい、そう思います。私たちが他のハイブリッドと一緒にいるとき、私たちはお互いを活性化させるし、周りにいる人たちも活性化されます。私がエネルギーを放出して人々を元気づけ、癒していると人に言われたことがあります。それは自然に起こることですが、意識的にそうしようとするときもあります。私はただ楽しんでいるだけです。私たちはお互いを活性化しますが、今以上に活性化することができると思います。

私たちハイブリッドが提供できる利益を人類と共有することは、ＥＴが提供する利益を共有することにつながります。それが重要なのです。私たちは奉仕としてそれを行うことに同意してきたのですから。自分がどうこうではないのです。肝心なのは、私たちは架け橋だということです。私はいつも自分自身を橋として見てきました。私たちが宇宙の家族と人類の橋渡しをすることで、人間が宇宙の住民であることに気づけば、はるかに早く、より大規模な方法で進化できます。

私は現実的な人間なので、すべてにおいて現実面を見ています。才能やスキルは誰もが持っています。見せびらかすのではなく、共有することが大事なのです。ハイブリッドが人間より優れているわけではありません。人間より高い周波数のＤＮＡを持っているだけです。肝心なのは、宇宙の家族と人類の橋渡しをすることです。スキルを見せびらかすだけでは目的を果たすことはできません。「私たちがスキルをシェアしているのは、あなたも宇宙とつながっていて、あなたにもスターファミリーがいるからです。そのつながりを見つけられるなんて、ワクワクしますね！」という、ポジティブな意図やフォーカスが必要です。私が人に出身星について説明するときには、いつもその考え方がベースになっています。みんなが学び、成長し、意識を拡大することが大切です。つまり進化することです。私は今度こそ人類がそれを成し遂げられることを願っています。これまでは、あまりうまくいっていませんでしたから。

## ハイブリッドであることの一番の利点と欠点は？

生涯をかけて、ハイブリッドであることがどういうものかを理解し続けています。何年もずっと、ハイブリッドであることの意味を疑問に思っていました。何度も長老評議会に「地球から出たい」と訴えましたが、長老評議会にこう言われました。

「自分で望んで地球に来たんだよ。地球にい続ける必要はないけど、ぜひ、い続けてほしい。地球にもいろいろ楽しいことがあるよ」

確かに、こうして地球に残ってよかったと思いますが、ハイブリッドゆえの苦労はいくつかありました。ハイブリッドであることの利点は、人を助けるのが楽しいことです。私にとってうれしいのは、自分の経験を共有することが、スターシードやハイブリッドであるという事実に目覚めている人をサポートするのに役立つことです。自分を超えた大きなものの一部になれるのはうれしいことです。

ハイブリッドであることの欠点は、強い共感力とテレパシー能力を持ったままこの世界に住むのが難しいことです。「これは私の気持ちか、それとも他の人の気持ちか、それとも集団意識か？」と、分からなくなることがあります。これらを分けるのには練習が要ります。

私は意図的に自然の中を歩くようにしています。自然は愛です。植物、木、川はすべて愛です。私は人と話すのも好きですが、地球とのつながりを保つことで正気を保っています。

道を歩いていると「この人たちと一緒にいたくない」と、犬が私に話しかけてきます。「あなたに愛と光を送るよ。でもあなたのところに行って助けてあげることはできないの。ごめんね」と答えるしかありません。こういうときはつらいです。

他の人と共有できる能力があることに感謝していますし、ＥＴとコミュニケーションが取れることもうれしいです。ＥＴたちにはユーモアのセンスがあって、一緒にいると本当に楽しいです。ＥＴ自身の情報やアセンションについてなど、ＥＴからのメッセージを人と共有するのも楽しいです。私の人生に退屈はありません！　ハイブリッドであるおかげでもらえる素晴らしい贈り物がたくさんあります。

## あなたに協力するために、人類にしてほしいことは？

まず私たちが誰であるかを尊重するだけです。ハイブリッドは他の人と同じように、独自のメッセージや意見を持っています。私たちを奇妙な目で見ず、人々を目覚めさせ、地球をアシストする目的でここにいると理解してもらえると助かります。

広い心で私たちハイブリッドの経験に耳を傾け、サポートしてくれるとうれしいです。私の子供時代は「普通の」子供時代ではありませんでした。宇宙船に乗り、アストラル体で次元を超えて飛び交い、死後の世界にいる人々、動物、その他の存在とコミュニケーションを取っていました。こういう経験を持つ子供たちをからかったり黙らせたりせず、話を聞き、理解することが大切です。

## あなたにとって「神」とは？

私には主要なスターファミリーが7種いて、彼らが神をどのように概念化するか、彼ら全員の意見を聞いています。彼らが使う言葉は「ひとつ」です。存在するものはすべて、相互に関連した単一のものであるという意味です。私が住んでいた、または訪れた多くの惑星や星には、「神を崇拝する」という概念はありません。ＥＴは、愛、あるいは「ひとつ」を尊重し、それにつながります。他にも「源」や「純粋な意識」という言葉も使います。私が書いた本の中では、それを「すべて」とも呼んでいます。ひとつ、源、純粋な意識、すべて。これらの概念はエネルギーと同じですし、究極的には愛とも同じです。私がビーイング（存在）は「源」を使って、作りたいものを何でも作ることができます。私がビーイングと言うとき、そこには惑星、星、他の天体も含みます。

クァバーが言っていました。

「私たちは高度に進化しているが、だからといってすべてを知っているわけではない。私たちの共通のつながりは、私たちが皆、根底では神聖だということ」

私たちはみんな神聖な愛であり、それがすべてであり、「ひとつ」であり、「すべて」です。私がコミュニケーションを取ってきた多くのＥＴは、「存在するもの」を型にはめません。人類を見れば分かるように、型にはめることがゆがみを生じさせるからです。天にいるひげを生やした男というのは、人間が創造した「型にはめられた」神の概念です。人生を生きる上で宗教が助けになる人もいるでしょう。でも私にとっては、支配と罪悪感を使った、有害な考え方にもなります。そこには誤解とゆがみがあります。非常に長い間、宗教が人類を奴隷化してきたと感じる人もいます。

私たちは今、そこから解放され始めています。多くの古いシステムは崩壊しつつあり、これは素晴らしいことです。人間は、もはや目的を果たさなくなった古い制限的な信念やパラダイムの先を見ています。今、私と一緒にこのインタビューに参加しているＥＴたちが、人間が古い信念を捨てていることについてグループディスカッションをしていますよ。楽しいですね。人類は窮屈な信念に固執し、奴隷化されてきました。周波数の低い人に影響を与えるのは簡単ですから、当然ですね。

私がコミュニケーションを取っているＥＴは「真実」です。真実を型にはめることはできません。幻想を超えて物事を見て、私たちの本質である神聖な愛とつながることが大切です。「ひとつ」の中では、創造主はいたるところにいます。私が木に触れれば、創造主はその木の中にいます。すべて同じです。あらゆるものは「ひとつ」で、「すべて」なのです。

私の出身である様々な星の文化では、すべての生き物が尊重されます。それが基本的な生き方です。愛は真実であり、「ひとつ」は愛です。

## あなたが学んだ一番重要なレッスンは？

自分を愛し、ハートで生きること。ハートを大切にすることによって、自分が誰であるかを思い出すことができます。頭は、私たちを真実ではない場所や軌道から外れた場所に導くことがあります。ETとコミュニケーションを取っている人々でさえ、このことを学んでいます。誰もがフィルターを持っていて、ガイダンスや情報が実際にどこから来ているのかを明確にする必要があるため、混乱してしまうことがあるのです。私は物事をシンプルに考えるのが好きです。これまでETと共に書いてきた本の中で（現在ハイブリッドとしての人生について書いている本も含めて）、ハート、愛、それと「ひとつ」について説明しています。

人間より動物の方が無条件に愛することを知っています。ハートセンター［ハートのチャクラ、第4チャクラとも呼ばれる］と直感力を維持しているからです。私は動物からよりよく愛する方法を教わり、ETからより明確に愛する方法を教わりました。

人間は自分自身にフォーカスしていて、他のどの形態の命よりも優れていると信じています。動物も宇宙の生命体であり、地球や、他の多くの種がそうであるように、アセンションの過程で大きな役割を果たしています。人間は、周波数を上げるのを助けているのは人間だけだと思っていますが、それは違います。私の二冊目の本は、他の星から来た動物に関する本で、動物たちが教えてくれた出身星とアセンションについての情報を書いています。多くの人がその情報に共鳴すると言っています。素晴らしいですね。

アセンションを経験しているのは人類だけでなく、マルチバース全体とその中のものすべてです。ＥＴはこれを私に詳しく教えてくれました。ＥＴも皆、自身のアセンションと進化の過程を進んでいます。

ＥＴたちはこう言っています。

「私たちも進化している。すべてを知っているわけではない」

これは非常に重要なことだと思うので、みんなに知ってほしいです。

ＥＴたちはこうも言っています。

「私たちみんなの望みは、人類が地球にもっと優しく接し、あらゆる種を尊重すること、それに自然と調和して生きることを理解している先住民族を尊重すること」

人間はこの方法を忘れてしまっています。私たちはみんな「ひとつ」であるという事実に基づいて、私は多くのワークショップを教えています。私は人間がもっと親切で、すべての存在にもっと理解を示し、もっと気を配れるようになってほしいと願っています。壁を這うクモは怖く見えるかもしれませんが、クモも魂を持っていて、創造主の光を放っています。クモも創造主の子供なのですから、殺す必要はありません。コップに入れて外に出してあげればいいのです。これらのことを教えるのは私の使命の一部です。私のワークショップにクモを怖がっていた女性がいました。その女性はクモを見ると悲鳴を上げ、ヒステリックになりました。ワークショップの３日後、その女性から電話がきました。彼女の言葉を聞いて涙が出ました。

「言われたことを思い出して、クモに話しかけたんです。あなたは神の光だよね、私はまだあなたが怖いけど、殺すつもりはないよ、って」

彼女は勇気を出し、クモをコップに入れて外に出しました。それは些細なことに思えるかもしれませんが、とても深い意味があります。人類が生き物すべてに感謝し、自然に感謝することが大切です。私たちは「ひとつ」なのですから、自然とつながっていなければ、自分自身ともつながっていないことになります。

ハイブリッドが地球で人間とつながり、ハイブリッド・チルドレンを持つというのは重要な点です。私たちは人間と関係を持っていますから、私たちが子供を作れば、それは地球上にハイブリッドが一人増えたということです。地球には新しい人種、ニュー・ヒューマンが生まれています。私たちETは、新しい人種を作り出す助けとなるために地球に来ました。

アセンションとは、頭ではなくハートで生きること、それに私たちの本質と、愛がすべてであることを思い出すことです。私は人間的な側面を持っているので、常に愛情をもって生きているとは言えません。頭で考えるし、自我を持っていますから。でも芯の部分では、人間でも、ハイブリッドでも、ETでも、妖精でも、木でも、なんら関係ありません。私たちはみんな神の愛です。それがすべての中核です。私たちは神の愛なしにはどうすることもできません。私自身も含め、人間の自我と頭が幻想のドラマに巻き込まれてしまい、道を見失ってしまうこともあります。私たちは愛であり、その真実をみんなが思い出し始めています。

愛は最も強い力です。何よりも、自分を愛することが他人を愛するための鍵となります。自分を愛していなければ、他人を愛することはできません。自分を愛さないと人間はネガティブなパターンに陥り、それを他人に投影してしまいます。

私はハイブリッドとして、無償の愛の高い周波数に可能な限りフォーカスすべきだと話しています。でも地球で人間の経験をしているのですから、私たちのすべての側面を尊重しなければなりません。あらゆる存在の中にある光を尊重しましょう。重要なのは、私たちが誰であるか、なぜここにいるのかを知り、意識し続け、自分らしくあることです。それこそが高い周波数です。私たちは皆、輝くために生まれてきたのです。

# マシュー・トーマス

マット（マシューの愛称。以下、マット）は28歳のイギリス人男性で、イギリス北部に住んでいます。人間としての祖先はイギリス系とアイルランド系です。

## 自分がハイブリッドであると、どのように知ったのですか？

私がハイブリッドについて詳しく知ったのはここ数ヵ月のことですが、いろいろ疑問に思ったり、調べ始めたのは、半年ほど前にリビングルームでグレイを見たのがきっかけでした。シンシア・クロフォードに会ったのもその流れです。段階的に少しずつ学んでいるところで、今はまだ最初の段階なので、自分についてもっと知り、進むべき道を見つけたいと思っています。

すべては、そのグレイの訪問から始まりました。私はエネルギーに敏感なので、リビングルームに誰かがいて、私のそばで動いているのを感じました。私は心を落ち着かせて目を閉じ、それから開きました。すると身長一メートル弱のグレイが立っていて私を見ていたのです。グレイは10秒ほどで消えてしまいました。

「うわあ、俺の部屋にエイリアンがいる！」

衝撃的な経験でした。グレイがそこにいた理由は分かりませんが、私に見られていることは分かっているようでした。ETの存在は信じていましたが、信じるのと実際に遭遇するのとでは話は別です。人間以外にも生命体が存在することや、この惑星の向こうにもっといろいろなものがあることはよく分かっていましたし、子供の頃からずっと星に興味がありました。グレイの訪問を受けた体験を友達に話せば、私の頭がおかしくなったと思われるでしょう。でもどう思われても構いません。

そのグレイには、その後も数回会いました。それから自分なりの研究を始め、シンシアに会ったことで多くの扉が開きました。

「あなたはハイブリッドで、特定の理由があって地球にいると思う」

彼女にそう言われたとき、ピンときました。自分が「なじめない」と感じていること、地球を訪問しているような気持ちで、出身は別の場所だと感じていること、それに成長過程で経験したいろいろなことの合点がいきました。例えば、アストラル体でどこかに連れていかれた夢などです。そこは部屋のような場所で、内側しか見えませんでしたが、白い服を着た人たちがいました。私の他にも10人くらいの人間がいて、「スクリーンを見ろ。テストに合格しないと殺す」と脅されながら視覚に関する能力のテストを受けさせられました。

10代前半から、こういうことがよく起こっていました。他にも、最近になって多くのことが腑に落ち始めました。こんなにも納得がいくのだから、事実でないはずがありません。しばらくは信じられなかったし、すべてを否定していました。でも今は、自分がハイブリッドだと「知っている」と感じます。

他の人に比べて自分が異質だと感じます。他に表現のしようがありません。私は人とかなり違うのです。アイコンタクトや普通の会話のような基本的なレベルでさえ、人とコミュニケーションを取ることが困難です。気が合う人はほとんどいません。友人は2～3人いますが、こういう話題には触れません。ほとんどの人から否定的な反応を受けます。みんなが私に近寄ろうとしないのは、私がどこか異質であることを感じるからだと思います。孤独だったので、シンシアと知り合えたことに心から感謝しています。シンシアは私を温かく迎え入れてくれました。心の支えです。いつでも快く助けてくれる、素晴らしい人です。今ではETについてもっとオープンに話せるようになり、お二人（ミゲル・メンドンサとバーバラ・ラム）や他のハイブリッドたちと知り合えたおかげで、今までよりも楽に人と話せるようになりました。

私の父も「世間に適応できない」と感じている人で、「人生には目に見えるもの以上の何かがある」といったような、独特の信念をいろいろ持っています。でもグレイが来たことは、つい最近まで父に話しませんでした。こういう話題は我が家ではタブーだったので、父が理解できるように情報を小出しにし、時間をかけてグレイやハイブリッドについて話していきました。すると父は予想外に理解を示し、意見を聞かせてくれるようになったし、今ではお互いに情報交換をするまでになりました。私がハイブリッドであることを打ち明けたときも、受け入れてくれました。あまりに寛容なので、私は父もハイブリッドかもしれないと思い始めています。父とこういう話ができるなんてまったく思っていなかったので、すごく不思議な気分です。父は私の家から車でほんの15～20分の距離に住んでいて、毎週日曜日に会います。お互いを理解して情報を共有した今では話題といえばそのことばかりで、父は常に新たな自分を発見しているようです。いつかシンシアと話したいと思っているようだし、シンシアとバーバラのYouTube動画もいくつか見ています。最近はスピリチュアルな話題になることも多く、これはお互いにとって有益だと思います。父は今54歳で、ここ数年デーヴィッド・アイクの映像などを見ています。私も父もテレビはほとんど見ません。信じられないほどくだらない番組ばかりで、自分のエネルギーや世界観に影響を与えます。意識していないとコントロールされてしまいます。私はファンタジー映画が大好きですが、見る作品は慎重に選びます。

## あなたを構成するＥＴ要素は？

トールホワイト・ゼータがメインだと感じます。それと、シリウスの戦士の側面もあるようです。肌が青い種で、いつも私の周りにいます。他にもいるかもしれませんが、今のところ分かっているのはこの二つです。まだ知らないことだらけです。

トールホワイト・ゼータは、私が心を開くと同時に、周りに彼らの存在を感じ始めました。あるとき、アストラル体で宇宙船らしき場所に連れていかれ、３人のトールホワイト・ゼータと話しました。その後、不思議な目の覚め方をしました。今まで眠っていたというより、誰かが私を仰向けにしてそこに置いたような感じだったのです。

シリウス人とのつながりはまだ初期の段階ですが、私の中の一部が彼らとつながっている気がして、とても惹かれます。いつも私の周りにいて、自分たちのことをもっと私に知ってほしいと思っているのを感じます。私にはテレパシーと透視の能力がありますが、自然発生的なもので、自分の意志では使えません。集中すればグレイなどが見えるときもありますが、今の時点では能力は限られています。私が持つ能力の中で一番強いのは、周りのものを感じ、瞬間的な映像をキャッチする能力です。でもこれも意図的には使えません。

ＥＴたちはいろいろな方法でコンタクトを取ってきます。例えば昨日の夜、私の方からＥＴたちに一方的に話しかけていたら電灯がチカチカし始めました。そんなことが起きたのは初めてです。火災警報器が誤作動することもあります。あるときは、「君たちがそばにいるのを感じるよ」と言った途端、部屋に置いてあった玄関の鍵が、見えない誰かが投げたようにポーンと宙を飛んで床に落ちました。ＥＴたちはいろいろな方法を使って、そこにいるのを知らせようとしているようです。心配ごとがあるときやどうしたらいいか分からないときも、何らかの方法で存在を知らせてくれます。私が正しい道を進んでいることを知らせたいときや、何かの確認をしたいときなどは、11：11、20：20などの数字を見せてくることもあります。

ある夜、トイレに行きたくて起きたとき、ＥＴたちが家の中にいるのを感じました。今の時点では「見る」よりも「感じる」とか「知る」ことが多いです。だんだんＥＴたちの存在を敏感に感知できるようになっています。

## あなたはどのように作られたのですか？

私が胎児だったときに何かが加えられたのだと思いますが、なんとなくそう感じるだけです。当事者全員の間で魂の契約があったのでしょう。事前に決められていたに違いありません。私の母は頻繁に入院し、超音波検査やテストを何度も受けました。羊水過多だったので、みんな私が障害を持って生まれてくると思っていたそうです。医者にも原因が分からない様々な合併症があったので、胎児のときに遺伝子を調整されたのだと思います。生まれたときは意識がなく、医師によって蘇生させられました。胃管の位置がおかしかったので生後1ヵ月で開腹手術を受け、その後も数週間、病院で点滴を受けました。やがて体は回復し始めましたが、人生の最初の5年間はずっと病気がちでした。肺がとても弱く、今は改善しましたがひどい小児喘息《ぜんそく》や百日咳《ぜき》に苦しみました。呼吸が止まったことが何度もあります。今は前よりずっと健康になりましたが、病気にかかりやすい体質は変わりません。最近は肝臓に問題がありました。そのときも医者は原因を見つけられませんでしたが、突然治ってしまいました。このように、治療を受けていないのに病気が突然治ることがよくあります。今では医者は「またか」という感じで、取り合ってくれません。誰かが私を守ってくれているのだと強く感じます。本当にありがたいし、自分は幸運だと感じます。

## スターファミリーとどんなつながりを持っていますか？

突然、何かを知らされます。それが私のスターファミリーのやり方です。あるとき、瞑想中に尋ねました。「知覚や能力を向上させるにはどうしたらいい？」するとと突然、第三の目を開くための練習方法が頭の中に入ってきました。その練習を始めてから、テレパシーとビジョンに関する能力が高まりました。

### コラム

#### 第三の目を開く練習

目を閉じて空っぽの空間の中に自分を置きます。それから大きな青紫色の光がおでこに張り付いていて、おでこの前方に向かって光を放っているのを想像します。息を吸い込むとき、第三の目のチャクラを通して松果体に光を吸い込みます。息を吐き出すときは、その光を額の表面から大気に向けて投射します。呼吸で真空をコントロールするようなものです。

この練習方法が頭に入ってきたときは、ビジョンとは違いました。ビジョンは、例えば車を運転していると、風景と重なって神聖幾何学［宇宙の構成の根底にあるとされる特定の幾何学的な形状や比率］のパターンが見えたりします。ビジョンは毎回違い、目の前にはっきり表れるときもあります。でもこの練習方法が頭の中に入ってきたときは、突然頭からエネルギーが出ているのを感じ、ダウンロードがきました。こう言われているようでした。

「はい、これが練習方法で、これが君の光。使いなさい」

テレパシーとコミュニケーションについては、奇妙な文章のメッセージが来ます。日中はいろいろな考えが頭の中を巡っていて集中できないのでメッセージに気づきませんが、瞑想して心を静めると、メッセージがクリアになります。

意見や質問を思いついたとき、すぐに返事が来た場合は、それが自分の考えでないことが分かります。

一年前、あるビジョンを見ました。外で庭の植物を見ていたときのことです。

「それぞれの植物に意識があって、すべての植物とコミュニケーションを取ることができるんだ」

そう思ったのと同時に、それぞれの植物のオーラが5センチほど伸びているのが見えました。何かに注意を向けると、その何かは注意を向け返してきます。こうしてコネクションが生まれるのです。

私の犬が病気のときは、犬がそんな素振りを見せていなくても分かります。例えば腹痛なら私も同じ痛みを感じるのです。犬に共感しているとは気づかず「何か変なもの食べたっけ？」と原因を探っていると、犬が嘔吐《おうと》したりします。コミュニケーションを取ることはできませんが、このようなつながりはあります。

エネルギーに共感することもあります。人の周りにいると様々なエネルギーを拾ってしまうので、どのエネルギーがどこから来ているのか判断できなくなり、他人のエネルギーに押しつぶされそうになります。そんなときは自分を守るため、自分を光で囲みます。これは私独自の方法です。球体でもいいし、エネルギーの壁でも構いません。誰かが私の肩に手を置くだけでも、体にショックが走ります。最初はネガティブなエネルギーが入ってくるせいかとも思いましたが、そんなはずはありません。父や兄弟のような身近な人にハグすることすら、ひどく不快なのですから。母にハグすることはたまにありますが、耐えられないときもあります。自分のエネルギーをうまく扱えていないのかもしれません。人からエネルギーをもらいすぎてしまうのです。人の周りにいた後は自分を光で囲み、その光の中で30分ほど座って過ごすことでグラウンディングします。これをやらないと自分のエネルギーを純粋で明るく保つことができません。

ジャクリン・スミスを紹介してもらった後、ジャクリンとビデオ通話で会話を弾ませました。その直後、素晴らしい経験をしました。母船に連れていかれたのです。初めての経験でした。何百人ものハイブリッドがあちこちにいました。面白いことに、私にはゼータという名前の女性の友人がいるのですが、彼女もそこにいました。一緒に歩き回っていると、空飛ぶ円盤のような形のエレベーターを見つけました。一部屋ほどの広さがあり、どの方向にも進むことができました。それから、4つの部屋に分かれた場所がありました。シャワーというか、スプレーのようなものがあり、各部屋のスプレーが体を洗浄、消毒、またはコーティングするようでした。翌日ゼータに会い、こう言われました。「夕べ、私の夢にあなたが出てきたよ。あなたを待ってる夢だった。一緒にどこかに行くつもりだったみたい」

以前、宇宙船に乗ったことはありましたが、中はあまり見ませんでした。母船ではなかったと思います。３人のトールホワイト・ゼータが話していましたが何を言っているか理解できなかったし、覚えてもいませんでした。目が覚めるとベッドの上に置かれたような感じで、トイレに行くために起きたとき、トールホワイト・ゼータたちが家の中にいるのが分かりました。動き回っている音が聞こえ、私のそばを通り過ぎるのも感じました。怖いとは思いませんでしたが、それが本当に起こっていると気づいたときはショックを受けました。私はめったなことでは怖がらず、どういうわけか、こういうことには慣れているようです。恐れることは何もないということを知っているのです。自分は彼らの仲間だと思っています。

怖い思いをしたのは一度だけです。それがＥＴだったのか、それとも他のネガティブな存在だったのか、分かりません。約一年前、私がベッドにいるとドラムをたたくような変な音が聞こえ始めました。儀式のような雰囲気でした。すると私の周りに目がたくさん現れ、私を見ました。現れたり消えたりしました。邪悪な動物の目といった感じで、瞳に縦の線が入っていたのでレプティリアンだったかもしれません。私のエネルギーが食べられているように感じ、とても不安になりました。彼らが何者かは知りませんが、善い存在でないことは分かりました。私は恐れを消そうと努め、彼らに愛を送りましたが、彼らは３夜連続で来ました。最後の夜、私はついに言いました。

「もううんざりだ。出ていけ。もうここに来るな」

いつもより支配的な態度を取ったところ、うまくいきました。彼らは去り、二度と戻ってきませんでした。あのときはまるで拷問を受けているようでした。見えたのは目だけです。私がとても怖がっていたので彼らに支配されてしまったのです。それらが悪意のあるETタイプかどうかは分かりません。このときはまだグレイと出会う前でしたが、それまでの2～3年間、私は霊的に成長していて、天使やガイドとつながりたいと思っていました。でもそれが、最初の実体験です。

## あなたが作られた目的についての見解は？

私の大きな部分を占めるのがヒーリングなので、それが一番の目的だと思います。それともう一つ、解明したいと思っている側面があります。瞑想しているとき、戦争が来ると感じることがあります。あるとき、普通の瞑想をする代わりに静かにリラックスして座っていると、誰かの家のような場所に連れていかれました。そこには古風な砥石《といし》があり、男が刀を研いでいました。なぜ刀を研いでいるのか尋ねると、その男は答えました。

「君が戦争に行く準備をしている」

でもどんな戦争かは教えてくれません。同じような経験が他にもいくつかあったので、自分が関わる何かがやってくるのだと感じています。他にももっと何かあるかもしれませんが、分かりません。まだ学ぶことがたくさんあります。

バーバラの退行催眠を受けたときに、グレイにこう言われました。

「地球に巨大なエネルギーが向かっていて、それが大きな変化を起こすだろう。君はそれが起こるときに人間たちを助け、導く。ハイブリッド、ET、人間を統合することが君の使命のひとつだ」

この退行催眠の中で、私はシリウスの光の戦士に直接会いました。明らかに権威のある人物でした。シリウスの光の戦士は要領を得た言い方で「君は戦士だ。我々が君を信じているように、君も自分を信じなさい」と言いました。私の行動すべてにおいて彼らがサポートしていることを知らせているように感じました。

## ハイブリッド化計画の理論的根拠についての見解は？

いくつか理由があると思います。ETは人間が住む世界と人間の意識について学びたいのだと感じます。ETたちは「ひとつ」の意識のもとに存在していますが、私たち人間は、それぞれの人間にそれぞれ別の意識があると認識しています。本当はそうではなく、私たちは皆「ひとつ」なのですが。ETは、人間が持つ二元論的な視点が理解できないので、それを経験したいのです。ワンネスを経験したい人間とは反対です。

ETは人類全体の発達を助け、大きな影響を与えています。ハイブリッドが多ければ多いほど、地球の意識への影響は大きくなります。私たちハイブリッドは人間の意識を高め、周波数を高めています。ですからハイブリッド化計画の目的はETが人間として生きる経験をすることであり、人間について学ぶことであり、人間を助けることです。ハイブリッドと人間には大きな違いがあります。ハイブリッドたちは人類の発達のプロセスに重要な何かを組み込むのを助けています。人間とハイブリッドが混ざることで融合が生まれるのです。

**自分のハイブリッド・チルドレンはいますか？**

可能性はかなり高いと思います。一年ほど前、初めて夢精を経験しました。それ以来、私の精子が採取された可能性を感じる、たくさんの情報を耳にしました。それが事実なら素晴らしいことだと思いますが、この先まだそれについてはもっと情報が入ってくるかもしれません。

**複数のアイデンティティを持つことについて、自分の中でどう折り合いをつけていますか？**

私は人間というより、ETの仲間であるように感じます。今は以前より幸せですが、まだなじめません。

いつか故郷に戻れることを楽しみにしています。きっと地球での使命を果たしたら戻れるのでしょう。

## 自分には使命があると感じますか？

今その使命に取り組んでいるのだと感じますが、使命を果たすためにはまだまだ成長する必要があります。ヒーリングは私の得意分野で、それが私の使命の大部分を占めます。そのために地球に来たのですが、まだ学ぶべきことがたくさんあります。

急いで物事を知ろうとすると、ときどき自分の足につまずいてしまいます。成り行きに任せなくては。でもワクワクするし、やる気満々なのです。いつか良いことが来るのは分かっているのですが、早くそこに行き着きたくて少し焦っています。物事をどんどん片付けるのが好きなので、ゆっくり進むのは私には苦手です。

この一週間、この本の制作に関わったおかげで出会えた人たちのことを思い返していました。ハイブリッドたちとはすぐに意気投合できました。ほとんどの人とはこうはいきません。いつもは人と仲良くなるのは難しいのですが、相手がハイブリッドだとまったくそんなことはないので安心しました。まだ慣れない感覚ですが、他の人と絆を結ぶのは良い気分です。大抵の人は気の合う人が周りに何人かいるものですが、今回、私はハイブリッド全員と意気投合しました。タティアナ・アモーレと初めて話したときはお互いすぐに意気投合し、二時間近くも会話が弾みました。とてもうれしいです。仲間だと感じます。いつもは自分のことを隠していますが、ハイブリッド同士なら安心して何でも話せます。

## ガイドからの導きはありますか？

ガイド、天使、スターファミリーは皆、私が軌道から外れないよう見守り、私が知るべきことや気づくべきことに関するヒントをくれます。

## 特殊な能力はありますか？

私はヒーラーで、レイキで遠隔ヒーリングを提供するためのウェブサイトを持っています。私の使命の一つは、人々を癒し、彼ら自身のパワーを見つけるのを助けることです。自身を癒す方法と自身が進むべき道を見つける方法について教えています。まだ始めたばかりですが、とても情熱を持ってやっています。以前は経験を積むために無料でヒーリングをしていましたが、今はそれが仕事へと発展し始めています。私はエネルギーに敏感で、意識的に考えなくても人のことが分かります。エネルギーのレベル次第では遠隔透視もできます。これは､意識を別の時や場所に投影する能力です。空気中のエネルギーを見ることができるし、ヒーリングには透視能力を使うこともあります。

## あなたにとって周波数とは？

周波数はそれぞれの存在のレベルを表すもので、物質と非物質を分けるものです。それぞれの現実の層を表すものであり、これを私たちは次元と呼んでいます。すべてが異なる周波数で振動しています。

## アセンションについてどう理解していますか？

アセンションは進化であり、成長です。私たちの存在を次のレベルへと導くための経験とレッスンです。私たちの周波数が今より高いレベルの意識で存在すること、それがアセンションの本質です。ハイブリッドは人々の覚醒を助けることができます。人々が自分の力に目覚めるための手伝いや、「人は皆素晴らしい能力を持つ無限の存在なのだ」と気づくための手伝いをすることができます。

## 地球の変化について意識していますか？

これからいくつかの変化がやってくることは知っています。地球に大きな変化が起こるでしょう。いいこともあれば、我々が「悪い」に分類することもありますが、どれも人類と母なる地球の進化に必要です。私が退行催眠を受けたとき、この地球の変化に関する情報がいろいろ出てきました。地球自体が異なる振動数へと移行するのです。

### ハイブリッド化計画は地球を乗っ取るためだという説について、どう思いますか？

ハイブリッド化計画の目的は善意に基づくものですから、脅威だとは思いません。すでに地球上には、それほど良くないＥＴ種がいて、我々を支配しています。でも私が知っていることはほんのわずかなので、そういうＥＴ種に支配されていることに関しては、個人的な見解は持っていません。私の経験上、ハイブリッドたちは皆ポジティブです。

ネガティブなレプティリアンがいるせいでレプティリアン全体に悪評が立ってしまいましたが、すごくいい奴だって絶対にいます。レプティリアンは全体として判断されてしまっています。すべての人間が善または悪だとひとまとめに判断されてしまうようなものです。

### 軍や諜報機関から接触を受けたことはありますか？

軍がやったかどうかは分かりませんが、ある種の知的存在とそれが及ぼす影響を経験しました。３〜

４ヵ月前、自殺をけしかけるマインドコントロールを経験しました。当時私の精神状態は良好で自殺をしたくなる理由はなく、何かがおかしいと気づきました。そこで「今」にフォーカスし、明るい白色の光で自分自身を取り囲み、自分のオーラフィールド［オーラの場］にあるあらゆる負のエネルギーをその光で押し出しました。その時点から違和感は消えました。白い光を使うと、この手のマインドコントロールやネガティブなエネルギーを取り除くことができます。

## 地球規模のハイブリッド・コミュニティについてどう思いますか？

ハイブリッドたちが集まるのはとてもいいことだと思います。世界中から大勢のハイブリッドが集まり、我々の存在を世に理解してもらう方法を考える大規模な会議や協議会ができればうれしいです。ハイブリッドやＥＴの話題はタブーなので、理解できない人間が大勢います。ハイブリッドが集まればどんな素晴らしいことができるか、私には想像もつきませんが、私たちが世界を変える助けになる方法が分かれば素晴らしいことです。それができれば、私の使命は少なくとも半分は達成できたと考えていいと思います。それが私たちハイブリッドが地球にいる理由です。今私たちはつながり始めています。いつかもっと大きなことを成し遂げるのに十分な人数が集まるでしょう。

ハイブリッド同士でお互いを支え合うこともできます。みんながハイブリッドとしてうまく生きていくのを見るのはうれしいことです。他の人と話をしたり、経験を共有したり、苦労している場合はサポートを受けたりできるというのは、本当にありがたいことです。言ってはいけないことなどないし、批判も受けません。頭がおかしいなどと言われることは絶対になく、ありのままを受け止めてくれます。私はハイブリッドのコミュニティに参加できて本当にうれしいし、感謝しています。おかげでたくさんの扉が開きました。みんなとの出会いは私の人生を大きく変えました。

タティアナ・アモーレが私と話したのがきっかけで彼女自身についての気づきを得たように、自分では理解できないことがあるとき、人と話すことが大きな助けになります。助けてもらうだけでなく、私もできるだけ多くの人を助けたいと思っています。

## 他のハイブリッドと話したいことは？

みんなの経験を聞きたいです。お互いの経験を共有することで新たな現実が開かれます。それと、人類の覚醒を助けるための最善の方法が何かに関して、他の人の考えを聞きたいです。どうしたら人類が改善し、この惑星の支配権を取り戻すのを助けることができるか？　それが聞きたいことの主なテーマです。

壮大なテーマではありますが、私たちが解決できる主な問題について話し合いたいと思っています。もし私たちがこの惑星に大きな変化を起こし始めることができれば、私はそれで十分です。たとえ小さな変化でも、それが波及して未来に大きな影響を与えます。

でも現時点ではまだ私は自分について学んでいる最中なので、もう少し時間が経てば、さっき言ったようなハイブリッドの協議会が実現した場合、人類を目覚めさせる方法、自身を癒し、自身のパワーを見つけ、奪われたものを取り戻し、本当の自由意志を持つ存在として生き始める方法について、もっと意見を出せるようになると思います。

## ハイブリッドであることの一番の利点と欠点は？

一番の欠点は間違いなく、成長の過程で苦労を味わうことと、理解できない出来事に対処しなければならないことです。でも今の時点できついのは、私を理解できない人間たちと一緒に生きなくてはならないことです。私にとって人と関わることは、ごく普通のことでさえひどく難しいのです。この３次元の現実や制限に少しうんざりしています。３次元の現実だけではないことが分かっているからです。自分をポジティブに保つことは戦いです。ときには気分が落ち込んで自分の殻にこもってしまうことがあります。こういう状態になると、ＥＴから情報やガイダンスを受け取るのがはるかに困難になります。振動を高く保っているとき、つまりポジティブでいるときの方が、すんなりと情報を受け取れます。

一番の利点は、自分で地球に来ることを選んだことを知っていることです。おかげで帰属意識を持つことができ、自分が変わり者というわけではないと思えます。気分が軽くなり、地球にいるのがそれほど嫌ではなくなりました。人と違っても大丈夫、むしろ違っていてうれしいと感じ始めています。でも誰もがそんなふうに自分の価値を見いだせるわけではありません。目を覚ましていない多くの人々は、いわば羊のようなものです。群れから外れる不安はよく分かります。私は目を覚ましたこと、自分が誰であるかを理解できるようになったこと、人と違うのは悪いことではないと分かったことに感謝しています。以前は自分が嫌で、地球にいるのが耐えられなくて自殺すら考えました。子供の頃はいつも怒りを感じていました。ある特定の気持ちになるのにその理由が分からないというのは、拷問です。でも今は地球にいられて幸せです。こう思えるようになったことは私にとっては完全な変革です。ときにはつらくなることもありますが、人々を助け、やりたいことができるようになる日が待ち遠しいです。それをするために地球に来たのですから。必ず自分の使命を遂行できるという自信を感じます。私たちが達成できることはたくさんあります。自分の使命と、ありのままの自分に満足しています。ここ6ヵ月から7ヵ月間ほど、私の振動はほとんどの場合良い状態です。もう「気が滅入って、どうしたらいいか分からない」という振動ではありません。本当に心が軽くなりました。ほぼいつも至福の状態です。ハイブリッド同士で経験を共有し、助け合えること。それもハイブリッドでよかったと感じる点です。

## あなたに協力するために、人類にしてほしいことは？

私にとって重要なことは、先入観を持たないことです。私たちはみんな自由に決断し、独自の信念を持つことができます。知識は力です。でも伝わらなければ意味がありません。だから先入観を抱かないこと。それだけです。

## あなたにとって「神」とは？

子供の頃から、神が「すべてを知っている唯一の存在」だとは絶対に思えませんでした。宗教教育の授業で私がそう言ったら、退学にすると学校から脅されました。先生が怒り、私を退学させようとしたのです。「あなたはこのクラスにいるのに値しない。神を信じる他の子供に席を譲るべきだ」と。私はいつも神を「すべてのものの源」、つまりすべてを構成するエネルギーとして見てきました。今、私はまた悩んでいます。「源」はどこから来たのか？　エネルギーは思考を含むあらゆるものの一部ですが、このエネルギーはどこから来たのでしょう？　そう考えて途方に暮れています。エネルギーはどこで始まり、どこで終わるのか？　考えれば考えるほど頭が痛くなるので、考えないようにしています。私たちの理解を超えることがあまりにも多いので、気を取られないようにしています。

**バーバラ・ラム**：「永遠」という概念も、私たちには想像するのが難しい、理解を超える概念ですよね。

いつかこの肉体から解放されて、自分の目でそれらの問いへの答えを見られる日を心待ちにしています。肉体を持っている今はできることがあまりにも限られていて、欲求不満になります。

**バーバラ**：私もこの肉体を離れて、今見ている現実の別の側面を知ることができる日を楽しみにしています。きっと素晴らしい冒険になるでしょうね。

シンシア・クロフォードによれば、ETには魂があり、肉体的に死んだあとは魂の次元に戻るそうです。だから私たちは魂の次元でETに会えるわけですが、ほとんどの人間はETを捜そうと思っていないので会わないだろうとシンシアは言っていました。

## あなたが学んだ一番重要なレッスンは？

私が覚醒する過程で、以下の3つが大きな助けとなりました。

まずは瞑想。これが間違いなくナンバーワンです。瞑想は「サルの思考」を黙らせてくれます。サルの思考とは、常に頭の中を駆け巡っている言葉や、自分を守るために気に入らないものをシャットアウトする理屈っぽい思考のことです。サルの思考は過去か未来だけに焦点を合わせているので、今起こっていることに役立つ情報は決して受信できません。「今」に集中すれば、サルの思考の外に出られます。瞑想はもっと深いところまで行き、脳が細かなエネルギーを拾えるよう訓練します。自分をもっとオープンにする訓練です。誰もがアンテナを持っていますが、瞑想することで、より効率的に受信できるアンテナの使い方を学べますし、直感と道徳的な感覚の発達も助けてくれます。アンテナが微調整され、受信しやすくなります。

次が道徳。これは自己実現に欠かせない要素です。つまりは、より良い人間になろうとすることです。自分自身を見つめ、欠点を正直に見つめなければなりません。例えば、何かをしているのに、それを否定するのをやめること。次のようなことを自問してみましょう。「最善の心に基づいて行動しているだろうか？　そうではなくて、自分がやるべきことを避けたいだけだろうか？」瞑想すると、明快な答えを得られます。私は瞑想のおかげで覚醒し、すべてがすべての一部であることに気づきました。そして気づいた途端、道徳感が自動的に変わりました。意識的に変えた部分も一部ありますが、ものの見方が変わったため、いろんなことが行くべき場所に収まりました。あなたが変わると、あなたと他の人々に役立つ方法で物事に対処するようになります。

３つ目が、健康に気を付けること。地球にいる間、魂の器の手入れは欠かせません。魂の器が不純だと瞑想と道徳は明確さを欠きます。とはいえ、人間は体だけではないことを忘れないでください。あなたの真の姿は光の存在です。肉体的なことに気を取られて輝きを失わないようにしてください。

# パート3　新たな世界への出発

パート3では、テーマ別にインタビューの内容を要約し、比較分析をしていきます。インタビューの内容の深さ、多様性、複雑さを考えると、文章全体を読み、類似点と相違点を明らかにしておくことは有用だと思います。

いくつかテーマの核心が見えてきたので、それぞれに章を設けて掘り下げました。テーマは次の通りです。「ハイブリッドを作る方法」「目的（周波数、アセンション、橋と大使、使命と能力と貢献を含む）」「ガイドとスターファミリー」、それと「ハート」です。

これらの章では、ハイブリッドたちの言葉をそのまま引用しました。ときには長い文章になることもありますが、ハイブリッドたちの見解を理解するには、彼らの独自の話の流れや詳細な説明が必要です。また、彼らに共通する経験や視点が分かりやすくなります。

他の内容は一つの章に、より簡潔にまとめられています。

最後は、この素晴らしい人々と仕事をしてきた著者自身の経験について、暫定的な結論と内省で締めくくられます。

## パート２の簡単な要約

### 背景

20代半ばから60代半ばの年齢の女性６人、男性２人の計８人にインタビューを行いました。ほとんどが白人で、主にケルト系とアングロサクソン系、ネイティブアメリカン系、ユダヤ系、ヒスパニック系の血統です。５人はアメリカ合衆国在住、３人はイギリス在住です。

### あなたを構成するＥＴ要素は？

ハイブリッドが皆、自身のＥＴ要素を完全に把握しているわけではないので、ＥＴ種の正確な数を把握するのは困難です。それに、すべての種に名前があるわけではありません。それでも、少なくとも15

ほどの種が分かっています。アンドロメダ人、アヌンナキ、アルクトゥルス系ゼータ・ハイブリッド、キリン座星系人、イルカのような種、リラ人、マンティス（ケコレシュ他）、ペガサス人、プレアデス人、プレアデス系シリウス人、クァバー、レプティリアン（ファージャン族その他）、シリウスの光の戦士（青い種）、シリウスB出身のシリウス人、トールホワイト・ゼータ、ゼータです。

## 自分がハイブリッドであると、どのように知ったのですか？

大多数は時間をかけて少しずつ知っていったと答えています。皆、子供の頃から他の子と違うと感じていたと言います。不可解な健康問題を抱えていた人や、超常現象を経験していて、後になって意味が分かったという人もいました。

知り方は様々です。シンシア・クロフォードは父親に告げられ、タティアナ・アモーレはキネシオロジーを通して知り、シャーメイン・ディロザリオ・セイチは仲間のレプティリアンが彼女をレプティリアンの姿にシェイプシフトさせたことで確証を得ました。

多くは、他のハイブリッドやスターシードと話すことを含めて、理解をさらに深めるために自身で研究しました。しかしある時点で、彼らは皆様々な方法でＥＴとの意識的なコンタクトを持ち始めました。退行催眠によってさらに多くの記憶と経験がよみがえり、現実に向き合う準備ができるまでスターファミリーが記憶を抑制していたケースがあることも分かりました。自身の本質が確認できて、喜び、安らぎ、平和、完全性などのポジティブな感情を表した人も数人います。

## 自分のハイブリッド・チルドレンはいますか？

ジャクリン・スミス、ヴァネッサ・ラモート、シャーメイン、シンシアは、様々な手段で作られ、様々な場所に住み、様々な環境で暮らしているハイブリッド・チルドレンがいると言及しています。ヴァネッサはこれから生まれてくる子供たちの霊が訪ねてきたと説明しました。彼女はまた、ギャラクティック・コードの注入を含む、宇宙船上でハイブリッドの子供を作成する方法も詳述しています。シャーメインは、地下の軍事施設に拘束されている子供たちと会ったことがあり、子供たちが作られた理由は、明らかに武器にする目的のもと、その子たちの性質と能力を研究するためでした。

彼らのハイブリッド・チルドレンとの経験は非常に多様です。子供と会えない現実を思うと、話を聞いていていてつらくなります。母や子の性質がどうであれ、人間の親子と同じ絆が存在することは明らかでした。

## 複数のアイデンティティを持つことについて、自分の中でどう折り合いをつけていますか？

この分野にはいくつかの興味深い対比があります。人間とＥＴの側面を統合することはハイブリッドの課題の一つです。複数のＥＴ周波数と、自身のＥＴとしての過去生を統合することも、また別の課題です。

ハイブリッドたちが十分に覚醒すると（覚醒自体が進行中のプロセスです）、彼らは自分たちの使命を定義し達成することに集中し始めます。ハイブリッドとして公の場で活動する人もいれば、そうでない人もいます。

ロバート・フロスト・フリントンは、自身の本質を人に説明するときに生じる「分離効果」について話していました。真実を話せば話すほど人は引いていくので、疎外感を味わうことになります。それにもかかわらず、ロバートとジャクリンは、人間としてよりよく生きることを学びました。

８人全員が時間の経過とともにより統合され、バランスが取れてきたと言っていますが、それでもまだ多くは、地球で任務を完了して故郷に帰るのが待ち遠しいと述べています。

## 人間と肉体的に違うところはありますか？

ハイブリッドは一般的に幼年期に健康面で問題があることと、体が弱いことが報告されました。シンシアは筋肉密度が高く、骨は多孔質で、血液に抗原があって輸血を受けられません。ロバートとシャーメインは二重関節の手首を持ち、シャーメインの場合は指も二重関節です。

ロバートは、彼自身の大きな変化は精神的な能力の拡大だと言っています。ロバートは、視覚化の能力が劇的に向上したことに気づきました。「意識増幅テクノロジー」を2Dと３Dで詳細に思い描くことができるようになり、実際に作り始めています。ロバートは別のハイブリッドから、「あなたはＥＴによってアップグレードされた」と言われたそうです。

タティアナはプレアデス人からの訪問を受けた後、手が不自然に熱くなりました。ヒーリング能力と関係があるかもしれません。それに加えて、サイキック能力と直感力が向上したことに気づきました。

ハイブリッドは「使命、能力、奉仕」の章で論議されるように、様々なサイキック能力を持っています。最も根本的な生理学上の違いは、シェイプシフトの能力です。シャーメイン、ジュジュ（ジョージャリー・キューター）、ジャクリンは自発的または非自発的にＥＴの姿に変化した経験があります。ジャクリンは、２０１３年のサンクスギビングにジャクリンが持つ複数のＥＴ周波数の姿を経験することができました。

ジュジュのシェイプシフトは自然に起こったと言います。

〈私の場合、愛情や感謝などを感じたときに起こります。高い周波数によって引き起こされるので、低い振動の周りで起こることはあり得ません〉

ジュジュは、ジェシー・ベンチュラのテレビ番組『Conspiracy Theory（陰謀論）』のレプティリアンをテーマにしたエピソードでインタビューを受けた際、ジュジュの目がレプティリアンのスリットに変わっていくのが目撃されました。ジュジュはそれをコントロールすることはできないと言います。目の後ろに圧力を感じ、目が変わります。

バーバラ・ラムは、シンシアの瞳がスリットに変化するのを見たことがあります。シャーメインは、仲間のレプティリアンたちによって初めてシェイプシフトを経験しましたが、二回目は地下の軍事施設で、液体の注入と電気パルスの組み合わせによって、強制的にシェイプシフトをさせられました。その後、特定の周波数を発射する銃のようなものによって、元の姿に戻されました。

## ＥＴが人間と関わる際の決まりは？

表面的には、矛盾する答えが出ました。多くのハイブリッドはＥＴが非干渉の方針を持っていると言います。しかし地球にハイブリッドが存在することと、ハイブリッドがもたらす影響自体が、ある種の干渉と言えます。

ハイブリッドたちが言いたいのは、自分たちとつながっている種が人間の生活に直接介入することはめったに（またはまったく）ないということのようです。ＥＴたちはハイブリッドを通して、ＥＴたち自身の目的の一部を達成しようとしています。

**ジュジュ**〈ＥＴが介入しているかどうかは分かりません。介入や操作は低い振動の行為です〉

**ロバート**〈一連の規則があります。『スター・トレック』に出てくるプライム・ディレクティブ（最優先司令）のようなものでしょうか。また、異なる種が、異なるレベルで、異なる方法でコンタクトを取ることができます。でもほとんどの場合、私たち人間は自分のことは自分でしなくてはなりません。ＥＴは私たちが自分自身で問題を解決することを望んでいます〉

**ロバート**〈それと、ＥＴがコンタクトを取ってこない理由として「蟻塚理論」があります。これは「動物園理論」と関連しています。踏みつけられたアリの巣でアリが大騒ぎしています。（中略）木星ほどの大きさの宇宙船が私たちの太陽系に現れるのを想像してみてください。または、数百万という宇宙船が数キロメートルにわたって広がっているところでもいいでしょう。実際、それは起こりうることです。人間は大パニックになるでしょう。あなたが人類を助けられる唯一の方法は、人間の世界に住み、理解を助けることです。それがハイブリッドの役目です。大抵の人にとって身長二メートルのカマキリは恐ろしいイメージですが、私にとっては50年ぶりに会ったお母さんやお父さんと一緒にいるような気分です。私は人間として、人間がＥＴについて理解するのを助けます。「みんな、石を拾ってる巨人のことは心配いらないよ。あの巨人たちは俺たちを助けに来たんだよ」と教えてあげることができます〉

**シンシア**〈私たちスターシードは手本として人類を支援するために今この時を選んで地球に来ていますが、人類に代わって仕事をしているのではありません〉

**ジャクリン**〈ＥＴは「人類は自身への責任がある。道を見いだし成長しなければならない」と言っています。ＥＴは直接介入することはできないので、そのためにハイブリッド化計画があり、ＥＴのエネルギーを地球に取り入れることで、新しい種を作っています。（中略）ハイブリッドは、高い意識エネルギーをゆっくりと統合するために地球にいます。周波数を高め、人類を進化させ、意識を高め、私たちが愛であることを思い出させるためです〉

もっと直接的な介入がある場合もあります。

**ヴァネッサ**〈私の経験から理解していることを言えば、介入が起こるのは、ＥＴを含むすべての者にとって最大かつ最善の利益がある場合のみです。他人の意思を否定することになる場合はＥＴは介入しません〉

**ジャクリン**〈ＥＴはある一定のポイントまでしか介入できないようです。ＥＴは地球のエネルギーのバランスを取るのを助けています。軍事施設で停電を起こしたこともあります。「戦争や戦闘的な行動・考え方をやめるように」というメッセージを伝えるためです。人類はこのメッセージを無視し続けています〉

**ジュジュ**〈様々な憶測がありますが、私は自分の知っていることだけを信じます。私は、ＥＴが核戦争を許さないだろうと非常に強く感じます。核戦争は素粒子レベルであらゆる物に深すぎる影響を与え、近

くにある他の次元と相互作用します〉

**ロバート**〈政府は、ETが地球でやろうとしていることを止めることはできません。私はETが実際にそれをやるだろうと感じます。やるしかないのです。今の惑星の状態では、ETが介入せざるを得ません。さもなければ、この惑星を失うことになります。（中略）何かがやってくる気がします。それは開示に関係しているようです。私は、もうすぐETが姿を現すつもりだと思います〉

これらの特定のETは明らかにハイブリッドと人類の両方と複雑な関係を持っています。これらのETはハイブリッドや他のコンタクティを通して、地球上の生命を守り、向上させるという広範囲にわたる任務に取り組んでいるようです。多くのハイブリッドが、ある大きな出来事が私たちに向かってきていて、人類がそれに対応するのを助けるためにハイブリッドが様々な役割を果たすだろうと言っています。そのいくつかは次の章で説明します。

## 地球の変化とニュー・アース

アセンションの章でこれに関する多くの側面を扱いますが、インタビューではさらなる見解が共有されました。

シンシアはアントピープルが地下の世界を見せてくれた経験を話してくれました。アントピープルはアンテナを使って特定の周波数のパターンを持つ人間を察知して捜し出し、その人間たちをアントピープルの世界に連れていき、地球が浄化して変化が完了するまで待ちます。保護された人間たちは再び地表に戻って新しい世界で繁殖します。

**シンシア**〈地球は、３次元の人間のための学校になることに同意しました。そして各サイクルの終わりになると、地球は自分を清め、自分についたノミをすべて振り落とし、自然のままの惑星に戻ります。おそらく次の学校では生徒たちは前よりもっと早く学び、火星での行いを繰り返すことはないでしょう〉

マット（マシュー・トーマス）はこれから来る地球の変化に気づいています。これは地球が進化する上で必要な変化です。マットも、これは振動の変化だと述べています。

ロバートも「移行」が来ると言い、これが地球の生き物すべてに影響するエネルギーの変化だと述べています。

数人のハイブリッドが「ニュー・アース」という言葉を使っています。ジャクリンはこう言いました。〈私たちがより高い周波数に引き上げられるにつれて、二元性だと思われているものは消滅し、愛、平和、喜びだけが残ります。「ニュー・アース」は愛、平和、喜びです。私たちは誰でも、高い周波数にいることを選ぶことができます〉

それからジャクリンは、人々が光と闇の対比を経験するために、地球上でどちらの役割を演じるか魂のレベルで決める、と続けています。

シンシアもある程度同じことを言っていました。

〈でも様々な選択や誘惑があるので、なかなか大変です。多くの魂がアセンションを達成するために6つの「ニュー・アース」が必要だったのはそのためです〉

それにシンシアは、ネガティブなことはもうやり尽くされたことを示唆しています。

〈光の大天使たちは「もう十分だ」と言っています。今生で、ついに5次元の地球が創られました。すべての人種が平等に暮らし、健康と長寿を楽しむ完璧な地球です〉

## ハイブリッド化計画は地球を乗っ取るためだという説について、どう思いますか？

よくデイヴィッド・M・ジェイコブスの著書の中で議論されている、ETが地球を乗っ取ろうとしているといういわゆる「乗っ取り論」についてのコメントは、多岐にわたりました。「他者への奉仕」とは対照的に、「自分への奉仕」を目的とするハイブリッド化計画が並行して進行中であることを知っている人もいます。タティアナ、シャーメイン、ジュジュは、ネガティブな側面には注意を払わないと述べ、一切話さないようにしているという人もいました。多くの場合、引き寄せの法則が言及されています。

ジュジュは言葉を選ぶことについて述べています。

〈デイヴィッド・M・ジェイコブス博士は「脅威」という言葉を使っていますが、認識の問題だと思います。あなたが選ぶ言葉は、あなたの考え方を示しています。ハイブリッド化計画は確かに起こっていますが、なぜ「脅威」として見る必要があるのでしょう?　人類が他の種を助けることも含む、もっと深い出来事として捉える方がはるかにいいと思いませんか?　私はそっちの捉え方にフォーカスすることを選びます。私たちハイブリッドの多くは頼まれてドナーになり、ETとの間にハイブリッドの子供を作り、ET種の存続を助けてきました。私にとって、それはとても愛情のあるスピリチュアルな経験であり、「脅威」ではありません〉

〈地球にいるすべてのETが他者への奉仕を目的としているわけではありません。自分の利益だけが目的のETもいて、そういうETたちからは支配欲やコントロールを感じます。支配やコントロールは介入です。（中略）地球には人類のために奉仕していないレプティリアン種がいます。悪という意味ではありませんが、彼らは人類のために地球にいるのではありません。これには大きな違いがあります。人々はそれを疑問視するのを忘れています。人間が間違って蟻塚を踏んだようなものです。もしアリに「私たちは悪者ですか?」と聞いたら、何と答えるでしょう?〉

ハイブリッド・チルドレンの側面に密接に関わっている当事者として、ヴァネッサは「脅威」という視点に強い感情を持っています。

〈内省的な観点から考えてみてください。親は遺伝子を組み換えられた子供を愛せず、拒絶するしょうか?　そんなことはあり得ないと思います。親は子供を愛し、問題があれば立ち向かいます。親子の間には巨大な愛があり、それは非常に慈悲深い振動です。ですから、人類のためにならないハイブリッドが地球を支配するというのは無理でしょう。私も当事者なので、こういう説を聞くと自分の言い分を言わずにはいられません。つい感情的になってしまいます〉

多くのハイブリッドが闇のエネルギーと接したネガティブな経験を持っていますが、視点によると言う人もいました。魂の合意によってダークサイドにいるという考え方です。

ロバートは利己的なETから勧誘を受けたことがあります。

〈ネガティブな計画が進んでいるのは確かですが、私の近くでは起こっていません。私の経験のほとんどは非常に善意に満ちたものです。正直に言えば、ハイブリッドによる乗っ取りが起こってほしいです。そうなれば世界はかなりいい状態になると思います。私なら素晴らしい大統領になれると思いますよ。私が大統領になったら、法律はただ一つ、「クソ野郎にならないこと」です〉

〈私個人に関して言えば、ワンルームマンション暮らしの私に、何かを乗っ取ったりできるはずがありません。近所のマクドナルドを乗っ取ることすらムリでしょう。今日もコーヒーを注文するだけで30分かかりました〉

ロバートの答えにはかなり説得力があり、「UFO研究におけるハイブリッド論」の章で議論されるように、地球では少なくとも二つのハイブリッド化計画が進行中であることを示唆しています。ジェイコブスの結論は一つの側面に関しては正しいかもしれませんが、本書およびクイロースの博士論文で共有されている説明は、「地球乗っ取り説」とは非常に異なる結論を示しています。両者にどの程度の重複点があるのかは分かりません。ハイブリッド化計画の目的については騙されたり誤解している人もいると思いますが、この分野では相変わらず、先に大声で意見を言った人の方が支持されてしまいます。

## 軍や諜報機関から接触を受けたことはありますか？

この質問に対する回答は数人のハイブリッドにとっては不快なもので、その理由は引き寄せの法則に関連しています。

退行催眠を通して一番詳細に説明してくれたのはシャーメインです。ハイブリッドの存在を認めるならば、それにサイキック能力やパワフルなレプティリアンへのシェイプシフトを認めるならば、軍や諜報機関がそれらの能力を武器として利用したがっているというのは理にかなっています。現在私たちが恩恵を受けている革新的な技術の多くは、軍事技術や諜報活動を改善するために開発されたものです。

ハイブリッドの中には、そのような影の機関から身を守るためにスターファミリーからの保護を受けている人もいました。監視や脅迫を受けているケースも報告されています。

## 地球規模のハイブリッド・コミュニティについてどう思いますか？

軽い話題に変え、ハイブリッド同士の友達関係や、地球にいるハイブリッドのコミュニティがひとつになって達成できることなどを聞きました。

**タティアナ**〈みんながひとつになれる、そういうコミュニティがあるのは良い考えだと思います。ETたちは私たちみんながひとつの家族になることを望んでいます〉

シャーメイン、ロバート、マットは、覚醒しかけているハイブリッドやスターシードのために協議会を開き、協力し、彼らの体験談を共有して理解に努め、サポートを得られるようにしたいと言っています。マットは他のハイブリッドとの交流についてこう言っています。

〈言ってはいけないことなどないし、批判も受けません。頭がおかしいなどと言われることは絶対になく、ありのままを受け止めてくれます〉

**ジャクリン**〈若いスターシードやハイブリッドの中には恐れを抱き、とても苦労している人たちがいます。自分の本質を理解しておらず、人類に対して怒っています。彼らがこう言うのをよく聞きます。「なんで私は地球で愚かな人間たちと一緒にいなきゃいけないの？」（中略）ハイブリッド・コミュニティは目覚めかけているスターシードへのサポートと心の安らぎを提供できます。彼らの本質と、彼らに何が起こっているのか、その理解を助けることで、恐れを手放すことができると思います。（中略）私が初めてロバート・フロスト・フリントトンに会ったとき、私たちはお互いを見てすぐ、二人とも「あーっ！」と声を上げました。一緒に宇宙船に乗っていたことがあるからです。話してお互いのことを少し知ったとき、自然に、まったく同じタイミングでマンティス流のおじぎをしました。出身星を知らない人間とはそれができないので、それはエクスタシーのような幸せでした。魂の喜びです〉

**ジュジュ**〈私たちはまだ自身について学んでいるので、団結するのはとても健康的だと思います。自分が何者かを知る能力を与えられたことは私にはうれしいことですが、スターシードの多くは同じ覚醒を経験しません。それがその人たちの使命の一部ではないためです。私の場合は人を目覚めさせることが使命の一部なので、そのための本を書きました。（中略）私たちは成長するため、答えを得るため、よりバランスを取るために、お互いに大いに助け合っています。バランスが取れているほど、振動は高くなります。できる限り最高の自分でいる努力をすることと、自分の光を照らすこと。それが大切です〉

ハイブリッドの物語を世に広める上で苦労しているという話も何度も出てきました。ＥＴとの交流やハイブリッド化計画についてバランスのとれた語り口で説明するためには、世に蔓延する無知、決めつけ、誤解を克服することが非常に重要です。

それに、ハイブリッドたちが持っている様々な能力と知識を組み合わせることによって、より大規模で素晴らしいことが達成できると、皆が口をそろえて言っています。

**ロバート**〈私たちが集まると、互いを加速し合います。みんなで一緒にコミュニティを築けたら素晴らしいでしょうね。そうすればいつも一緒にいられて、みんなで何ができるかいろいろ試せます〉

**ジュジュ**〈私は以前ETについての教室を開いていたことがあり、ハイブリッドとスターシードが一緒になると彼らの光が同調してとても明るくなるということを教えていました。まるでシンフォニーです。宇宙船から地球を見下ろすと、彼らの光が集まるのを見ることができます。本当に美しい光景です〉

**シンシア**〈ハイブリッドが地球にいるのは信者を作るためではなく、人々が自分自身の真実を見つける方法を教えるためです〉

**シンシア**〈私たちハイブリッドは世界中に配置されていて、いろいろな人生を歩み、接触するものすべてに影響を与えています〉

**ジャクリン**〈スキルを見せびらかすだけでは目的を果たすことはできません。「私たちがスキルをシェアしているのは、あなたも宇宙とつながっていて、あなたにもスターファミリーがいるからです。そのつながりを見つけられるなんて、ワクワクしますね！」という、ポジティブな意図やフォーカスが必要です。私が人に出身星について説明するときには、いつもその考え方がベースになっています。みんなが学び、成長し、意識を拡大することが大切です。つまり進化することです〉

## 他のハイブリッドと話したいことは？

若いハイブリッドは能力や体験談の比較をすることで、自分についてもっと学びたいと思っています。これはジュジュの言葉に代表されます。

〈経験、記憶、言語を共有し、出身星について学び、どのように目覚めたのか、彼らの使命は何かなど、聞いてみたいです〉

ロバートは身近な人たちとの人間関係の中で、ハイブリッドであるというアイデンティティをどう扱っているのか、それと、他のハイブリッドたちがどこから情報を受け取っているのか知りたがっています。

〈私の場合は思考とハートから情報が来ます。ＥＴは私を導き、正しい方向を示してくれますが、直接は何も伝えてきません。情報をどんどんくれるＥＴに対しては、私は少し疑わしく思っています〉

人類の進化を助けるためのよりよい方法についてもフォーカスしています。マットはこう言います。

〈私たちが解決できる主な問題について話し合いたいと思っています。もし私たちがこの惑星に大きな変化を起こし始めることができれば、私はそれで十分です。たとえ小さな変化でも、それが波及して未来に大きな影響を与えます〉

## あなたに協力するために、人類にしてほしいことは？

生産的な関係を築くために必要なことがいくつか話に出てきました。ハイブリッドに対して心を広く持つこと、人間同士のときと同じように基本的な礼儀として互いに尊敬の念を持つこと、事実に基づく意見を得るために彼らに会うこと、不思議な体験をしている子供たちの話をきちんと聞き、黙らせたりしないこと。それと、自身を磨くこと。ヴァネッサはこう言います。

〈自分を受け入れ、自分らしく生きることに専念してほしい〉

シンシアも同じことを言っています。

〈批判的な状態から抜け出させ、ハートで考えさせること〉

ロバートは人類に重要な質問を投げかけます。

〈もし私が真実を語っているとしたら？　もし私がクレイジーじゃないとしたら、どうする？〉

## ハイブリッドであることの一番の利点と欠点は？

ハイブリッドの生活の中には楽しいことやつらいことがいろいろあります。８人全員が、人生を完全に変えてしまうような経験をしています。ビジョンや、ＥＴからの訪問や振動など、ほとんどの人が想像できないような経験をしています。ハイブリッドたちはこの世界をはるかに超える広い世界観を持ちますが、ここ地球で、ハイブリッドの存在を否定する文化の中で生活しています。ハイブリッドとして目覚めるまでは心の葛藤を経験し、世間の狭い文化的な現実観への対処に苦労した人が多いようです。しかし全員が使命を果たすことへの喜びを語り、他のハイブリッドと協力することで素晴らしいことが実現できるだろうと語っています。ETや他の星、それに地球を超えた次元と銀河につながっていることが、ハイブリッドたちに大きな喜びと心の安らぎを与えます。

**タティアナ**〈いつも自分の中にあった葛藤は、もうありません。おかげで新しい世界が開けました。一番の利点は、人類を助けられることと、私には使命があり、それを遂行すると知っていることです。（中略）欠点は、まだ特にネガティブな点は思いつきません。でもハイブリッドの赤ちゃんがアレルギーなどでつらい思いをする可能性があることは聞いています。地球で人間の体として生きることに慣れるのは容易ではありません〉

**シンシア**〈一番の利点は人間とは違う能力を経験し、理解できること。一番の欠点は詮索や不当な批判をしょっちゅう受けることです〉

**シャーメイン**〈私にとって一番つらかったのは、成長過程で自分が違うということを知っていながら、その理由を完全に理解できなかったことです。私と同じ経験をしている人がいなかったので誰にも相談できませんでした。自分が二つの存在であるように感じて、心の葛藤がありました〉

**シャーメイン**〈一番の利点は、ハイブリッドであることを確認できたことで、自分の道と使命が分かり、人を助けられると分かったことです。たとえ一人しか助けられなくても構いません。たった一人のためにこんなに苦労するのはおかしいと言う人もいますが、人数は関係ありません。ほんの数人でも助けられれば違いが生まれます。人を助けられるのは本当にうれしいことであり、それが私が地球にいる理由です。人々が自分自身の道を見つける手助けをし、恐れたり批判されたりせずに自分の経験について話す機会を提供しています。話を聞いてくれる相手はみんな同じ経験を持っているので、理解してくれます。トラウマを克服できない人もいますが、自分の経験を積極的に生かして前進している人もたくさんいます〉

**ロバート**〈一番の利点は、ほとんどの人が信じないような経験ができることです。価値があるどころではありません。最高の経験は、２００９年に妻と一緒にＵＦＯを目撃したことです。家ほどもある大きさの三角形でした。私にとって深い意味のある素晴らしい経験でした。他にも公式には存在しないとされている物をいろいろ見ました。例えば、プラズマを出しながら空を飛ぶピラミッドからブラックホールが出てくるところなど。そういうスゴいものを見られるし、人類の可能性についての素晴らしい視点を持てるのも利点です〉

**ロバート**〈欠点は、私が経験していることが現実とは見なされていないことです。それがいくつかの大きな問題を引き起こしています。私が若い頃には、存在していたことすら知らなかった問題です。ＥＴたちが私の覚醒を2009年まで待ってくれて助かりました。さもなければ私の人生ははるかに厳しいものだったでしょう。私はもともと十分にヘンな奴でした。さらに奇妙さを加えるなんて想像もできません。すでに「クレイジーなロバートが来たぞ。例のET男だよ」という感じでした。嘲笑とからかいを受けるのがハイブリッドであることの一番つらい部分です。「おいみんな、俺は本物の経験をしてるんだ。からかうのはやめろ」と思います。イライラしたりムカついたりせずに社会生活を送るのが難しいです。ハイブリッドがどんな扱いを受けるか分かったし、実際にその様子を見て、嫌悪感を覚えます。他のみんなのことを思うと気の毒になり、自分も傷ついた気持ちになります。でもだからこそ、我々はこうしてハイブリッドたちを助ける活動をしているんですよね〉

**ロバート**〈難しいですね。公式には私は存在しないわけですから。UFOとETに対する政府の公式な立場は？ 政府も一般の人々も、UFOやETを否定しています。これは、私が「分離効果」と呼ぶものを生み出します。私が人にUFOの話をすると、みんな「へえ、すごいね」と言います。UFOの写真を見せても同じ反応です。中にはETではなく政府のUFOだと言う人もいるでしょう。でも私がエイリアンに会ったと言うと、みんなは「はあ⁉」という反応になります。普通の社会では言うまでもなく、UFOコミュニティの中でさえ「ETに会ったなんて、あり得ない！」と言われてしまいます。さらに「俺はハイブリッドだ」と言うと、彼らはどんどん信じなくなります。激しい経験をすればするほど、人々は引いていきます。こうして分離を感じ、私が「非存在ゾーン」と呼んでいる場所へと入っていきます。私はハイブリッドですが、大多数の人たちにとって私は存在しないことになっています〉

**ジュジュ**〈利点は、使命感と目的があることです。それと、私たち一人ひとりを超えた、はるかに多くのものがあることや、より大きな全体像があるこを知っていること。それが希望の種を与えてくれます。もっと素晴らしい経験ができること、もっと大規模なことが起こっていることを知っているのは、深いスピリチュアルな経験です。私たちはこの小さな３次元の世界に閉じ込められているわけではありません。外には、自分とつながっている美しいものが本当にたくさんあるのです〉

**ジュジュ**〈私はアンドロメダ出身である自身に目覚めているので、私の考えは宇宙にまで及びます。「影響はどのくらいまで広がるか？ＥＴにも影響を与えるか？」と、行動が与える影響を宇宙規模で考えます。（中略）それがハイブリッドである一番の利点です。宇宙規模の視点を持てること。でもだからこそ、この３次元の狭い場所での生活が憂鬱になることもあります。利点と欠点、両方ですね〉

**ヴァネッサ**〈利点は、自分の多次元的で多面的な性質を理解し、自分の意識と宇宙にオープンになれることです。一番大変な点は、無知で偏見を持つ人々との間の橋渡しをすることです〉

**ジャクリン**〈こうして地球に残ってよかったと思いますが、ハイブリッドゆえの苦労はいくつかありました。ハイブリッドであることの利点は、人を助けるのが楽しいことです。私にとってうれしいのは、自分の経験を共有することが、スターシードやハイブリッドであるという事実に目覚めている人をサポートするのに役立つことです。自分を超えた大きなものの一部になれるのはうれしいことです〉

**ジャクリン**〈欠点は、強い共感力とテレパシー能力を持ったままこの世界に住むのが難しいことです。「これは私の気持ちか、それとも他の人の気持ちか、それとも集団意識か？」と、分からなくなることがあります。これらを分けるのには練習が要ります〉

**ジャクリン**〈他の人と共有できる能力があることに感謝していますし、ETとコミュニケーションが取れることもうれしいです。ETたちにはユーモアのセンスがあって、一緒にいると本当に楽しいです。ET自身の情報やアセンションについてなど、ETからのメッセージを人と共有するのも楽しいです。私の人生に退屈はありません！ハイブリッドであるおかげでもらえる素晴らしい贈り物がたくさんあります〉

**マット**〈一番の欠点は間違いなく、成長の過程で苦労を味わうことと、理解できない出来事に対処しなければならないことです。でも今の時点できついのは、私を理解できない人間たちと一緒に生きなくてはならないことです。私にとって人と関わることは、ごく普通のことでさえひどく難しいのです。この３次元の現実や制限に少しうんざりしています。３次元の現実だけではないことが分かっているからです。（中略）ときには気分が落ち込んで自分の殻にこもってしまうことがあります。こういう状態になると、ETから情報やガイダンスを受け取るのがはるかに困難になります。振動を高く保っているとき、つまりポジティブでいるときの方が、すんなりと情報を受け取れます〉

**マット**〈一番の利点は、自分で地球に来ることを選んだことを知っていることです。おかげで帰属意識を持つことができ、自分が変わり者というわけではないと思えます。気分が軽くなり、地球にいるのがそれほど嫌ではなくなりました。人と違っても大丈夫、むしろ違っていてうれしいと感じ始めています。でも誰もがそんなふうに自分の価値を見いだせるわけではありません。目を覚ましていない多くの人々は、いわば羊のようなものです。群れから外れる不安はよく分かります。私は目を覚ましたこと、自分が誰であるかを理解できるようになったこと、人と違うのは悪いことではないと分かったことに感謝しています。以前は自分が嫌で、地球にいるのが耐えられなくて自殺すら考えました。子供の頃はいつも怒りを感じていました。ある特定の気持ちになるのにその理由が分からないというのは、拷問です。でも今は地球にいられて幸せです。こう思えるようになったことは私にとっては完全な変革です。ときにはつらくなることもありますが、人々を助け、やりたいことができるようになる日が待ち遠しいです。それをするために地球に来たのですから。必ず自分の使命を遂行できるという自信を感じます。私たちが達成できることはたくさんあります。自分の使命と、ありのままの自分に満足しています。（中略）本当に心が軽くなりました。ほぼいつも至福の状態です。ハイブリッド同士で経験を共有し、助け合えること。それもハイブリッドでよかったと感じる点です〉

## あなたにとって「神」とは？

私たちが知っている以上の大きな現実や他の次元にアクセスできるハイブリッドたちが神をどう定義するのか、どうしても聞きたくなってしまいました。最も一般的に使用されている用語は「源」で、それについては全員がよく似た説明をしていました。

シンシアは「源」は元の包括的な意識で、「無から生まれて『すべて』になるという経験」をするために「源の分身」として分裂したと説明しています。すべての存在は「源」の一面であり、それらを通して生きることで学び、〈達成の喜びを経験します。（中略）何度も繰り返し経験します〉

シンシアはさらに重要な洞察を加えます。

〈まずは自分自身を無条件に愛さなければ、他の人を無条件に愛せないと言われる理由はこれです〉

言い換えれば、私たちが本当に統一された全体の一側面であるならば、私たちが自分自身を愛するとき、自動的に他のすべてを愛していることになります。ハイブリッドの多くは、私たちが他人を愛せるようになる前に自分自身を愛することの重要性を述べています。これがその理由です。

ロバートはジェームズ・ギリランドの言葉を引用します。

〈すべての命に浸透する意識とエネルギー、マルチバース全体のあらゆる面と次元におけるすべての意識を包含する一つの意識。絶対的存在〉

**ジュジュ**〈私はETや、その概念について書いたたくさんの本を読んできましたが、個人的には、すべてに神が含まれているという結論にたどり着きました。すべてが神のエネルギーの一部を持っているので、すべての生命体を神の一部として尊重するよう心掛けています。でも私は神より「源のエネルギー」という言葉を使います。私が育ってきた文化的な背景により、「神」には父親的な意味合いがあるためです〉

**ヴァネッサ**〈私は神を「源」として見ます。すべてがそこから来る、最高で最も純粋なエネルギー源。私たちはあらゆる姿をした神です〉

**ジャクリン**〈私には主要なスターファミリーが7種いて、彼らが神をどのように概念化するか、彼ら全員の意見を聞いています。彼らが使う言葉は「ひとつ」です。存在するものはすべて、相互に関連した単一のものであるという意味です。私が住んでいた、または訪れた多くの惑星や星には、「神を崇拝する」という概念はありません。ETは、愛、あるいは「ひとつ」を尊重し、それにつながります。（中略）「ひとつ」の中では、創造主はいたるところにいます。私が木に触れれば、創造主はその木の中にいます。すべて同じです。あらゆるものは「ひとつ」で、「すべて」なのです〉

## あなたが学んだ一番重要なレッスンは？

このような並外れた人生を生きるハイブリッドたちが学んだこととは？ どうやって苦労を乗り越えてきたのでしょう？ 私たちはハイブリッドたちの人生から何を学ぶことができるのか？ 内面的、外面的、両方の学びがありました。

**ロバート**〈もっと人間らしくなる方法です。様々な能力を手に入れ、素晴らしい経験をしてきましたが、もっと地に足を付けて人間としての存在を経験する必要があります〉

**ジャクリン**〈自分を愛し、ハートで生きること。ハートを大切にすることによって、自分が誰であるかを思い出すことができます。頭は、私たちを真実ではない場所や軌道から外れた場所に導くことがあります。ETとコミュニケーションを取っている人々でさえ、このことを学んでいます。誰もがフィルターを持っていて、ガイダンスや情報が実際にどこから来ているのかを明確にする必要があるため、混乱してしまうことがあるのです〉

**シャーメイン**〈オープンであること。頭と心をオープンにすること。私の知識、経験、考えを他の人と共有し、人々がそこから学び、理解を得られるようにすること。ネガティブなことが起こったとしても、その経験を人と共有することによって他の人を助けることができます。ネガティブはいつでもポジティブ

に変えることができると信じています〉

**ジュジュ**〈スピリチュアリティがすべてです。互いに結びつくこと、愛情深い人間でいること、受け入れること、最高の振動を保つこと、意識を広げること、成長すること〉

**ジュジュ**〈積極的になり、自分の真実に従い、自分の力に従うこと。「攻撃的」ではなく「積極的」です。進化し、本当の自分になり、自分を愛すること。これは極めて重要です。自分自身を愛していないと他人を愛することはできません。大切なのは魂の本質です。何者にも魂の本質を奪うことはできません〉

**ジュジュ**〈向き合い、勇気を持ち、白と金の光で自分を囲み、癒しを使い、自分の力で立ってください。一番重要なのは思考です。愛と感謝の振動を保ち、意図的に思考し、その思考を賢明に使ってください。そうすればネガティブなものが引き付けられることはありません。被害者意識や自己憐憫は自分に力を与えることにはなりません。当時はネガティブだったと思うことを後で振り返ると、実際にはそれが適切なタイミングで起こっていたことが分かります。例えば、それが起こっていなかったらプロジェクトが完了していなかったり、会うべき人に会っていなかったりしますよね。意図的に生きること、選ぶこと、意識すること、前向きな姿勢を保つこと、それとありのままの自分になることが大切です〉

**シンシア**〈自分と相手との違いを素晴らしいこと、完璧なこととしてだけ見ることができ、すべては芸術だと思うことができれば、それに、こうなるべきだという決めつけを手放すことができれば、人間はあらゆる存在の中に美しさを見るようになるでしょう。同情し、相手の心を感じ、本質を知り、彼らがどこから来たのかを理解し、批判をやめ、偏見を持たなくなるでしょう〉

**シンシア**〈次に進むために必要なのは、まずは物質的な世界が幻想であることに気づくことと、頭ではなくハートで生きることです。（中略）人類が「キリスト意識」の中で生きる方法を学ぶまでは、この刑務所のような惑星に閉じ込められたままです。キリスト意識のシンプルな意味は、肉体的な器を超えて見ることによってあらゆる生き物の中に「源」を認識し、恐れ、欲、批判、偏見なしに生きること。それだけです〉

**ヴァネッサ**〈私のメッセージと最も重要な教訓は、多次元性を受け入れることです。私は、それまでのフレームワークや信念体系が壊れるような経験を山ほどしてきました。それ以外に多次元性を統合する方法はありません。多次元性を受け入れることで、より深い気づき、意識、情報にアクセスすることができます。知らなくてもいいのです。知らないことで、知ることができるのです〉

## ハイブリッドを作る方法

8人のうち6人が、自分がハイブリッドとして作られた方法について明確な考えを持っています。人によって方法は違いますが、共通点もありました。

シンシア・クロフォードは34歳のとき、ハイブリッドであることを父親から告げられました。シンシアの父はETと人間のハイブリッドを作る米国軍の極秘プロジェクトに取り組んでいて、妻がシンシアを妊娠する前に薬で眠らせました。それから妻は軍によって誘拐され、ハイブリッドの胚で妊娠させられました。この胚は、母親の卵子、父親の精子、および2種類のETのDNAから構成されていました。シンシアは38%がアヌンナキ、28%がゼータ、34%が人間であると聞かされています。

ハイブリッドのうち4人は、母親の子宮の中でETのDNAからの影響を受けています。

ヴァネッサ・ラモートは人間の両親から、自然で人間的な方法で地球上に生まれました。ヴァネッサが子宮内にいるとき、母親は宇宙船に連れていかれ、シリウスBのシリウス人、リラ人、アンドロメダ人、ペガサス人、キリン座星系人、ゼータ、プレアデス人などのギャラクティック・コードがヴァネッサに埋め込まれました。ヴァネッサは、自分が多くの銀河のDNA要素と、様々なETのエネルギーのインプリントを持つハイブリッドとして地球に生まれてくることに、魂として同意していたことを自覚しています。

ヴァネッサは、宇宙船で行われるハイブリッド化の主要な4段階を説明してくれました。純粋な金のプラズマの光の体が、「回転」すなわち「銀河注入」を通過します。これは、様々な親からのDNAとエネルギーのインプリントを組み合わせるプロセスです。こうして作られた赤ちゃんは、地球の両親のもとに転生する準備ができるまで宇宙船で育てられます。

ジャクリン・スミスの地球の家族はハイブリッドの家系でした。ジャクリンの両親と祖父母は人間として転生してきたマンティスで、亡くなった後、マンティスとしてジャクリンのところにやってきたそうです。ジャクリンの母親が妊娠していたとき、宇宙船に連れていかれ、トールホワイト・ゼータが胎児にDNAを埋め込みました。このDNAは、様々なET種、地球上のハイブリッドの男性、それとジャクリンの両親から取られたDNAの組み合わせでした。ジャクリンは、母親の子宮内にいる自分の肉体にDNAが埋め込まれている様子を、霊体の状態で見ていました。このことは、ジャクリンが20歳のとき、瞑想中にクァバーとして知られるETから確認が取れました。クァバーは「あなたの原点が私たちであることを知ってほしい」と言い、ジャクリンが7種の周波数を持っていることも教えてくれました。その7種はマンティス、トールホワイト・ゼータ・ハイブリッド、アルクトゥルス系ゼータ・ハイブリッド、クァバー、イルカに似た種、レプティリアン、それと人間が名称を知らないETです。

ジュジュ（ジョージャリー）・キュータは人間の両親から生まれました。両親はペンテコステ派のクリスチャンで、ジュジュのところに来る存在はすべて悪魔だと考えます。ジュジュの両親はETやUFOとの関わりはまったくありませんでした。6歳になる前までに、ETたちが自らのDNAを直接ジュジュに注入しました。ジュジュの両親がETとコンタクトを取らなくていいように、この方法が選ばれたのでした。ジュジュはレプティリアンの男性が自分の部屋に入ってきて目の後ろにインプラントを挿入したとき、自分がレプティリアンであることを知りました。インプラントは、ジュジュが地球で一生の間に経験することすべてをジュジュのET仲間に送信するためのものです。レプティリアンの男性がジュジュに触れたとき、ジュジュは自分が変化したと感じ、幸せな気分になりました。そして、過去生でアンドロメダ銀河の惑星に住んでいるファージャン族というETだったこと、また、プレアデス人と、昆虫型のET種であるマンティスとグレイとつながりを持つことを魂として決めたことを学びました。

マット（マシュー）・トーマスは、両親がハイブリッドの子供を産んで育てることに魂のレベルで合意したと考えています。マットは母親の子宮内の胎児だった間、ETによって遺伝的に変えられたと考えていますが、通常の人間的な方法で生まれました。体に様々な異常があり、一部の器官の位置が逆向きだったり、長年のひどい喘息、非常に高い血圧、肝臓の不調など、いろいろな健康問題を抱えていました。マットはトールホワイト・ゼータ、シリウスの戦士（青い種）、それとおそらく他のET種からのDNAも持っていると考えています。マットは毎日これらのETとコンタクトを取っており、自分もこのETのグループの一員であると感じています。

自分がハイブリッドとしてどのように作られたか、あまり明確でない人もいます。彼らは徐々に自分がハイブリッドであると気づき、確信を強めていきました。シャーメイン・ディロザリオ・セイチは何年もの間、ETや軍関係者らしき人間からの訪問を受けたり誘拐されていた理由や、目を閉じて静かに座っているとレプティリアンの目が見え、エネルギーを感じ、特別な友達として話していた時期があった理由を疑問に思っていました。自分がレプティリアンである確証が得られたのは大人になってからで、訪れたＥＴに、自分（シャーメイン自身）はハイブリッドであると証明できるかと聞いたときでした。その答えとして、レプティリアンのグループがシャーメインをレプティリアンの姿に変えてくれました。シャーメインは自分が完全で、パワフルで、幸せだと感じ、それまでの心の葛藤から解放されました。シャーメインの母親はもう子供を持てないと医者から言われていたのにシャーメインを妊娠したので、何か特別な方法で妊娠が可能になったのだろうかと疑問に思っています。

タティアナ・アモーレは自分がハイブリッドとしてどのように作られたかを知りませんが、自分の部屋で不思議な男性の姿を見たことがあり、その男性は自分と何かつながりがあるのか疑問に思っていました。タティアナは、シャーメインのハイブリッドとしての話に共感し、キネシオロジーの結果を受けて、自分もハイブリッドであると確信しました。50％以上が人間以外のＤＮＡであることと、自分自身についてもっと知る必要があることが分かりました。さらに、白い光の管を通って宇宙船に引き上げられ、以前部屋に来たのと同じ男性を見ました。それからタティアナの服が他の乗組員と同じ服に変わり、タティアナ自身も、彼らプレアデス人の仲間であることが分かりました。

ロバート・フロスト・フリントンは、自分がどのようにしてハイブリッドとして作られたかについて４つの持論があります。

1. ＥＴが望む遺伝的特徴を創り出すために世代を超えて選ばれた人々から集められた特定のＤＮＡと、ＥＴのＤＮＡとを組み合わせて作った胚を、ＥＴが母親の子宮に移植した。

2. ロバートの母親がロバートを妊娠していたときに宇宙船に連れていかれ、胚が取り出され、ETの遺伝的特徴が加えられた。この遺伝的特徴には一つまたは複数のET種および人間の拉致被害者からのDNAが含まれていた。ETの遺伝的特徴を加えられた後、胚が母親の子宮に戻された。

3. ロバートが胚だったとき、ETが胚の正確なコピーを作ったかもしれない。そのコピーにETの遺伝子を埋め込み、元の胚と置き換えてから母親の子宮に移植した。母親は一卵性の双子を妊娠していたが、不思議なことに片方が子宮から姿を消した。

4. 以前別の惑星で生きていたロバートのETとしての自己が、人間として転生してこの人生を生きることを選び、そのETの遺伝的特徴のいくつかを持ってきた。ロバートはこの選択をすることにより、魂のレベルで自分自身を作ったのかもしれない。ロバートが今世で、ハイブリッドになることに同意したことは間違いない。

どのようにして生まれたとしても、8人それぞれが自分はハイブリッドであると確信しています。彼らは人間と地球について独自の視点を持ち、自分とつながっているETと深く共鳴しています。

私たちが尋ねるまでは、ハイブリッドたちは自分が作られた方法にフォーカスを当てていませんでした。自分がハイブリッドであると理解することで喜びと安らぎを得たという彼らの反応は、普通の人間には意外に感じるかもしれません。それまで持っていた複雑な思考や感情、それに心の葛藤の理由がようやく分かり、自分がひとつになったと感じ、感謝を覚えたと彼らは言います。ハイブリッドたちにとって最も重要なのは使命を果たすことと、人や地球を助けることとです。

バーバラ・ラムが以前行ったＥＴ・人間ハイブリッドに関する研究では、バーバラは主に、地球上で生活するのに十分な人間性を持っていなかったハイブリッドの種類について学びました。そのようなハイブリッドたちは一生を宇宙船や他の惑星で過ごし、ＥＴと一緒に多くのタスクをこなしていて、ときどき、人間の両親に短い時間だけ会うこともありました。

バーバラのこの研究には、ハイブリッドが作られた様々な生殖方法、ハイブリッドの段階（人間と何世代交配していたかによって段階が分かれる）、ハイブリッドを作っていたＥＴの種類、ハイブリッドを作った理由、強制的な生殖方法に対する人間の反応、それとハイブリッドの赤ちゃんや子供を見たときの人間の反応が含まれています。

また、バーバラが出会った、地球に住むのに十分な人間的要素を持つ数少ないハイブリッドたち、彼らの変わった能力とスキル、地球にいる目的、彼らがハイブリッドとしてどのように作られたか、それと彼らが行っている特別な仕事についての情報も含まれています。

バーバラが研究したハイブリッド全員が、家族や周りの人々と「違う」と感じていて、本当の（ＥＴの）家族と、本当の家（地球外の惑星）についての認識を持ち、そこに戻ることを切望していました。彼らはそれぞれ日常生活の中で使うサイキック能力をいくつか持っていて、継続的にＥＴと会い、メッセージや指導を受けています。

このように、バーバラが研究したハイブリッドたちと、本書の研究に協力してくれた８人のハイブリッドたちの間には多くの類似点があります。本書のハイブリッド８人は、人間とハイブリッドを強制的に交配させるのではなく、ＥＴのＤＮＡを人間の母親と父親の胚または子供に加えることによって作られました。

この新しい研究と比較すると、バーバラの最初の研究に登場するハイブリッドたちは、スピリチュアルな観点や、愛、光、ワンネス、明確な使命、宇宙から見た大規模な観点、他の次元や周波数、それにアセンションについて、あまり触れていませんでした。

# 目的

## はじめに

ハイブリッド現象の様々な側面が人の興味を引きつけますが、最終的に「なぜ？」という疑問に行き着きます。ハイブリッド化計画の目的は何なのでしょう？　なぜこれほど多様なETが様々な場所や次元から来て、地球とその住人に関心を向けるのでしょうか？　ハイブリッドが果たす役割とは？

ここまで読んできて分かるように、その答えはアセンションという概念と関係しています。アセンションの解釈は人によって様々なので、これについては後で詳細に見ていきます。個人が果たすべき役割が何かという点では、ハイブリッドそれぞれが人生の中で学んでいます。複数の役割を持つ人もいるし、その役割をサポートするためにサイキック能力やヒーリング能力などを与えられた人もいます。

目的について詳しく見ていくために、この章では「周波数」「アセンション」「橋と大使」「使命、能力、奉仕」の４つのテーマに分けました。

ハイブリッドが使う用語と概念をよりよく理解するために、まず「周波数」と「振動」について考えます。読者の皆さんはすでにこの二つの用語について独自の解釈を持っていると思いますが、まだよく分からないという方のために、用語の使用例を挙げて説明していきます。この二つの用語を理解することによって、アセンションの意味を探求するための基盤を築くことができます。

次に、個人的な目的を見ていきます。ハイブリッドはよく「橋」や「大使」として表現されます。これらを自身の役割として認識している人は、それぞれ異なる方法やレベルで世界にその役割を提供しています。彼らは任務を遂行するために能力を使い、ときには特定の分野にフォーカスした奉仕活動を行っています。

# 周波数

ハイブリッドが言う「周波数」と「振動」が何を意味するのか、理解を深めてみましょう。周波数は頻繁に使用される言葉で、用語集（50ページ参照）が示すように、この分野独特の複雑な概念です。どうやら複数の定義と使い方があるようで、主に次のような意味で使用されてきました。異なるエネルギーの状態、次元、振動数、エネルギーの尺度またはパターン、それぞれの魂を識別するもの。いくつか例を見てみましょう。

**シャーメイン・ディロザリオ・セイチ**〈私は昔から周波数に敏感で、他の人には聞こえない周波数を聞くことができます。（中略）音、エネルギー、色、それに地球のような自然の周波数などがあります。軍は、恐怖や体調不良など、個人や集団に悪影響を与えるために周波数を操作する方法を研究してきました〉

シャーメインはこれについて退行催眠の筆記録の中で、生理学的反応、特にシェイプシフトを誘発するために様々な周波数が使われたことを説明しています。

シンシア・クロフォードは種や個を表す周波数があると言います。

〈すべての人は独自の周波数を持っていて、それは「魂のアイデンティティ」と呼ばれ、その魂だけに属する周波数です〉

シンシアは周波数によってガラガラヘビの性別を識別することもできました。

ジャクリン・スミスも周波数を魂を識別するものとして使います。

〈私はクァバーを「私の魂の中心的周波数」と呼んでいます〉

ヴァネッサ・ラモートは様々な意味で周波数という言葉を使います。アストラル・トラベルの際に周波数を変えると言っていました。宇宙語についてはこう言っています。

〈異なる意識の周波数であり、ハートのチャクラを開くことが大切です。（中略）宇宙語には様々な用途がありますが、魂のレベルでコミュニケーションを取ることができ、他の周波数やエネルギーをもたらす手段となります〉

ヴァネッサは宇宙語には様々な用途があると言います。

〈私たちは皆、毎日周波数と振動を使っています。私は宇宙船からのコミュニケーション、ガイドからのコミュニケーション、それに私の体内のインプラントの更新やガイドによるヒーリングがある際、それぞれを示す特定の周波数を聞くことができます。宇宙語を使った仕事でも周波数を使います。音と光のコードを通して周波数を高く調整することで、病気を予防し、オーラやエネルギーフィールドを清らかに保つことができます。宇宙語の伝達セッションではもっといろいろなことが起こりますが、以上が簡単な説明です〉

ヴァネッサは自身が多次元的な存在であるという自覚を強く持ち、人間も多次元的な存在であり、それを学ぶことが人間にとってのレッスンの一つだと言います。

〈アセンションが起こるのは、私たちが周波数を高めているため、または私たちが自身の多次元性に意識を向けているためです〉

ヴァネッサはまた、ハイブリッド・チルドレンの創造には「地球のコードや周波数を集める」ことが必要だと言っています。

ヴァネッサはさらに周波数を上げることとアセンションに関連し、ハイブリッド・チルドレンがこれに受動的に貢献していると言います。

〈ハイブリッド・チルドレンには特定の周波数があり、それを自分のエネルギーの場から送り出し、特定の結果のために自分のいる環境の変化を促進します。これは多くの場合、無意識のうちに起こり、魂のレベルで機能します〉

ジャクリンも同じことを言っています。

〈私の周波数が地球にあるだけでアセンションの助けになるとETたちは言っていました〉

ジャクリンは周波数を様々な意味で使います。そのうちの一つがスター・オリジン・リーディングです。

〈その人に共鳴する周波数またはトーンのマントラを与えます。そうすることでスターファミリーがより近くなります〉

ジャクリンはガイドとのコミュニケーションに関連して述べています。

〈あなたの意図を述べるだけです。私はこう言います。「私が地球上でしているすべてのことにおいて、私を助け、心、体、精神、魂において私を支えてくれる、愛と光のすべての存在を歓迎します」

ハートからそう言ってください。ＥＴはハートからの意図を感じることができるので、言葉そのものより重要です。ハートから、本心でその意図を伝えれば、ガイドたちはそれを感知します。ハートからの意図ははっきりとした高い周波数を持っているからです〉

アセンションのプロセスで周波数を上げることについては、ジャクリンはこう言っています。

〈ハイブリッドは、高い意識エネルギーをゆっくりと統合するために地球にいます。周波数を高め、人類を進化させ、意識を高め、私たちが愛であることを思い出させるためです。私たちはひとつ。常に相互作用しています。「私たち」と「彼ら」を離すことはできません。彼らが私たちであり、私たちが彼らなのです。周波数が高くても低くても、すべてが「私たち」です。私たちがより高い周波数に引き上げられるにつれて、二元性だと思われているものは消滅し、愛、平和、喜びだけが残ります。（中略）低い周波数を持つ人たちは摩擦を生み出すことで、みんなが自分の本質を思い出すのを助けているというのが私の捉え方です。みんなで協力してこのプロセスを作り出しているのです〉

周波数は次元を表す際にも使われていました。

〈次元は、異なる周波数や振動数。それだけです。クァバーが次元が何かということを私に見せてくれたことがあります。私がクァバーと一緒に旅をするときは意識として行きますが、ときにはアストラル体で行くときもあります。クァバーは他の次元と星系を実際に見せてくれました。次元が玉ねぎのようにレイヤーになっている様子、それに時空などというものは存在せず、錯覚だということを見せてくれました。（中略）あるとき、クァバーと一緒に波に乗って深宇宙に入り、地球の周波数、つまり地球の基本的な振動が表現されているところを見せてもらいました。振動は無限に続くシンボルのリボンのよう

に見え、それが惑星の物理的な形を作っていました〉

　周波数を理解すると、アストラル・トラベルに応用できます。

〈トーンや倍音には様々な振動のレベルがあります。高い周波数に同調できる人の意識はアルファケンタウリに一瞬で行くことができるでしょう。喜びと愛に集中して自分の基礎とし、別の星系に行くという意図を持てば、行くことができます。要は存在の状態、エネルギーの状態次第であり、誰でもそれを経験する能力を持っています〉

　次元の密度も周波数で表現できます。

〈ETの周波数に比べて、地球の密度は低い周波数です。私は地球が大好きです。美しくて素晴らしい惑星ですが、この密度の中で暮らすのはとても困難です〉

　私たち個人の多次元性も周波数という言葉で表現できます。

〈より大きな枠組みで見ると、私たちは過去生と未来生を統合して魂のバランスを取っています。魂は異なる周波数帯の間でバランスを取っているのです。私たちはカルマを通してこの世と関わりながら、魂がまだ学びたいことを地球で学んでいるかもしれません。でも同時に、他の星系で他の生活をしているか、あるいは愛と光と喜びに満ちた別の次元で肉体を持たずに生きているかもしれません。私たちは皆、全体性を取り戻すために多次元の自己を統合しています。愛と光に戻ることが、アセンションの目的の一部です。そうすると意識が拡大し、こう気づきます。

「本当の自分を思い出した。私はこの肉体ではないし、この人格でもない。私は創造の美しい光。神の愛だ」〉

ジャクリンはETが宇宙船を使って人々を活性化していると言います。

〈様々なビームを通して周波数を放射していて…（中略）また、私たちのチャクラシステムとDNAは、地球の上や中に流れている高いエネルギーによって活性化されています。それが私たちを目覚めさせると共に、内側からバランスを整えてくれます。このプロセスは人の周波数を高め、意識を拡大し、古い信念やパターンを一掃します。（中略）人類は窮屈な信念に固執し、奴隷化されてきました。周波数の低い人に影響を与えるのは簡単ですから、当然ですね〉

高い周波数はグラウンディングすること、地球とつながること、自然を祝福することなどによって経験したり培ったりできます。そうすることで個人のアセンションのプロセスの助けになります。

ジャクリンの理解はこうです。

〈周波数は、エネルギーが自身を表現する振動の範囲です。物理的でも非物理的でも同じことです。私がETについて書いた本『Star Origins and Wisdom of Animals（動物のスター・オリジンと知恵）』では周波数をそのように定義しています。ETは様々な周波数を持ちます。私たち人間も同様です。ETが彼らの言語やシンボルを私に教えてくれるときは、その中に彼らの本質を表す振動が流れています〉

ジュジュ（ジョージャリー）・キューターも周波数について広い理解を持ち、様々な使い方をしています。

ジュジュは自身のアセンションへの貢献についてこう語ります。

〈私が持つ5次元の周波数を地球にもたらすことと、この任務に関われることは、大変な栄誉です。私の魂は5次元のエネルギーを持っているので、ハイブリッドであることでその周波数を多く持つことができます。（中略）母なる地球が振動を高めるのを助けるために、多くのETが地球に来ています。（中略）なぜなら地球が進化したいと望んでいるのに、影の政府、欲、権力、支配、階層などが、ネガティブで非常に遅れた3次元の思考だからです。私たちはそれを乗り越えようとしています。平等の美しさを実感すると、それらは必要なくなります。私には麻薬取締局に勤める友人がいます。その友人が言うには、アメリカ中にある携帯電話の基地局は周波数に蓋をして人々の思考が広がるのを防いでいるそうです。基地局は生命の自然なバランスを崩す周波数を送り出します。私たちはそれらすべてを突破しようとしています。私たちは皆テレパシーが使えます。携帯電話のようなタイプの技術は必要ありません〉

ジュジュは周波数を高く保つことにフォーカスし、それがスピリチュアルな旅における核心だと言います。

〈振動数が高くなればなるほど最高の宇宙の真理に近づきますが、私たちの個人的な真実はそれぞれ異なります。それを尊重しなければなりません。私は「宇宙の真実」を、「源」のエネルギー、つまり「すべてなるものの創造主」の最も純粋な知識だと考えています。魂が「源」のエネルギーに近づくためのステップを一歩を踏み出すたびにその人の振動数が高まり、純粋な真実へと近づきます。私たちはここ地球で肉体を持ち、3次元の姿をとるので、高次元に住む者たちに比べて純粋な真実へのアクセスが非常に少ない状態です。ですから、私たち一人ひとりがそれぞれの真実を持っています。すべての魂がいつか宇宙の真実に向かって進化したいと思っていると、私は信じています。これ以上にウキウキする、美しいことはありません〉

ロバートは周波数とアセンションについて、物理的でしっかりした考え方を持っています。

〈ハイブリッドの多くは自分を世俗から切り離してしまい、すべてをエーテル界のこととして説明するので、エーテル界にとても詳しくなります。でもハイブリッドでいる目的はエーテル界と物理界を結びつけることです。アセンションは物理的なものなのですから。自分を天から引っ張り降ろして地に足をつけなくてはなりません。エーテル界に触ることはできません。煙をつかもうとするようなものです。私は周波数の背後にある科学が知りたいと思っています〉

３次元の人間として転生してきたハイブリッドの仕事は、直接触れ合う実践的な経験を含むべきであり、低い振動とも付き合うべきだというのがロバートの見解です。

〈ハイブリッドの周波数は周囲の人々に影響を与えます。だから、ただコンピューターの前に座って画面越しに活動するわけにはいきません。みんな、外に出て社会を変えましょう！　私たちはもう何年もこのトピックについて学び、話してきました。今こそ行動に移すときです。いわば学校を修了して仕事を始めるときが来たのです。（中略）私たちは世に出て、３次元レベルで対処しなければなりません。地球は愛とお花畑だけの世界ではないのです。あなたの周りの世界を見てください。崩壊しています。私の周りでいろいろな物が死んでいくのを目にします。深刻な状況です。私たちは現場で活動しなくてはなりません。自分だけ努力して生き残って、努力をしなかった他の誰かを見殺しにするわけにはいきません。そんなのおかしいでしょう。他の人たちが死ぬことを気にかけない人が、「私は愛情深い人間だ」なんて主張することはできません〉

〈振動数の高さや低さに善悪はありますか？　ないですよね。振動数が違っても、すべて存在の一部です。善い、悪い、高い、低い…私にとってはすべて相対的です。（中略）なぜ振動を高める必要があるのか道徳的な観点で考えてみましょう。地球がこれほどまでにネガティブになることを許されたのは、それが善いことでも悪いことでもなく、ただの経験でしかないからです。でもそのネガティブさがあまりにもひどくなり、人類は文字通りこの惑星を殺してしまいました。今こそ行動するときです。ネガティブな状態から抜け出すときが来ました。ネガティブなことはもうやり尽くされました。5次元に移行するとかいうこの大騒ぎのことは忘れてください。それは、この惑星での人生の新しい表現にすぎません〉

ロバートはエネルギーの「移行」が地球に起こると言います。私たちの太陽系が銀河のエネルギーの強い位置に移動し、銀河の巨大な波が来るというものです。

〈私はハイブリッドの主な仕事は振動数を上げるのを助けることと、ETとのギャップを埋めることだと信じています。そうすればETが、スムーズな移行を実現するために私たちの訓練を手伝うことができます。移行した後の世界に何があるのか分かりませんが、素晴らしいものになると感じます。壮大な光のショーで、みんなの心を目覚めさせる、とてもポジティブなイベントになるでしょう〉

マットは周波数がアセンションとハイブリッドに関連することについて、明確な見解を持っています。

〈周波数は存在の異なるレベルです。周波数は物質と非物質を分けるものです。現実の異なる層で、これを私たちは次元と呼んでいます。すべてが異なる周波数で振動しています。（中略）アセンションは進化であり、成長です。私たちの存在を次のレベルへと導く経験とレッスンです。アセンションは本質的に、私たちの周波数が今より高いレベルの意識で存在することです。ハイブリッドは人々の覚醒を助けることができます。人々が自分の力に目覚め、私たちはみんな素晴らしい能力を持つ無限の存在だということを理解するのを助けることができます〉

この分野に出てくる概念を理解するには、周波数の実用的な理解が必要です。人間の気分として考えると分かりやすいでしょう。私たちは悲しみと怒り、愛と感謝、静けさと平和を感じることができます。怒りと至福感の違いは直感的なものであり、非常に異なるエネルギー状態です。

周波数の定義を求められたときにジュジュが指摘したように、音楽は私たちに強い影響を及ぼし、気分を高めたり変えたりすることができます。

活動内容や時間帯に応じて、私たちの脳波は5つの周波数の状態（ガンマ、ベータ、アルファ、シータ、デルタ）に分けられます。考えているとき、リラックスしているとき、空想しているとき、寝ているときなど、行動の種類やレベルによって変わります。

振動に関しては、誰もが「嫌な雰囲気」「いい雰囲気」を経験したことがあるでしょう。ある場所へ行っていい気分になるか嫌な気分になるかはすぐ分かりますし、人やグループのムードを感じ取れることもよくあります。

高い周波数に移行するとか、「物質的」から「非物質的」に移行するというのは、表面的には非常に分かりにくいアイデアです。ハイブリッドはよくこれを地球や人間のエネルギーフィールドの「密度」を引き合いに出して説明します。ハイブリッドの中にはそれに自分を適応させることが非常に困難だという人もいます。

この密度という概念を理解するにはいくつかの方法があります。夢の中では肉体を持たない感覚を味わうことがあり、宙に浮いたり空を飛んだりします。それが自然だと感じているので、目が覚めると重さを感じます。幽体離脱や臨死体験でも「意識だけの状態」を経験できますし、退行催眠でも意図的にこの経験ができます。瞑想や、麻薬などによる幻覚でも意識が体から離れる状態を体験することがあるでしょう。

このように、私たちも密度の低い状態にアクセスすることは可能です。自身のアセンションのための実用的なアドバイスが、ハイブリッドの人生と使命と周波数の関連を理解する助けとなるでしょう。周波数を上げる主な目的は、より大規模なアセンションを円滑に進めることです。これについては次の章で詳しく見ていきます。

# アセンション

ＥＴと地球および人類との交流の目的を理解しようと試みるとき、要約するなら次のようになります。

「ＥＴは地球と人類の進化を助けるためにハイブリッドを作っている」

このアセンションと呼ばれる現象は、肉体的・感情的・精神的な進化のプロセスと考えていいでしょう。ハイブリッドを作って地球に派遣しているＥＴは、ほとんどがすでにアセンションを達成しています。彼らは進化したＥＴで、いわば宇宙の宣教師のように他者にアセンションに関して啓蒙しています。ハイブリッドの使命は様々で、人類を助けるために様々な能力や性向を持って転生してきます。これらの能力は、ＥＴやハイブリッド本人によって一生を通してアップグレードされることもあります。

アセンションという中核的な概念に関しては、まるでビッグバンのように質問が爆発しました。質問がありすぎて、ハイブリッド本人も今の時点では答えられないこともありました。

本書の目的はアセンションを詳細に研究することではありませんが、このテーマ全体に対する重要性を考え、その性質についての印象をつかみ、私たち自身でアセンションのプロセスを経験できる方法を理解していきましょう。ハイブリッドの言うアセンションとは一体何なのでしょう？　そのメカニズムは？　どうすれば促進できるのでしょう？

**マット（マシュー）・トーマス**〈アセンションは進化であり、成長です。私たちの存在を次のレベルへと導くための経験とレッスンです。私たちの周波数が今より高いレベルの意識で存在すること、それがアセンションの本質です〉

**シンシア・クロフォード**〈アセンションとは、人類が頭ではなくハートで生きる方法を思い出すこと、つまり無償の愛をもって光の中で生き、自身の力を取り戻すことです〉

**ジャクリン・スミス**〈私たちは皆、全体性を取り戻すために多次元の自己を統合しています。愛と光に戻ることが、アセンションの目的の一部です。そうすると意識が拡大し、こう気づきます。「本当の自分を思い出した。私はこの肉体ではないし、この人格でもない。私は創造の美しい光。神の愛だ」（中略）アセンションは魂として成長し進化するプロセスです。人類は次第に高度な意識へと昇りつつあり、ハートで生きることと、愛することがすべてだということを思い出しています。ありのままの自分になることです〉

**ジュジュ（ジョージャリー）・キュータ**〈誰もが自身の理解、自身の真実を持っています。私たちみんなが、進化したいという先天的な欲求を持っています。私の理解するところでは、母なる地球自身が前進と進化を望み、それに集合的に5次元の存在へと移行したがっている人間のソウルグループも、そうすることを望んでいます。アセンションは、人類よりも宇宙のものです。宇宙が拡大することです。進化は必ず起こりますし、すでに起こっています。人間は自分で選んでいいのです。誰もコントロールしたり批判したりしていません。あなたがすべてを学び、高い次元に行く準備ができているなら、その道を選ぶでしょう。もっと学びを必要とし、昇る前により良い基盤を作りたいと望んでいる魂もいます。人間のソウルグループは、小さなソウルグループで構成されています。いくつかのグループは後ろにとどまるかもしれませんが、彼らにはまた別の機会がやってくるでしょう。それ以外のグループは5次元に行き、残ったグループは別の3次元の世界で学び続けます〉

**ヴァネッサ・ラモート**〈アセンションは自分自身を「源」と同調させるための再調整のプロセスです。そうすることで「源」のエネルギーと一体になる、またはつりあうことができ、永遠の至福の境地を体験できます。私たちの振動と「源」との間を均衡にしようとしているのです。私はこれを、標高の低い土地から高い土地へと船を運ぶために運河を作って水位を調節するように、高さのバランスを取るシステムと考えています〉

**シャーメイン・ディロザリオ・セイチ**〈私たちの魂は様々な生命や形態を経験してきましたが、必ずしもすべてが地球上に存在しているわけでも、人間の形態で存在しているわけでもありません。それぞれの生で外殻は変化し、古くなり、機能を停止しますが、魂は継続します。生まれ変わって新たに経験するたびに、魂は学び、進化します。過去生をすべて覚えている必要はなく、そのとき覚えておくべきことだけを覚えています。殻が消えて魂が家に帰るときが来ると、魂は宇宙へとアセンド（上昇）します。そして魂が次の形に生まれ変わる前に、今回の生涯からの情報が集められ、以前の転生と比較されて、次の人生でどんな旅と経験をするか計画を立てます〉

**ロバート・フロスト・フリントン**〈ハイブリッドの多くは自分を世俗から切り離してしまい、すべてをエーテル界のこととして説明し、エーテル界にとても詳しくなります。でもハイブリッドでいる目的はエーテル界と物理界を結びつけることです。アセンションは物理的なものなのですから。自分を天から引っ張り降ろして地に足をつけなくてはなりません。エーテル界に触ることはできません。煙をつかもうとするようなものです。私は周波数の背後にある科学が知りたいと思っています〉

**ロバート**〈なぜ振動を高める必要があるのか道徳的な観点で考えてみましょう。地球がこれほどまでにネガティブになることを許されたのは、それが善いことでも悪いことでもなく、ただの経験でしかないからです。でもそのネガティブさがあまりにもひどくなり、人類は文字通りこの惑星を殺してしまいました。今こそ行動するときです。ネガティブな状態から抜け出すときが来ました。ネガティブなことはもうやり尽くされました。5次元に移行するとかいうこの大騒ぎのことは忘れてください。それは、この惑星での人生の新しい表現にすぎません〉

これらの要約を見ると、よりよい人間になること、異なるエネルギーの状態に物質的に移行すること、永遠の至福を達成することなど、人によってアセンションの解釈が多少違うことが分かります。一連の出来事としてすべて起こるのかもしれません。いずれにせよ、ハイブリッドたちのアセンションの解釈をつなぐ糸は「進化」です。

そして、悟りのように、アセンションが開かれた扉であることは明らかです。誰もがその扉を探し求め、通り抜け、そうすることで受ける恩恵を共有することができます。私にとってこの本に取り組むことがアセンションの直接的な経験となりました。困難を乗り越えながらの成長でしたが、素晴らしい経験でした。経験すればするほど、理解度も増していきます。

パート2全体に出てくるコラムでは、個人のアセンションに役立つ実践方法を提供しています。コネクション、コミュニケーション、グラウンディング、防御、ヒーリング、意識の拡大の方法です。ガイドとつながる、第三の目を開く、振動数を上げるなど、すべて毎日できることです。ヒーリングと同様、自分を守ることも、私たち皆がときどき必要になることです。

悟り、セックス、夢などのように、人生には経験しないと分からないものがたくさんあります。アセンションは能動的なプロセスなので、ハイブリッドは個人のアセンションに関するさらなるガイダンスを共有しています。

**ロバート・フロスト・フリントン**〈食生活やエクササイズ、それに自分の思考を高い振動に保つことについてのアドバイスを受けます。高振動を保つには、一日中、１００％愛のある思考を持っていなくてはなりません〉

**ロバート**〈愛のある思考を保つ練習として、テクニックがあります。まず、自分を愛することを学びましょう。自分自身を愛することができなければ、うまくいきません〉

**ロバート**〈では、愛とは何でしょう? 愛をどうやって使えばいいのでしょう? まず、深い愛を感じたときのことを思い出します。例えば母に抱きしめられたとき、結婚式の日など、体で愛を感じたときの気持ちです。その気持ちをハートの中で想像し、忠実に再現することに集中します。愛がハートを満たしたら、息を吸うたびに、ハートから体全体に愛が広がるのを感じます。そうしたらその愛を人と接するときに維持するようにしてください。最初は不自然に感じますが、練習するうちに習慣になり、習慣によって自然になり、より愛情深い人間になります〉

**ヴァネッサ・ラモート**〈人間はみんなハイブリッドです。ETのDNAを目覚めさせ、使うことができるのですから。それをどう使うかが大切です。私のようなハイブリッドは、ETのDNAが人々を助け、目覚めさせるためにどのように機能するかについて、より多くの認識を持って生まれてきます。私たちは人間らしく生きるだけでいいのです。自分にとっての至福を経験し、自分らしくあること。それこそが使命なのです。それで十分です。あなたがあなたらしくあるとき、あなたはすでに世界のために多大な貢献をしています。ハイブリッドが転生すると、ハイブリッドの存在そのもの、ハイブリッドが至福の状態の中にいることが、人類を助けることになるのです。それがETからの教えの大部分です〉

**ジュジュ（ジョージャリー）・キューター**〈積極的になり、自分の真実に従い、自分の力に従うこと。「攻撃的」ではなく「積極的」です。進化し、本当の自分になり、自分を愛すること。これは極めて重要です。自分自身を愛していないと他人を愛することはできません。大切なのは魂の本質です。何者にも魂の本質を奪うことはできません。向き合い、勇気を持ち、白と金の光で自分を囲み、癒しを使い、自分の力で立ってください。一番重要なのは思考です。愛と感謝の振動を保ち、意図的に思考し、その思考を賢明に使ってください。そうすればネガティブなものが引き付けられることはありません。被害者意識や自己憐憫は自分に力を与えることにはなりません。当時はネガティブだったと思うことを後で振り返ると、実際にはそれが適切なタイミングで起こっていたことが分かります。例えば、それが起こっていなかったらプロジェクトが完了していなかったり、会うべき人に会っていなかったりしますよね。意図的に生きること、選ぶこと、意識すること、前向きな姿勢を保つこと、それとありのままの自分になることが大切です〉

**マット（マシュー）・トーマス**〈私が覚醒する過程で、以下の3つが大きな助けとなりました〉

**マット**〈まずは瞑想。これが間違いなくナンバーワンです。瞑想は「サルの思考」を黙らせてくれます。サルの思考とは、常に頭の中を駆け巡っている言葉や、自分を守るために気に入らないものをシャットアウトする理屈っぽい思考のことです。サルの思考は過去か未来だけに焦点を合わせているので、今起こっていることに役立つ情報は決して受信できません。「今」に集中すれば、サルの思考の外に出られます。瞑想はもっと深いところまで行き、脳が細かなエネルギーを拾えるよう訓練します。自分をもっとオープンにする訓練です。誰もがアンテナを持っていますが、瞑想することで、より効率的に受信できるアンテナの使い方を学べますし、直感と道徳的な感覚の発達も助けてくれます。アンテナが微調整され、受信しやすくなります〉

**マット**〈次が道徳。これは自己実現に欠かせない要素です。つまりは、より良い人間になろうとすることです。自分自身を見つめ、欠点を正直に見つめなければなりません。例えば、何かをしているのに、それを否定するのをやめること。次のようなことを自問してみましょう。「最善の心に基づいて行動しているだろうか？　そうではなくて、自分がやるべきことを避けたいだけだろうか？」瞑想すると、明快な答えを得られます。私は瞑想のおかげで覚醒し、すべてがすべての一部であることに気づきました。そして気づいた途端、道徳感が自動的に変わりました。意識的に変えた部分も一部ありますが、ものの見方が変わったため、いろんなことが行くべき場所に収まりました。あなたが変わると、あなたと他の人々に役立つ方法で物事に対処するようになります〉

**マット**〈3つ目が、健康に気を付けること。地球にいる間、魂の器の手入れは欠かせません。魂の器が不純だと瞑想と道徳は明確さを欠きます。とはいえ、人間は体だけではないことを忘れないでください。あなたの真の姿は光の存在です。肉体的なことに気を取られて輝きを失わないようにしてください〉

**シンシア・クロフォード**〈私のガイドがとても簡単に説明してくれました。人間は宗教とイデオロギーを通して、宇宙で唯一の存在だと信じるよう洗脳されました。人類が真実に目覚めるには批判や偏見から解放されなくてはなりません。したがって、ハイブリッドの多くは必要に応じて人間と他の種との間でシェイプシフトができるようになっています。これにより人間は、自分たちが肉体ではなく魂なのだと気づくことができます。（中略）次に進むために必要なのは、まずは物質的な世界が幻想であることに気づくことと、頭ではなくハートで生きることです〉

**シンシア**〈人類が「キリスト意識」の中で生きる方法を学ぶまでは、この刑務所のような惑星に閉じ込められたままです。キリスト意識のシンプルな意味は、肉体的な器を越えて見ることによってあらゆる生き物の中に「源」を認識し、恐れ・欲・批判・偏見なしに生きること。それだけです〉

**シンシア**〈世界で起こっていることが気に入らないなら、あなたの考えや行動を変えてください。そうすれば、もうそのように生きる必要がなくなります。その変化を認め、変化そのものになること。それが3次元です。（中略）自分の人生を見て、シンプルに「ただの経験だ」と言うこともできるし、それがあなたの結論かもしれません。もしくは「どうすれば他の人を助けることができるか？もう自分の役に立たない、手放していいものは何だろう？」と考えることもできます。美しく開いた花のように、最高の自分になってください〉

**シャーメイン・ディロザリオ・セイチ**〈すべての行動には反響があり、どんな小さな思考や前向きな行動からも違いが生じます。池の波紋を引き起こす小石になるか、ただ池の底に沈んでいる小石になるか、どちらを選択するかはあなた次第です！〉

**ジャクリン・スミス**〈みんながアセンションをより簡単に乗り越えられるようにするには、自分が喜びを感じるものに集中することです。そうすることで周波数が高まります。自然の中を歩くことは、地球とつながり、自分自身とつながり、地に足をつけ、気分を高めてくれます。友人やETからのサポートを受けられるシステムを持つことも大切です。地球、私たち自身、それとすべての生命体に対し、愛と癒しの思考やイメージを送ってもいいでしょう。森の中を散歩しながら、空・木・石を祝福するのもいいですね。星に愛を放つこともできます。祈り、瞑想し、トーニングをし、歌い、踊り、遊び、笑うこと。創造的な表現と美は魂を高揚させますし、物を書くこと、園芸、動物や子供たちと遊ぶことは、地球規模の癒しに貢献します。何よりも、心から生きることが私たちの周波数を高め、私たちが愛の中ではひとつであることを気づかせてくれます〉

**ヴァネッサ・ラモート**〈私のメッセージと最も重要な教訓は、多次元性を受け入れることです。私は、それまでのフレームワークや信念体系が壊れるような経験を山ほどしてきました。それ以外に多次元性を統合する方法はありません。多次元性を受け入れることで、より深い気づき・意識・情報にアクセスすることができます。知らなくてもいいのです。知らないことで、知ることができるのです。私はそれをテーマに卒業論文を書きました。人生の謎を知りたいけれど、知らないことを受け入れるという内容です。そんなパラドックスの中で生きていくには、どんな瞬間にも自分が主導権を持つこと、自分が誰であるかと、何が自分の最高善と一致していると感じるか明確に分かっていること。結論はそこに行き着きます〉

まさに心と体と精神のトレーニングですね！　これらのガイダンスはどの順序で行っても構いませんが、流れがあるようです。

まずは自分自身を愛することから始まります。愛を持って自分への感謝を培うこと。そうすれば、その愛が他のあらゆる命へと広がり、自分も他の存在すべてと同じなのだと認識するようになります。この認識を得るには、思考とハートを結びつけ調和させながら、慈しみを持って生き、愛することを学ぶとうまくいきます。これによってありのままの自分が発展し、投影され、心からの満足を得られます。あなたが存在するだけで、あなたの至福感が周囲の人への手本となり、ポジティブな影響を与えます。常に感謝している状態を保つことで、影響はさらに強くなります。

オープンでいるには、保護の必要性を認識し、必要なときにその保護を呼び出す必要があります。自分のエネルギーフィールドからネガティブな存在を排除することは極めて重要であり、自分が主導権を持つのを助けてくれます。意図的にこのような生き方をするには瞑想が役立ちます。瞑想によって集中し、心を訓練し、クリアにします。それと強い道徳的な感覚を発達させることで、自分が最高の善から行動しているかを確かめるための「内なる指針」を得られます。健康な食生活、運動、清い生活を通して自分の体を大切にすることも、あらゆるレベルで目的を果たすためのサポートとなります。
自分の内なる光につながることが、あらゆる存在の中に「源」の種を見いだす「キリスト意識」を発展させるための助けになります。恐れ・欲・批判・偏見なしに生きることは、あなたに行動を起こさせ、ポジティブな要素を現実の世界にもたらします。

定期的に自分自身や地球とつながり、グラウンディングをすることで、尊厳と健康を維持することができます。自分自身をも含むすべての命を祝い、尊重することで、存在の多次元的な性質を経験することができ、それが回り回って自分に返ってきます。自分を愛することはすべてを愛することであり、逆もまた然りです。

アセンションのどの見方があなたと共鳴するにせよ、実践によってよりよい人生を送ることができるのは確かです。ハイブリッドはこれを、より大きなアセンションの中核と見なします。「上なる如く、下もまた然り」。宇宙全体のアセンションはあなた個人のアセンションとつながっているのです。

## 橋と大使

ハイブリッドの役割を議論する上で「橋」と「大使」という二つの重要な用語が繰り返し登場しました。用語の使い方は多少異なりますが、人間とETの橋渡しはハイブリッドの重要な使命の一つです。8人のうちの4人が、特にこれについて話していました。「宇宙政治学」と、それに関連して「宇宙外交」という用語を最近よく聞くようになりました。ハイブリッドは宇宙外交官のグループと考えることができるでしょう。

**シャーメイン・ディロザリオ・セイチ**〈私は橋渡し役となり、ハイブリッド、ET／UFO体験者、拉致被害者を一つにまとめ、さらには懐疑論者を含む人類すべてを団結させるために地球にいるのです！（中略）私は、ハイブリッドが作られた目的の一つは、癒し・より高い知性・より強い精神的なつながりなど、特定の目的のために各ET種からポジティブな属性を取り入れて、ETと人間の間の隔たりを埋めることだと思います〉

**ロバート・フロスト・フリントン**〈私たちハイブリッドは人類の覚醒のプロセスを加速し、世界をつなぐ架け橋となります。それにより、地球の周りに多次元にわたる影響を与えます。（中略）私はハイブリッドの主な仕事は振動数を上げるのを助けることと、ETとのギャップを埋めることだと信じています。そうすればETが、スムーズな移行を実現するために私たちの訓練を手伝うことができます〉

**ヴァネッサ・ラモート**〈アセンションが起こるのは、私たちが周波数を高めているため、または私たちが自身の多次元性に意識を向けているため、つまり、より宇宙的で、一体になってきているためです。ハイブリッドは架け橋であり、リンクです。ハイブリッド・チルドレンが出身星のことや、地球外の惑星で生きることについて両親に教えてくれるでしょう。ハイブリッド・チルドレンの経験と知識が、私たちに変わる方法を教えてくれるのです〉

**ジャクリン・スミス**〈私たちはこれからも、ハイブリッドたちを地球上の様々な文化に溶け込ませていきます。（中略）私はいつも進化がもっと速く進んでほしいと思っていますが、人間の精神のために、進化のプロセスは適切なペースで進まなくてはなりません。でも進化のプロセスは実際に起こっていて、新しい橋と周波数が物事を新しいパラダイムに移行させつつあり、人類の進化を可能にしています。人間は他の星系から家族を受け入れることにはまだオープンではないので、ゆっくり進めなくてはなりません〉

**ジャクリン**〈私たちハイブリッドが提供できる利益を人類と共有することは、ETが提供する利益を共有することにつながります。それが重要なのです。私たちは奉仕としてそれを行うことに同意してきたのですから。自分がどうこうではないのです。肝心なのは、私たちは架け橋だということです。私はいつも自分自身を橋として見てきました。私たちが宇宙の家族と人類の橋渡しをすることで、人間が宇宙の住民であることに気づけば、はるかに早く、より大規模な方法で進化できます〉

**ジャクリン**〈肝心なのは、宇宙の家族と人類の橋渡しをすることです。スキルを見せびらかすだけでは目的を果たすことはできません。「私たちがスキルをシェアしているのは、あなたも宇宙とつながってい て、あなたにもスターファミリーがいるからです。そのつながりを見つけられるなんて、ワクワクしますね！」〉

橋としての役割は逆にも機能するようです。

**マット（マシュー）・トーマス**〈ETは人間が住む世界と人間の意識について学びたいのだと感じます。ETたちは「ひとつ」の意識のもとに存在していますが、私たち人間は、それぞれの人間にそれぞれ別の意識があると認識しています。本当はそうではなく、私たちは皆「ひとつ」なのですが。ETは、人間が持つ二元論的な視点が理解できないので、それを経験したいのです。ワンネスを経験したい人間とは反対です〉

**ロバート**〈使命の一部は、ETの種から人間として転生し、今というこのときに人間としての生活を経験することです。これはETのためでもあります。マンティスは集団的な意識を持っているので、別々の意識を持つ感覚を知りません。人間は私たち全員が別々の個人であり、何にもつながっていないと信じています。ですから、分離という幻想を経験するためだけに地球にいるETもいます。そうすることで人間をよりよく理解できるためです〉

多くのハイブリッドは、彼らのスターファミリーのための記録と送信装置としても機能すると理解しています。

**ジュジュ（ジョージャリー）・キューータ**〈私の場合、私の仲間たちが私の目の後ろに設置したインプラントによって、私のすべての経験を送ることができます。バイオフィードバックのようなものです。この一生の間に私が経験するすべてが私の仲間たちに送り返されます。つまりこのインタビューをしている今、ミゲル・メンドンサとバーバラ・ラムは私の故郷のカメラに映っているわけです〉

**ロバート**〈ある意味では、マンティスたちは私を通して生きているのだと思います。人間の生活を体験する一つの方法です。彼らは私のマンティス遺伝子を通して私の経験をダウンロードします。ロバートのチャンネルをオンにするような感じです。誰かが私と話しているときはいつでも、私を通してマンティスと話していると考えていいと思います〉

**ジャクリン・スミス**〈これらのETは私の目を通して世界を見ることができるのです〉

ハイブリッドのうちの二人が「大使」という言葉を使っています。

**ロバート**〈人類を目覚めさせることは、ある意味で大使になるようなものです。私はETをグラウンディングさせるのを手伝うことができます。そしてETが人類の前に姿を現す準備ができたとき、私は緩衝地帯のように、二つの世界の間を歩いて交流します〉

**ジャクリン**〈私が作られた理由は、地球で数々のET種を代表する大使になるためだと言われたことがあります〉

バーバラがレプティリアンの大使と出会った経験を語った後、ジュジュはこう答えました。〈バーバラ・ラムがレプティリアンと会った経験を聞いて、とてもうれしく思います。私もポジティブなレプティリアンがいることを人々に伝えたいのですが、私自身がターゲットにされてしまう可能性があるので言動にはかなり注意が必要です。あまりにも多くの人がレプティリアンはみんな悪者だと思っているからです。バーバラが会ったのは地球にいるレプティリアンの大使でしたね。ものすごく大変な仕事でしょう。私ならやりたくありません〉

人類は一般的に、ETの存在に対して嘲笑的で懐疑的な態度を取るか、受け入れるかのどちらかです。それを思えば、地球を訪れているET種の大使がいることは極めて重要です。ハイブリッドとETはほぼ直接的な関係を持っているので、人類がハイブリッドを受け入れることができるなら、現実への理解を根本的に変えることができるでしょう。

## 使命、能力、奉仕

ハイブリッドの特徴の一つは、使命を持っていることです。それぞれの使命が、様々な方法でアセンションという大きな使命につながります。使命は人によって異なりますが、重要なテーマは明らかです。8人それぞれに彼らの使命をまとめてもらいました。多くの場合、これらは彼らが持つ重要なメッセージと重複します。

**タティアナ・アモーレ**「臨床心理学と神経科学の分野で人類と地球を助けること」

**シンシア・クロフォード**「ＤＮＡの活性化を通して、ハイブリッドとスターシードが自身のスターファミリーと使命を思い出すのを助けること。彼らが本来の力を発揮できるようにすること。キリスト意識で生きることで手本となること」

**シャーメイン・ディロザリオ・セイチ**「健康と幸せを通して人類と地球を助けること。人々がつながり、成長し、スピリチュアリティに目覚めるのを助けること。芸術を通して自分を表現することを推奨すること。

ＥＴやハイブリッドと人類の間の橋渡しをすること。人々を力づけ、教育すること。人類、ＥＴ／ＵＦＯ体験者、拉致被害者、ハイブリッドの支援グループを提供すること」

**ロバート・フロスト・フリントン**「人類にＥＴへの意識を向けさせること。ハイブリッドとスターシードを目覚めさせ、加速させること。この現象に物理的な側面をもたらすことと、ヒーリングを行うことと、自分を癒す方法を教えること」

**ジュジュ（ジョージャリー）・キュータ**「母なる地球と、特に動物に奉仕すること。データを収集し、ファグイ（アンドロメダ銀河にある惑星の名）に送信すること。５次元の愛の振動を地球上のすべての命にもたらし、進化を促すこと」

**ヴァネッサ・ラモート**「人々が自身の最大の力を発揮し、最高の至福を味わうためのインスピレーションとなること。ＥＴ・多次元性・他の領域の存在について人類を教育すること」

**ジャクリン・スミス**「動物や自然とコミュニケーションを取る方法を人類に教えること。愛・平等・ワンネスのメッセージを共有すること。人類にＥＴへの意識を向けさせること」

**マット（マシュー）・トーマス**「人々を癒し、本来の力を発揮するのを助けること。自身を癒す方法と進むべき道を教えること」

ほぼ全員が、アセンションに向けて地球を高振動に保つための錨となり、人類とETをつなぐ橋となり、人間の意識を高め、地球上の命を守るために地球にいると言っています。

彼らから出てきたワードは、つながり、コミュニケーション、力を発揮させること、悟り、解放、インスピレーション、意識の向上、癒し、保護、人類・動物・母なる地球への配慮。どうやら彼らのフォーカスは進化・健康、それとポジティブな関係を築くことに合わせられているようです。実際、このワードのリストには、私たちが自分自身や周りの人たち、それに生物界と健康的な関係を築くために必要なことがすべて含まれています。しかし彼らは地球を越えて、ETとの関係性にまで目を向けます。

インタビューで学んだように、ハイブリッドたちは彼らの任務を円滑に進めるための様々な能力を持っています。ほぼ全員が能力を使っていて、中には能力を仕事に生かして生計を立てている人もいます。以下は彼らの能力と奉仕の内容です。

**タティアナ・アモーレ**

サイキック能力、直感、枯れかけた植物をよみがえらせる能力、話を聞きコミュニケーションを取ることで人々を元気づける能力、ダンスで人々を触発し元気にする能力

**奉仕**

ダンスを教えること

**シンシア・クロフォード**

サイキック能力、チャネリング

**奉仕**

スターシードのために、彼らのスターファミリーの高い周波数の込められた彫刻を作ることで、DNAを活性化させ、自身の力と使命を思い出させる。スターシードのカウンセリング（彼らの力について教え、使命を遂行する上でネガティブな力から身を守る方法を教える）。

**シャーメイン・ディロザリオ・セイチ**

サイキック能力、ヒーリング、テレパシー、アストラル・トラベル、シェイプシフト、直感、動物とのコミュニケーション、チャネリング

**奉仕**

栄養アドバイス、エモーショナル・フリーダム・テクニック（感情を解放するテクニック）、ライフコーチ、レイキヒーリング、エンジェル・アチューンメント［天使とつながれるようにエネルギーの回路を開くこと］、ワークショップ、レクチャー、インタビュー

**ロバート・フロスト・フリントトン**

視覚化、ヒーリング

**奉仕**

2Dおよび3Dの意識増大テクノロジーの開発、ヒーリング

**ジュジュ（ジョージャリー）・キューータ**

サイキック能力、直感、シェイプシフト、ヒーリング

**奉仕**

レイキ、執筆、教師

**ヴァネッサ・ラモート**

サイキック能力、ヒーリング、テレパシー、アストラル・トラベル、バイロケーション、宇宙語

**奉仕**

スターシャイン・ガイダンス、前世アカシックレコード・リーディング［アカシックレコードから前世を見ること］、マジック・オブ・ペガサス・ヒーリング（レイキ、カラーおよびサウンドによるヒーリングを含む）、宇宙語によるヒーリング

**ジャクリン・スミス**

サイキック能力、直感、動物とのコミュニケーション、ヒーリング

**奉仕**

スター・オリジン・リーディング（出身星鑑定）、ソウル・リカバリー（魂の回復）、サイキック・リーディング、直感の開発、スピリチュアリティの覚醒、前世リーディング、動物に関するリーディング、行動療法、いなくなった動物の追跡、あの世にいる動物からのメッセージ伝達、ヒーリング、実習プログラム（動物とコミュニケーションを取る方法）

### マット（マシュー）・トーマス

サイキック能力、ヒーリング

**奉仕**

レイキ遠隔ヒーリング

ほぼ全員がテレパシー、アストラル・トラベル、ヒーリングの能力を持っています。

私たち（ミゲル・メンドンサとバーバラ・ラム）はシンシアの彫刻、マットのレイキ、ジャクリンのスター・オリジン・リーディングなど、ハイブリッドたちの能力を個人的に体験しています。これらは人々に大きな影響を与える可能性があり、多次元を体験する結果となることもあるでしょう。

私（ミゲル）のスター・オリジン・リーディングでは、集団意識のような、何かの存在を強く感じました。バーバラとの初めての退行催眠セッションのときも同じでしたし、音楽を演奏しているときにもジュ

ジュが説明してくれたような感覚を覚え、振動が高まったのを感じました。部屋全体が明るい白い光で満たされ、何かの存在を強く感じました。それからというもの、執筆中や編集中など、自分のエネルギーを高めてくれる音楽を聴くようになりました。さらにジャクリンとジュジュからインスピレーションを得て、もっと自然の中で過ごすようになり、植物や動物とつながり、仕事場の振動数を上げるために彫刻・絵・水晶などを置くようになりました。ハイブリッド全員の文章からインスピレーションと解放感を覚え、読むたびに圧倒的な愛と感謝を感じました。

バーバラにとっても、ハイブリッドの友達それぞれを知ることは深く感動的な経験でした。ジャクリンのスター・オリジン・リーディングでは、バーバラが一番最初に生まれてきたのは光の天上界で、イルカのような存在・マンティス・プレアデス人としての過去生を持つことが分かりました。シンシアからは、すべての存在にハートから愛を送ることを教わり、実践しています。深刻な健康問題があったときには8人全員からヒーリングエネルギーを受け、順調に回復しました。バーバラはこの素晴らしい8人のハイブリッドそれぞれを愛し、深い感謝と称賛の念を持っています。

# ガイドとスターファミリー

ハイブリッド全員がある程度のレベルでガイドやスターファミリーと意識的なつながりを持っています。ガイドはスターファミリーの一部であることが多く、ハイブリッドたちの「親」に当たるＥＴ種であるとは限りません。一方で情報やサポートは、天使や天上界の存在、ソウルグループのメンバー、人間の霊、動物、その他の存在から来ることもあります。

ＥＴのガイドと同様に、シャーメイン・ディロザリオ・セイチは幼い頃からオオカミの霊が見えていて、必要なときにそのエネルギーや特質を自分の中に召喚できるそうです。また、前世で幼馴染だった古代エジプト人の男の子と、アメリカ先住民とのつながりもあります。シャーメインの経験では、ガイドはいつも同じというわけではなく、一生の中で必要に応じて入れ替わるそうです。自分が進んでいる道に特化したサポートを要請すると、新しいガイドがやってくるのだそうです。

## どんな役割を果たすのか？

ガイドは、情報提供、励まし、感情面のサポート、ヒーリングなど、様々なサポートを提供します。

### 情報

ヴァネッサ・ラモートは自分が作られた様子をガイドが見せてくれたと言います。

〈私にはアニカという名前のプレアデス系シリウス人の女性のガイドがいるのですが、私が初めて地球に転生してきたときは彼女が母親だったそうです。転生してきた場所はレムリアでした。私は実際に自分が創造されるところを見ています〉


ガイドは、その人の目的や役割を理解するのを助けてくれます。


**ジャクリン・スミス**〈昔、私はクァバーに尋ねました。

「私の使命は何？」

「やりたいことは何でもやればいい」

「私は正しい道を進んでる？」

「道なんてない。あるのは愛だけ。君の周波数が地球上にあるだけで十分だよ」

私たちは皆それぞれの周波数で、地球と人類のアセンションのプロセスを支援するために地球にいます〉

**シンシア・クロフォード**〈2003年初めに私のガイドがこう説明してくれました。スターシードが地球で真の使命に完全に目覚めるのをサポートするために、私の魂がハイブリッドの肉体に入ることに同意したのだ、と。そして2005年になる頃には、私は好意的なETたちの彫刻を作り始めました。これらの彫刻にはETの魂がこもっていて、スターシードにとって最も必要な助けをもたらしてくれます〉

**シンシア**〈私のガイドがとても簡単に説明してくれました。人間は宗教とイデオロギーを通して、宇宙で唯一の存在だと信じるよう洗脳されました。人類が真実に目覚めるには批判や偏見から解放されなくてはなりません〉

**シンシア**「ガイドたちはいつも私にこう言います。まずは人々を恐怖から抜け出させ、ハートで生きられるようにし、キリスト意識で生きる方法を思い出させなさい。そうすれば後はうまくいくから、と」

**マット（マシュー）・トーマス**〈ガイド、天使、スターファミリーは皆、私が軌道から外れないよう見守り、

私が知るべきことや気づくべきことに関するヒントをくれます〉

直接的に情報を共有してくれることもあります。

**ジャクリン**〈次元は、異なる周波数や振動数。それだけです。クァバーが次元が何かということを私に見せてくれたことがあります。私がクァバーと一緒に旅をするときは意識として行きますが、ときにはアストラル体で行くときもあります。クァバーは他の次元と星系を実際に見せてくれました。次元が玉ねぎのようにレイヤーになっている様子、それに時空などというものは存在せず、錯覚だということを見せてくれました〉

**ジャクリン**〈これらの周波数は私たちの中にあり、外にあります。「上なる如く、下もまた然り」。上にあるように、下にもあります。すべてつながっているのです。私はこれを「意識の旅」と呼んでいますが、時空はなく、すべては今、ここにあります。存在の状態なのです。クァバーはこのことについて、何年もかけて直接私に教えてくれました。クァバーと一緒に様々な周波数に「乗っている」と言えるでしょう。遊園地のライドのようで、いつも楽しいです。もちろん、これらの経験を表す言葉はありません。あるとき、クァバーと一緒に波に乗って深宇宙に入り、地球の周波数、つまり地球の基本的な振動が表現されているところを見せてもらいました。振動は無限に続くシンボルのリボンのように見え、それが惑星の物理的な形を作っていました〉

シャーメイン・ディロザリオ・セイチは、宇宙船でトール・グレイから直接ヒーリングのテクニックを教わったそうです。トレーニングという形で情報を得ることもあるようです。

ジュジュ（ジョージャリー）・キュータはスターファミリーであるグレイと昆虫型ETが、彼らの宇宙船で彼女をトレーニングしたときのことを話していました。A点からB点に「瞬く」ことで、サンフランシスコ湾にスムーズに宇宙船で飛び込む訓練です。また、ハイブリッドの赤ちゃんの成長とバランス調整のために、純粋な白い愛のエネルギーを送る方法をグレイのガイドから教わりました。

ジャクリンはインタビューの間や普通の会話中に、ガイドたちと声を出して話していました。ジャクリンは、私たちとの会話とガイドとの会話が同時に進んでいると言います。ときには情報があまりにも速く入ってくるので、メモをしながらガイドたちに速度を落とすように頼んでいました。情報をもらったときはいつも、ジャクリンはガイドにお礼を言っていました。

ジュジュも言っていました。

〈今この話をしている間に、ガイドたちが来て新しい情報をくれました〉

シンシアもよく情報を共有しているときに話を途中でやめ、ガイドが明確にしてくれたことを伝えます。

どの情報を共有するかはハイブリッドに選択肢があるようです。ジャクリンはこう言っていました。

〈彼らの導きを参考にしますが、ほとんどの場合は自分のハートと魂に耳を傾けることで、自分が誰であり、何をしたいのかを明確にします〉

## サポート

ハイブリッドの中には孤独や疎外感を感じている人もいるため、感情面でのサポートは重要です。

ジュジュ（ジョージャリー）・キューターが孤独感について語ってくれました。

〈私の惑星から地球に来ているETは他にいないので、ちょっと寂しいです。生まれてからずっと故郷から遠く離れているので孤独を感じますが、地球にはあちこちからたくさんのETが来ています。みんな私の親戚のようなものです〉

〈グレイと昆虫型のETが私のことを家族のように扱ってくれます。私の出身星の人たちが地球に来ないのを知っているためです。グレイたちは私を迎えに来て宇宙船に乗せてくれて、仲間の一員として接してくれます〉

〈私は家に帰れる日が来ることを祈っています。10年以上前から帰る準備はできていました。ここでできる限りのことをやってはいますが、早く故郷に戻りたいです〉

マット（マシュー）・トーマスも同じことを言っています。

〈今は以前より幸せですが、まだなじめません。いつか故郷に戻れることを楽しみにしています。きっと地球での使命を果たしたら戻れるのでしょう〉

ハイブリッドが使命を遂行する上での励ましもよくあります。シャーメイン・ディロザリオ・セイチはこう言っています。

〈ここ2年ほど、銀河連邦からの情報のダウンロードがきています。銀河連邦は強いメッセージを送ってきました。「前に進み、コミュニティを一つにし、地球上に存在するハイブリッドのことと、ＥＴ種とその目的についての情報を世に広めなさい」〉

## ヒーリング

スターファミリーから深刻な体の問題を治してもらった人が数人いました。ジュジュ（ジョージャリー）・キューータは腎臓と目の治療を受けました。

〈宇宙船に乗っていたときに医療処置の一環として背中を切開されたことがあります。それまで抱えていた腎臓の問題がなくなったので、ＥＴたちが癒してくれたのだと思います〉

〈若い頃、ＥＴが私の視力を調整したようです。十代のときはメガネが必要だったのですが、ある日メガネがぼやけて見えて、視力が１・０に戻っていることに気づきました〉

シンシア・クロフォードのガイドは数々のヒーリングを施してきました。シンシアの肺と血管系を治療して命を救い、シンシアの命を狙う政府機関から保護し、さらに薬草を使った療法に関する重要な助言を与えました。

ヒーリング能力で有名な種はネビュラン・ヒーラー、マンティス、アンドロメダ人です。シンシアはまた、大天使ミカエルの医療用の母船で治療を受けたと言っていました。ヴァネッサは、ハイブリッド・チルドレンは生まれつきのヒーラーだと言っています。

ハイブリッドのうち数人は、彼らのヒーリングの仕事をスターファミリーがアシストしてくれると言っていました。

## どんなコネクションを持っているのか？

ハイブリッドのほとんどが、定期的に、または常にガイドとつながっています。

**ジャクリン・スミス**〈スターファミリーとは定期的にコミュニケーションを取っています。私から彼らにサポートや愛情や情報をもらえるよう求めることもよくあります。すると向こうからはテレパシーで情報をシェアしてきたり、彼らの存在を知らせてくれたりします〉

**ロバート・フロスト・フリントン**〈マンティスたちはいつも私と一緒にいます。エネルギーを見ることができる人たちは、私の周りに常に10人のマンティスが見えると言います。自分はすっかりマンティスの一部なので、彼らの存在を感じることはそれほどありません。ほとんどの場合、彼らは私の邪魔をしないように、私が自分の力で物事を理解するために、様々な方法で導いてくれます。（中略）ETとつながりたいときは、スイッチをオンにすればいいだけです。プライバシーが欲しいときには「ほっといてくれ」と伝えます。でも自分だけの思考というのはおそらく存在しません。自分の考えをマンティスたちの考えから切り離すには慣れが必要でした〉

**シャーメイン・ディロザリオ・セイチ**　「ETは常に私と一緒にいますが、人間や動物の霊も必要に応じて来てくれます。私が呼ぶときもあれば、向こうから来るときもあります」

**ジュジュ（ジョージャリー）・キュータ**　〈スターファミリーはいつも私と一緒にいます。また、多くのETが私を気にかけ、私が新しいことを学ぶのを助けてくれます。私はしょっちゅう、自分の想像か、それともガイドからの導きか、自問自答しなくてはなりません。見分ける方法としては、かかる時間を意識することです。自分の心が創造している場合は時間がかかりますが、真実は瞬間的にやってきます。何かが「すぐに分かる」場合は、それに従います。考えがまとまるまで3秒かかった場合は、自分の想像です。意識を広げると、情報がどこから来ているのか分かるようになります。ハイヤーセルフか、それともETか。夢と実際の出来事を区別するのと同じです〉

タティアナ・アモーレも自分の思考とＥＴからのメッセージを区別する方法について言及していました。

〈入ってくるアイデアが自分のものかＥＴのものかは、言葉から分かります。ＥＴのメッセージは常にポジティブで励みになります。心配していることについて尋ねると、とてもポジティブなメッセージを返してきます。大抵は私よりＥＴたちの方がポジティブです。（中略）とても深く心に響くメッセージです〉

シャーメインが、スターファミリーとのつながりについて、特に子供たちについて興味深い思い出を共有してくれました。

「私は子供の頃からＥＴとつながっていました。私と同じような人が周りにいないことに気づいたのは大きくなってからです。ほとんどの子供には「空想の友達」がいますが、親などに否定されてその話をしなくなります。子供たちは人間や動物の霊だけでなく、ＥＴを見ているケースがあるかもしれないし、誘拐されている可能性もあるでしょう。もし両親が子供にそういう話をさせない場合は、子供はどうしたらいいのでしょう？　抑圧するのではなく、一緒に探求する方が健康的です。私たちは皆スピリチュアルな存在なのに、子供を抑圧することでその子はスピリチュアリティから断絶された人生を送ることになり、それが原因で感情や精神の問題を一生抱えることになります。するとそれが、現在世界が抱えている問題の多くにつながります。私たちは完全な存在でいなくてはなりません。スピリチュアリティとのつながりを切られてしまっては、完全になれません」

ETとの関与についてシャーメインはこう言います。

「つながりを切って、スピリチュアルな生き方を否定しても、ETたちは引き続き面倒を見てくれます。でもこちらから助けや知識を求めれば求めるほど、向こうももっと関わってきます。何も努力していないのに助けてくれることはありませんが、オープンになればもっと助けてもらえます」

## どうやってコミュニケーションを取るのか？

シャーメイン・ディロザリオ・セイチはガイダンスを受け取る様々な方法について話してくれました。

「ETたちは適切なタイミングで、あなたが影響を受けやすい方法で知識を伝えてきます。夢で伝えるのは一般的ですし、「いきなり分かる」ということもあります。芸術の中で現れることもあるでしょう。ただ座って鉛筆や絵筆を持ってリラックスすれば、あなたを通して情報が流れ始めることがあります。直接入力されることもあります。私は10代のときにタロットカード占いを始めたら、みんながショックを受けるほど正確でした。その場ですぐ情報が入ってきたのです」

制限的な信念について会話をしていたとき、ジャクリン・スミスがコメントしました。

〈今、私と一緒にこのインタビューに参加しているETたちが、人間が古い信念を捨てていることについてグループディスカッションをしていますよ。楽しいですね〉

ＥＴとのコミュニケーションに関連して、瞑想もよく話題に上りました。マット（マシュー）・トーマスは深くリラックスした状態でいたとき、シンボル的な情報を受け取りました。

〈誰かの家のような場所に連れていかれました。そこには古風な砥石があり、男が刀を研いでいました。なぜ刀を研いでいるのか尋ねると、彼は答えました。「君が戦争に行く準備をしている」〉

ジュジュ（ジョージャリー）・キュータは宇宙船を見せてほしいとＥＴに頼むことがあります。

〈私はいつも、ＥＴたちに姿を見せてくれと頼みます。するとときどき、特定の星を見るように言われ、見ると一瞬ピカッと光って存在を知らせてくれます。政府は強力な破壊兵器を持っていますから、これはとても危険なことです。ですから、たとえ一瞬の光でも見せてもらえるのはありがたいことです〉


宇宙語によるコミュニケーションについては特にヴァネッサ・ラモート、ジャクリン、ロバート・フロスト・フリントン、ジュジュから話が出ました。


ヴァネッサは特に宇宙語を使って仕事をしていて、そのテーマで書いた卒業論文をもとに本を出版しようと考えています。

〈ときどき私がガイドとチャネリングすると、ガイドたちは宇宙的または天使が使うような言語で話します。ときにはそれが私のハイヤーセルフであり、私自身の魂から来ていることもあります。（中略）宇宙語はハート中心のコミュニケーション・システムで、万物とコミュニケーションできるシステムです。宇宙語にもいろいろあり、リラまたはシリウスなどから来る宇宙語には、いわゆる方言があります。言葉はときどき邪魔になるので、認知的・論理的な言語を使わずにハートスペースでダイレクトに話せます。宇宙語には様々な用途がありますが、魂のレベルでコミュニケーションを取ることができ、他の周波数やエネルギーをもたらす手段となります〉

〈ダウンロードが入ってくるときは、周りに様々なETの存在を感じ、会話をして、情報をもらいます。自分から彼らとコミュニケーションを取ることもあります。私のエネルギーが宇宙船へと上がっていくこともあります。バイロケーションのようなものです。車を運転しながら、自分が車の中ではなく、ETたちのいる空間にいると感じることもあります〉

ヴァネッサはスターファミリーとのコンタクトはすべて自分の意志で、アストラル体または肉体として行われると言います。

〈でもときには「行きたくない」と断ることもあります。二晩前、宇宙船で仕事をしてほしいと頼まれましたが、とても疲れていたので断りました。（中略）彼（ジョージと名乗るET）は笑って「全然問題ないよ」と言ってくれました〉

シンシア・クロフォードは珍しいつながりを持っています。ETの彫刻を作る過程でチャネリングを通し、ETの「魂の側面」を彫刻に入れ込むのです。

〈最初に作ったのはゼータと人間のハイブリッドの赤ちゃんと、銀河連邦にいる、人間のような見た目のET、それとシリウスの光の戦士です。彼らと一緒にいたときの記憶をもとに作りました。その後はトランス状態になり、見た記憶のないＥＴの彫刻も作るようになりました。バディック族というアンドロメダの種族、様々な種のゼータ、サラマンダー型のＥＴなどです。２年目にはテレパシーで声が聞こえ、彼らの姿かたちを伝えてくるようになりました。３年目には好意的な種が新たにやってきて、実際に私の目の前に現れたり、エーテル界で見たり、ときには第三の目でコンピューターのモニターを見るようにして彼らの姿を見ることができました〉

それぞれのハイブリッドにとってガイドは非常に重要であり、ガイドとの交流とサポートから大いに恩恵を受けています。彼らは皆ガイドに深く感謝していて、周りにいる人間よりもＥＴのガイドに親しみを感じるという声もよく聞きました。

## どうすればガイドとコンタクトを取れるのか？

ジャクリン・スミスが明確なガイドラインを提供してくれました。

〈あなたの意図を述べるだけです。私はこう言います。

「私が地球上でしているすべてのことにおいて、私を助け、心、体、精神、魂において私を支えてくれる、愛と光のすべての存在を歓迎します」

ハートからそう言ってください。ＥＴはハートからの意図を感じることができるので、言葉そのものより重要です。ハートから、本心でその意図を伝えれば、ガイドたちはそれを感知します。ハートからの意図ははっきりとした高い周波数を持っているからです〉

## ハート

ハイブリッドの知恵には仏教との類似点が多くありますが、際立った違いが一つあります。ハイブリッドは「心を制御する」ことよりも、むしろ「ハートを開く」ことにフォーカスを当てている点です。ハートは文字通りこのテーマの心臓となるようです。

**シンシア・クロフォード**〈防御はとても簡単な能力の一つですが、大事なのは、常に自分自身と自分の能力を信じることです。それには、自分を「源」の光で取り囲み、無条件の愛でハートを満たすだけでいいのです。まずはその愛と光を自己に向け、次に他のすべてのものに向けます。相手がダークでネガティブであるほど、その相手とより多くの愛と光を共有することが重要です。これはあなたの周りに保護を置き、同時にあなたの力を増し、あなたを覆う闇の力を減少させます。愛と光を使えば使うほど、私たちのＤＮＡは活性化されます〉

**シンシア**〈結局のところアセンションとは、人類が頭ではなくハートで生きる方法を思い出すこと、つまり無条件の愛をもって光の中で生き、自身の力を取り戻すことです〉

**シンシア**〈アセンションは、魂が３次元で何千もの人生からすべての教訓を学び、最終的にハートに移行することです〉

**シンシア**〈人間と協力するための唯一の効果的な方法は、まず彼らを批判的な状態から抜け出させ、ハートで考えさせることです。（中略）自分と相手との違いを素晴らしいこと、完璧なこととしてだけ見ることができ、すべては芸術だと思うことができれば、それに、こうなるべきだという決めつけを手放すことができれば、人間はあらゆる存在の中に美しさを見るようになるでしょう。同情し、相手の心を感じ、本質を知り、彼らがどこから来たのかを理解し、批判をやめ、偏見を持たなくなるでしょう〉

**シャーメイン・ディロザリオ・セイチ**「私が学んだ最も重要なことはオープンでいることです。寛容になり、ハートを開き、知識・経験・考えを人と共有することで、みんながそこから学び、理解できるようになるかもしれません」

**ロバート・フロスト・フリントン**〈愛のある思考を保つ練習をするには、テクニックがあります。（中略）まず、深い愛を感じたときのことを思い出します。例えば母に抱きしめられたとき、結婚式の日など、体で愛を感じたときの気持ちです。その気持ちをハートの中で想像し、忠実に再現することに集中します。愛がハートを満たしたら、息を吸うたびに、ハートから体全体に愛が広がるのを感じます。そうしたらその愛を人と接するときに維持するようにしてください。最初は不自然に感じますが、練習するうちに

習慣になり、習慣によって自然になり、より愛情深い人間になります〉

**ロバート**〈他に聞きたいのは、どこから情報を得ているかです。私の場合は思考とハートから情報が来ます。ETは私を導き、正しい方向を示してくれますが、直接は何も伝えてきません。情報をどんどくれるETに対しては、私は少し疑わしく思っています〉

**ジュジュ（ジョージャリー）・キュータ**〈シンシア・クロフォードも拉致被害者に対して、ハートの中に愛を召喚し、それをETに送ることを奨励しています。ネガティブな存在ならば去るでしょう。彼らには耐えられないからです。愛を送ることで、あなたの経験が変わります。自分を光の中に保てば、経験の本質をもっとクリアに感じ取れるでしょう。人々が恐れや不安を感じ、自分を犠牲者だと感じると、振動を低下させます。すると本当に恐れているものを自身にもたらしてしまいます〉

**ヴァネッサ・ラモート**〈宇宙語は異言を話すようなものです。異なる意識の周波数であり、ハートのチャクラを開くことが大切です。すべてハートスペースを通してアクセスされ、解釈されます。（中略）宇宙語はハート中心のコミュニケーション・システムで、万物とコミュニケーションできるシステムです。宇宙語にもいろいろあり、リラまたはシリウスなどから来る宇宙語には、いわゆる方言があります。言葉はときどき邪魔になるので、認知的・論理的な言語を使わずにハートスペースでダイレクトに話せます〉

**ヴァネッサ**〈クライアントのためのセッションで使うのはこの手法です。ハートで感じ、そのときのヒーリングに必要なコードを伝えます。これはレイキなどのエネルギー療法に似ています。それから様々なチャクラポイントと千里眼を使ったビジョンを通して、気づいたことを伝えます。例えば、セッションの途中でハートに重さを感じると、それがクライアントの私生活の中で起こった離別や死別を表していたりします。あるいは誰かが流産した場合は仙骨のチャクラでそれを感じることもあります〉

**ジャクリン・スミス**〈私の才能をシェアすることで人類のハートが開き、意識と周波数を引き上げる助けになるのです〉

**ジャクリン**〈彼らの導きを参考にしますが、ほとんどの場合は自分のハートと魂に耳を傾けることで、自分が誰であり、何をしたいのかを明確にします〉

**ジャクリン**〈私の仕事を実践する上で強調していることがあります。「私たちはひとつ」というメッセージを伝えることと、人々が目覚め、ハートで生きられるようにするのを助けることです。この二つが私にとって重要です。私は自分が知りうる限りの方法で、最も愛情深い存在でいることにフォーカスしています〉

**ジャクリン**〈あなたの意図を述べるだけです。私はこう言います。

「私が地球上でしているすべてのことにおいて、私を助け、心、体、精神、魂において私を支えてくれる、愛と光のすべての存在を歓迎します」

ハートからそう言ってください。ETはハートからの意図を感じることができるので、言葉そのものより重要です。ハートから、本心でその意図を伝えれば、彼らはそれを感知します。はっきりとした高い周波数を持っているからです〉

**ジャクリン**〈アセンションは魂として成長し進化するプロセスです。人類は次第に高度な意識へと昇りつつあり、ハートで生きることと、愛することがすべてだということを思い出しています。ありのままの自分になることです。それぞれの魂が自分に合ったペースを選び、アセンションのプロセスを進んでいます〉

**ジャクリン**〈繰り返しになりますが、頭ですべてを理解することではなく、ハートが感じること、知っていることが大事なのです。ハートは賢明です。あなたのハートは何と言っていますか？　あなたの魂は何と言っていますか？　頭は常に枠組みを作りたがり、自我は常に答えを知りたがります。頭と自我は分離を生み、高い意識は団結を生みます〉

**ジャクリン**〈自分を愛し、ハートで生きること。ハートを大切にすることによって、自分が誰であるかを思い出すことができます。頭は、私たちを真実ではない場所や軌道から外れた場所に導くことがありま

す〉

**ジャクリン**〈人間より動物の方が無条件に愛することを知っています。ハートセンターと直感力を維持しているからです。私は動物からよりよく愛する方法を教わり、ＥＴからより明確に愛する方法を教わりました〉

**ジャクリン**〈アセンションとは、頭ではなくハートで生きること、それに私たちの本質と、愛がすべてであることを思い出すことです〉

ここでは、ハートに複数の意味と用途があることが分かります。ハートは、直感・愛・オープンさ・受け入れ・つながり・保護・コミュニケーション・明快さを表現し、促進することができます。

ハイブリッドの存在そのものが、他の生命体に対してオープンになるというレッスンです。ハイブリッドを受け入れることができるなら、ＥＴも受け入れられるはずです。そうなれば、他の人種やグループも当然受け入れられます。人間は、同じ認識と関心を共有するグループ内の人だけを信用する傾向にあります。ハイブリッドが常に言及する「ひとつになること、オープンになること、受け入れること」は、ハートを開いて自分のグループの外の存在、つまり存在するものすべてとつながることです。

よく考えてみましょう。

自分を愛することについては本書で何度も言及されていますが、これもまたワンネスに関連しています。私たちが皆ひとつであるなら、自分を愛さずに他の人を愛することはできません。

ハイブリッドはハートから来る明晰さに言及します。その明晰さによって真実を見定め、使命を正しい軌道に乗せ、内なる声を聞き、ガイドやスターファミリーとコミュニケーションを取ります。

ヴァネッサは宇宙語を研究・実践し、宇宙語が「ハート中心」であり、その純粋さによって宇宙的なコミュニケーションを可能にしていることを理解しました。ジャクリンがガイドを呼び出すときのアプローチも同じ理由で、ハートを通してリクエストを伝えます。

ロバートはハートを愛で満たし、それをまずは自分の体に伝え、それから世界へと送り出すことで、自分の振動を高める練習を開発しました。シンシアには自分を守るテクニックが二つあり、どちらもハートの中に愛を召喚してそれを外側に向けるというものでした。

どうやらアセンションは、愛と団結の因果関係のプロセスであり、ハートを使うことが中心なようです。ジャクリンとシンシアは共に、「頭の代わりにハートで生き、私たちが皆ひとつであることを理解することが大切」だと言っていました。

# 誰でもＥＴとコンタクトが取れる？

本を書き終えた後、誰でもＥＴとコンタクトが取れるのかという疑問が出てきたので、バーバラを含む数人に意見をまとめて書いてもらいました。

**ジャクリン・スミス**

ＥＴとコミュニケーションを取る能力は誰でも持っています。恐れがあると、それが障壁となってコミュニケーションを妨げます。私は何年もの間、ＥＴや動物とコミュニケーションを取る方法を人々に教えてきました。ほとんどの人ができるようになります。できない人は、ＥＴや動物に関する怖い記憶があり、思い出したくないと思っているか、その記憶をブロックしているかのどちらかです。

夢・テレパシー・合図・ビジョンなど、ＥＴは可能な限りの方法でコンタクトを取ってきます。ＥＴたちは怖がらせようとしているのではなく、コミュニケーションを図ろうとしているのです。優しく愛情のこもったやり方でやってきます。

人間はＥＴとの関係を築くことができます。ＥＴは私たちの友達であり、よき師であり、家族です。

直感を使うことで、誰でもETとコミュニケーションを取るためのスキルを身に付けられます。

**ヴァネッサ・ラモート**

もちろんです。一人ひとりが神聖な道を進んでいくにつれて、いつかスターブラザーやスターシスターが接触してくるときが来ます。ETとの好意的なコンタクトを実現する方法は、純粋にそれを求めること、つまりETと好意的なコンタクトを取りたいという意図を述べることと、ハートスペースで生きることです。真実と至福を求めて思いやりのある道を歩んでいるとき、よくETのガイドや家族がコンタクトを取ってきます。人類のためにならないような目的を持つタイプのETと関わることが魂の合意の一部である場合、その契約は人生のある時点で執行されます。

**ジュジュ（ジョージャリー）・キューータ**

私の理解では、食べたり、息を吸ったり吐いたり、愛されるのと同じように、ETとのコンタクトは人生の基本です！自分に聞いてみてください。

1. コンタクトを取りたいか？
2. コンタクトを取ってきたら気づけるか？

コンタクトに対する期待や認識は人によって違います。自分に尋ねてみてください。「何をもってＥＴからのコンタクトとするか？」例えば、瞑想し終わってふと下を見たら椅子にカマキリがいたとします。あなたにはその意味が分かりますか？ それをその存在との関係と捉えて、「こんにちは！」とか「ありがとう！」と言えますか？

こうも尋ねてみましょう。「どの種に連絡を取ろうとしているのか？」スターシードでさえ、面食らうようなＥＴと「ネガティブな経験」をすることがあります。でもこれは私たちの対応次第です！ ですから、コンタクトを求めるときにははっきりとあなたの意図を設定してください。利己的なＥＴを引きつけることもできますし、愛情のある、優しい方法でコンタクトを取ってくるＥＴを引きつけることもできます（愛情のある優しい方法とは、夢に出てくる、宇宙から宇宙船の光をピカッと光らせる、記憶を少しずつ呼び起こさせてくれる、などです）。

**シンシア・クロフォード**

私のガイドに同じ質問をしたときに言われた答えはこうです。

「ＥＴと人類の融合を理解したいという気持ちで、ハートからコンタクトを求めなくてはならない」

ただ興味があるだけではだめです。自分の「光」の使い方を知らず、すべての存在を無条件で愛せない場合はコンタクトは取れません。私が意識的にコンタクトを取ろうとしたときは、恨みと怒りを抱えていたため３週間かかりました。ようやくあきらめて「あなたを無条件に愛し、怒りをすべて手放すと約束する」と言ったとき、突然目の前にＥＴが姿を現しました。

**マット（マシュー）・トーマス**

誰でもＥＴとコンタクトを取れると思うし、設定された要件があるとは思いません。十分にオープンマインドな人なら誰でも可能だと思います。どんなタイプのコンタクトになるかは分かりませんが、可能であることは間違いありません。

**バーバラ・ラム**

多くの人から「どうすればＥＴとコンタクトを取れるか」と聞かれます。ＥＴと会った気がするけれど覚えていないので、ぜひコンタクトを取りたいという人がたくさんいるのです。私は、あるＥＴ／ＵＦＯ体験者によるチャネリングを通してＥＴが教えてくれたテクニックを使って、コンタクトに成功しました。

１９９４年、私はイングランドでのミステリーサークルの研究をする準備をしていました。その研究はすでに４年目を迎えていました。本物のミステリーサークルが誰によってどのように作られるのか、どうしても知りたいと思っていました。そのチャネリングで、「ＥＴに作り方を見せてくれと頼めばいい」と言われたので、イングランドに出発する前日、ミステリーサークルを作っている誰かに、実際に声に出して、情熱を持って真剣に頼みました。誰に向かって話しているのか、彼らが何者なのか、ＥＴなのか何なのか、まったく知りませんでしたが、これほど精巧な模様を作物が生きたまま畑に作るには、よっぽどの知性と創造力が必要であると信じていました。彼らが地球に来てミステリーサークルという美しい贈り物をくれたおかげで、人々が目覚め、興味を持ち、エネルギーをもらい、宇宙に目を向けさせてくれたことを、心から称賛しました。45分間「どうかミステリーサークルを作るところを見せてほしい」と、称賛しながら懇願を続けました。３週間後、心の中でもう一度頼んだところ、願いが叶いました。イングランド滞在の最後の夜、３人のＥＴが私のベッド＆ブレックファスト（Ｂ＆Ｂ。朝食付き民宿）の部屋にやってきて、私を連れて壁を通り抜け、野外に出て、小さな宇宙船の中に入りました。そして私にミステリーサークルを作るところを見せてくれたのです。翌朝、そのミステリーサークルを誰よりも先に発見したのは私でした。宇宙船の中から見せてもらったのとまったく同じものでした。

声を出して話しかけ、自分が望むコンタクトを一心に頼むというこのテクニックは、ハートと感情が本当に強くそれを望んでいるならば、非常に効果的です。一度しか経験できないかもしれないので、頼む内容は慎重に考えて決めてください。もし魂のレベルで継続的にコンタクトを取るという合意がある場合は、小さなところから始めて、そこから広げていくことができるでしょう。ＥＴに敬意と愛を表し、友好的なＥＴだけが来るようにと頼んでみてください。そうすればあなたが望むコンタクトを取ることができるかもしれません。

ロバート・フロスト・フリントンは「コンタクトの手順」に関し、コラムで詳細な指示を提供してくれました。

## コンタクトの手順

意識的に瞑想している状態がコンタクト状態です。それにはある種の感覚があります。目覚めている間もその感覚を維持することができるならば、それがコンタクト意識です。私はそれを「特異点意識」とも呼んでいます。

このシステムは等価交換の法則に基づいています。ＥＴが人間とコンタクトを取るにはかなりのエネルギーが必要なので、ＥＴと直接会うことを要求する場合は、そのエネルギーに見合うだけの最善の努力を尽くす必要があります。ＥＴのエネルギーに見合うだけの最善の努力のことを、私は「コンタクト用のガソリンタンク」と呼んでいます。シンプルな概念です。コンタクトを実現するためにタンクをいっぱいにするのです。そうすることで振動数が高まり、ポジティブなコンタクトを取るためにエネルギーを使うことができます。一つ、非常に重要なことがあります。あなたが入れるエネルギーは、あなたが出すエネルギーだということです。

## コンタクト用のガソリンタンクをいっぱいにする方法

1. 意図的に生き物を傷つけないこと。コンクリートのひび割れから生えている雑草に水をあげ、家の中で虫やクモを見たら殺さず、外に出してあげましょう。あなたが出会うすべての命に意識的に感謝します。「クモさん、この経験をありがとう。でも外に出てね」これを行うことによって、ETはあなたがあらゆる命を尊重し、感謝していることを知ります。これは、あなたが他の世界の命を尊重し、感謝する能力を持っていることを意味します。

2. 思考に注意すること。たとえ好きではないものでも、すべての中にポジティブさを見いだしてください。例えば、友達が家の壁をとんでもなくヘンな色で塗ったとしても、彼の気持ちを傷つけないように「いいね！」と言いましょう。すぐに否定的な考えを持たないように自分を訓練してください。代わりに、「友達がこの色を見て幸せになれるならうれしい」と考えるようにしてください。ETは非常に強いテレパシー能力を持つので、あなたが考えていることはすべて分かります。もし周りの人たちみんながあなたの思考を読めたら、どんな反応をするか想像してみてください。今すぐ訓練を始めましょう。

3. 少なくとも一日一回は知らない人に親切にすること。ETはあなたが他人をどのように扱うかを見ています。

4. 愛すること。愛は宇宙で最も強力な感情です。維持できる限り、一日中、自分自身を愛しましょう。息をするたびに、あなたの心と体全体で愛を感じてください。外出しているときは、目に見える人全員に愛を感じてください。ちょっと立ち止まって愛を吸い込み、すべての生き物と、その存在につながりましょう。愛すること。それ以外はすべて恐れです。

これらのタスクの中にはETとのコンタクトに関係がないように見えるものもあるかもしれませんが、関係があるのです。私の経験からして、これらのステップに最善を尽くして従うほど、より相互的なコンタクトを取れるようです。

最初にコンタクトを取ってくるのは、あなたが最も共鳴するET種です。まずは睡眠中に起こるでしょう。半分無意識の状態のときです。ETたちはとても進歩しているので、あなた自身より、ETたちの方があなたのことを知っています。あなたの側から恐れを感じたら、近寄ってこないでしょう。

コンタクトを始めるには、すべての期待・恐れ・不安を手放してください。ときが熟したら、体で感じることができ、やがて「準備ができた」と言いたくなる日が来るでしょう。

ここで注意です。ハイテク好きの皆さん、テクノロジーに頼ってはいけません。ETは、私たちよりも技術的に進歩しているだけでなく、スピリチュアル的にも進歩しています。友好的なETはテクノロジーのことなど気にしません。友好的なETたちが一番関心を持っているのは、スピリチュアリティの面で私たちを導くことです。焦らなくて大丈夫。技術に関する情報はいつか来ます。ETはその前に、彼らの技術を教えるのに十分な責任感があなたにあるかを知りたいのです。

# それぞれの旅

インタビューを始めて一ヵ月ほど経つと、著者二人の視野が大きく広がってきました。そこでお互いの経験をメモしておき、本の最後にまとめて書くことにしました。私たちがこのような変わったテーマに興味を持つことになった理由や、ＥＴやハイブリッドという概念に取り組んだ経験から私たちが得たものについてお話しします。

## ミゲル・メンドンサの旅

ハイブリッドについての本を書くことに決めたきっかけは何だったのでしょうか。本書の出版プロジェクトは結果的に私にとってビジョン・クエスト［アメリカ先住民の、人生の目的や自分の使命を見つけるための成人の儀式］のようなものになったのですが、それにはどんな経過を経たのでしょう。ＵＦＯ研究にはずっと興味を持っていました。しかし２００９年に人生を変えるようなＵＦＯ体験があり、興味が再燃しました。アソーレス諸島〔北大西洋中部にある諸島で、ポルトガル領〕のグラシオーザ島で休暇を過ごしていたときのことです。8月1日の夜、私とパートナーが星を見ていると何かが空を横切りました。最初は人工衛星かと思いましたが、まるで私たちに向けて光を照らしているかのように、明るくなり、急に膨張し始めました。私のパートナーが「こっちを見てるみたい」と言ったとき、私もまったく同じことを考えていました。光は小さくなり始め、再び明るくなり、さっきより大きな光となり、突然、巨大な光の筋となって天空を横切り、飛び去っていきました。『スター・トレック』の宇宙艦エンタープライズがワープするときとそっくりでした。このような経験が心に残す影響がどれだけ大きいか、どれだけ強く謎を解きたいという気持ちにさせるか、読者の皆さんの中には共感できる方も多いのではないでしょうか。

２０１３年、私は真実をテーマにした小説を書いていました。嘘の見破り方、真実和解委員会〔過去の紛争を解決するために、内戦や独裁などによって起こった重大な人権侵害を明らかにする委員会〕、結婚生活が崩れかけているという事実を否定する心理など、様々な側面を探っていました。登場人物の中に一人、とても深くてダークな秘密を知っていそうな男がいて、興味をそそられました。書いているうちに特定のキャラクターが生き生きしてくるというのは、作家にはよくある経験です。キャラクターが意志を持って自己表現してくるのです。私が惹かれたのは、ブラックバジェット〔国防上、あるいは諜報活動などの理由で詳細が明らかにされない闇予算〕とのつながりをほのめかすアルバートというキャラクターでした。もっと知りたいと思って調べ始めた結果、ＵＦＯ関連の話題を新たに研究することになったのです。書籍、ドキュメンタリー、講義、インタビュー映像および記事を大量に集め、研究に没頭しました。すべての現象を包括するフレームワークを作り、全体像が見えてくるかどうか確認したいと思ったのです。ところが深く追究すればするほど、全体像はとんでもなくぼやけていきました。それでも私は何とかして理解し、小説にしようと決心しました。

しかしそれが唯一のインスピレーションではありません。私は20年以上の間、ＵＦＯ関連のＳＦチックな夢をしょっちゅう見ていました。とてもはっきりしていて現実感があり、普通の夢とは思えません。明瞭なだけではなく、夢の中では自分が何かを深く知っているような、実際に背景となる物語があるような、そんな感じがします。絶え間なくやってくる宇宙船のほとんどは、ポップカルチャーの中やＵＦＯ研究の中では見たことのないものです。私は他人の人生を経験しているのではないかと思い始めました。パラレルワールドに住む別の自分か、またはまったく違う人の魂かもしれません。私はそれらの夢について書き記したノートを使って壮大な物語の中核を形成しました。それはＵＦＯ研究の全体を網羅し、スピリチュアルおよび政治的な領域にまで踏み込んでいます。中でもリチャード・ドーランが研究している「ブレイクアウェイ文明」〔一般人からは分離され、隠された、特定の人間だけがアクセスできる非常に進化した文明〕の概念と、個人的にも職業的にも大変なリスクを負って名乗り出てきた多数の勇敢な人々の証言が、素晴らしい資料となりました。

特にカーラ・ターナー著『エイリアン 旋律の人間誘拐』でインタビューを受けた８人の女性の話には驚きました。それからYouTubeでバーバラ・ラムの講演を見つけ、その内容に深く感動しました。ハイブリッドの子供を持つ女性たちが赤ちゃんと触れ合うために夜になると宇宙船に連れていかれているという、愛、心痛、ほろ苦い喜び、無力感が混ざり合う話でした。私は強く共感し、惹きつけられました。これこそがＵＦＯ研究の核心だと思いました。この頃に書いた小説はハイブリッドが中心になり、ハイブリッドたちの実際の経験を尊重したいと思ったので、より深い洞察を得るためにバーバラ・ラムに連絡を取りました。

バーバラは、知り合いのハイブリッドのグループが、彼らの経験や知識を人間社会に広める方法を模索していると話してくれました。そこで私は一晩中考えを巡らせ、朝目を覚ますとすぐ、ノート８ページに及ぶアイデアを書き出しました。話し合いたいテーマをまとめた文書も用意し、その中にはコストと利益の分析と、ハイブリッドたちの保護に重点を置いた戦略文書も含まれていました。小説の研究をしていたときと同じように、私は「ハイブリッドたちを守りたい」という非常に強い気持ちを持っていました。なぜこれほどまでに強く感じるのか完全には理解できていませんが、このテーマが持つ多くの側面と同様に、目に見える以上のものがあるのだと思います。

最も重要なのは、ネットのコメント欄で他人を侮辱するような、ケンカ腰でひねくれたタイプに煩わされることなく、ハイブリッド自身が会話の流れをコントロールし、自分の声で自由に話せるようにすることでした。

その文書をバーバラと共有し、出てきた問題点について長い議論をした後、私からバーバラに一緒に本を出さないかと提案したのです。それが今あなたが読んでいるこの本です。

私の最初の目的は、自分は関わらず、意見を言わない「沈黙の証人」になり、客観的な社会学者としてハイブリッドの現実を世界に広めることでした。今となっては、そんな甘いことを考えていた自分が懐かしいです。実際には、自分という存在が劇的かつ継続的に広がっていき、ハイブリッドから学んだ概念を理解することが人生最大のチャレンジとなりました。この仕事を始める前、サイクリングをしながら瞑想をしていたときに、ある考えが頭に浮かんできました。

「障壁は道である」

障壁を乗り越えるための底力を見つけることができれば、障壁に出会ったときこそが真に前進するチャンスになります。私は以前、再生エネルギーの研究者であり、活動家でした。その頃にも乗り越えられるわけがないと思っていた多くの難問を克服してきたので、熱意と戦略がしっかりあれば成功できることは知っていました。それでも、この本を読んでお分かりかと思いますが、今回は別レベルのチャレンジとなりました。

私が最初に戸惑ったのは、ジュジュ（ジョージャリー）・キュータとジャクリン・スミスの言葉でした。私は作家ハンター・S・トンプソンが『Fear and Loathing in Las Vegas』（映画『ラスベガスをやっつけろ』の原作）の中で言う「いにしえの悪の勢力」のような、人間の発展と解放を妨げている悪者がいて、それを倒す助けになるのがハイブリッドだと思っていました。しかしジュジュとジャクリンの二人とも「敵味方はない」という意味のことを言ったのです。私は「何を言ってるんだ？ どんなときも敵と味方があるじゃないか」と思いました。例えば選挙運動など、何らかの主張を持って宣伝運動を行う組織はどれも、一般の人々がその主張に対して相反する意見を持ち、賛成・反対それぞれの側が、望みの結果を得るために資金や資源を自分たちの方に回したいと思っている、という事実に基づいています。宣伝運動の中には、二者の中間点を目指す努力をするものもありますが、多くの場合、ゼロサムゲーム「一方が得点した分、他方が失点するため、参加者の合計得点が常にゼロになるゲーム」です。もし私が、浅はかで猟奇的な悪者に支配されている世界で平和と正義のために戦っているならば、「敵味方は幻想」という考えを、自分の中でどう処理すればいいのでしょうか？　そもそも、「敵味方は幻想」という捉え方で正しいのでしょうか？

それから周波数、振動、光、というアイデア。ハイブリッドと会話をしているとこれらの概念が必ず出てきます。さらに、3次元から5次元への移行という概念を理解しようとしてみてください。平均的な読者は、その難しさを共感してくれるでしょう。この本が少しでも理解の助けになることを願っています。

執筆・編集・製作の責任者としての義務に加えて、計50時間に及ぶインタビューを書き起こして本に使う部分を選ぶ作業も、私が担当することになりました。繰り返し聞くこと、書くこと、編集すること、校正することで、私はこのハイブリッドというテーマに深く精通し、情報を処理して統合する機会を得ることができました。これらの情報は私の潜在意識の中で織られ紡がれていき、次々と意識の上での気づきを引き起こします。しかし、周波数、振動、光など、本質的に経験しないと分からない側面についても、さらなる驚きが待っていました。

ジュジュとの二回目のインタビューの間（ロバート・フロスト・フリントンとの非公式なビデオチャットの翌日でした）、私は細胞が加速しているような状態を感じ始めました。ジュジュがバーバラと話している間、私は何が起こっているのか不思議に思って自分の手を見つめていました。するとジュジュが「ミゲル、手の周りに強いオーラが出てるね」と言うのです。「こういうことって実際にあるのか！」と、びっくりしました。超常現象が本当に起こっていて、ジュジュにはエネルギーが実際に見えているという事実に気づいた瞬間、初めて体でショックを受けました。心を開いてハイブリッドたちの話を聞いてサポートするのと、実際に体験するのとではわけが違います。前日ロバートが「人と接するだけでその人を加速させる」と言っていたのを思い出しました。私は実際にET・人間ハイブリッドによって周波数が上がったのでしょうか？

私がジュジュにこの話をすると、「あなたは今後ますます開放的になっていくけれど、善意があるETばかりではないから、ポジティブなエネルギーだけを受け入れられるように防御が必要だ」と言われました。でもどうしたらいいか分からなかったので、テクニックが必要だなと思っていました。翌日、またサイクリングをしていると、突然マスター・サナンダのビジョンを受け取りました。シンシアが作った彫刻の中にはマスター・サナンダの美しい彫刻もあります。マスター・サナンダは私の胸の真ん中にいて、手を合わせて祈っていました。マスター・サナンダが消えると、そこに残されたのは私がグラストンベリーで買った水晶玉でした。水晶玉は回転しながら光を放射し、目がくらむような白い光になって消えました。「これが私の御守りか！　おかげで心に描けるようになった」と思いました。

自然とつながり、振動数を高く保つことに焦点を当てているジュジュとジャクリンに触発されて、私も窓枠を植物でいっぱいにすることで生活空間のエネルギーを変えました。マット（マシュー）・トーマス、シャーメイン・ディロザリオ・セイチ、ロバートと水晶の話をしているうちに私も水晶に魅せられ、集め始めました。この本の出版プロジェクトを通して私の仕事場はブッダ・神々・天使の像、動物、水晶、曼荼羅がある高振動ゾーンとなりました。生気があふれ、ひらめきを得られる、心安らぐ空間で、私の振動数を高く保ってくれます。私も少しずつマットやシャーメインたちの世界を経験し始めています。

　それでも私はまだ「敵味方はない」という概念に混乱していました。それは私のアイデンティティに反しているように見えたのです。しかし他の概念と同様、理解の助けとなる素晴らしい経験が訪れました。2015年、グラストンベリー・シンポジウムでシャーメインに会ったのが始まりでした。私たちが健康問題について話しているとき、シャーメインが私の両親の住むイングランド南東にいるヒーラーを勧めてくれました。試してみようと思い、その週の金曜日に早速行ってみました。19ヵ月ぶりに両親に会えてうれしかったし、青春時代を共にした級友たちとも会えました。日曜（私の誕生日）にシャーメインの家を訪ね、ヒーラーのアランに会いました。私が心の中で「フレンドリーな存在に私たちのヒーリングを援助してほしい」と頼むと、少し後にアランが「霊的な存在がいる」と言いました。私は驚きましたが意外だとは思わず、それがETかどうか尋ねました。すると彼はキネシオロジーで自身に質問をするという方法で答えを出していきました。

「ETではありませんね……天使のようです……大天使ですね……へえ！　大天使ミカエルだ。これは興味深い。今まで大天使ミカエルが周りにいた人とは3～4人しか会ったことがありませんよ」

　これを聞いて鳥肌が立ちました。私は過去に二度、天使に関する経験をしているのです。そのうち一度は命を救われた経験でした。

　この日までは、私はどういうわけか退行催眠に大きな抵抗を感じていたのですが、翌日バーバラに連絡して天使の経験を思い出すために退行催眠をしてもらうことにしました。

　それが私にとって初めての退行催眠でしたが、最善を尽くしました。ビデオ通話越しでのセッションでも、バーバラは私を催眠状態にすることができました。体は寝ていても心が起きている状態です。起きているといっても、普段とは違う状態でした。通常、私の心の中は様々な意見や感情が飛び交う討論会のような状態です。しかし退行催眠では一つの声しかありません。思考は遅くなり、明確になります。より多くの信号が入り、ノイズが少なくなります。最初に天使のような存在に会った経験は1993年、私はテントの中にいて、その天使らしき存在からダウンロードを受けたようでした。実際の経験をさせることで私の意識をオープンにし、他の存在や領域、意識の状態があることを教えてくれたのでした。そこで会った存在とは何か重要なつながりがあるようでした。

二度目の経験は1994年です。私が夜に車の後部座席に乗っていたとき、対向車線から車が飛び出してきました。その瞬間、私は正面に迫ってきた車のヘッドライトで目がくらみ、次の瞬間には真っ白な光の空間にいました。体はなく、意識だけで、目の前に翼を広げた天使が浮いているのに気づきました。それは素晴らしい光景で、今思い出しても感動します。このビジョンはほんの数秒続いただけで、すぐにすべての音が戻ってきて、私の意識が体に投げ戻されました。衝突事故は起きなかったし、運転手も助手席の人も天使の話などしていませんでしたが、そのことに気づくまで少し時間がかかりました。この話は誰にもしていません。退行催眠で、私が守られていたことを知りました。天使がその出来事を編集して私たちが死なないようにしてくれたのかは分かりません。でも明らかなのは、私が天使たちにとって何らかの意味で重要だということを見せられたということです。「そのことを忘れるな」という、私へのメッセージだったのかもしれません。

退行催眠で最後に質問したのは私の使命についてでした。4～5歳の頃からずっと「自分は何か重要なことをするためにここにいる」という思いがあるのはなぜなのか？　何がその原動力で、私は何に関わっているのか？ 他の誰かが私を操り、私の耳に言葉をささやいているのか？ 私がこの質問をすると、宇宙と星が見え、私は座っている姿勢で、自分が広大な規模で存在しているように見えました。私の後ろや下には、宇宙のお手玉のように、無数の光で構成された意識のフィールド［場］がありました。私がこれらのフィールドに注意を向けると、向こうも私に注意を向け、次第に大きくなるささやき声が聞こえました。すべての声が私に話しかけているようで、聞くうちにどんどん声が大きくなりました。サプライズの誕生日パーティーのような、思いもかけない素晴らしい交流でした。私はうれしさと驚きのあまり笑い出しました。爽快で啓発的な体験でした。かつてなく自分がつながっていると感じました。私はそれまでも、すべての存在は一つの意識から成り、人類が抱える問題の核心はそれを無視しているために起こるのだと信じていました。この交流が、その考えを後押ししてくれました。

次に私の意識は別の場所に移り、自分の肩越しにフィールドを見ているような感じになりました。私の後ろには無限に続くシルエットが並んでいました。二本足、そうでないもの、エネルギー体など様々です。そして気づきました。彼らは私の過去生です。思考が次々と重なり合ってきました。「それぞれの転生が一生を振り返り、次の転生で何に取り組むかを決める。だから『私は誰のためにこれをやっているのか？』の答えは『私自身』なのだ。次の生での使命を決めたら、使命を果たすために必要な体の形を選ぶ。体は単に道具だ。そう考えると人種差別の無意味さがよく分かる。こうしてどんどん前に進んでいくのなら、それぞれの人生で達成できなかったことで自分を責める必要はない。終わりのないレッスンだということを理解し、最善を尽くすのみだ」

他にも、私と他の知的存在とのつながりについて重要な気づきがありましたが、退行催眠が終わる頃には、かつてないほど平和な気持ちでした。そしてようやく「敵味方はない」という視点に対する洞察が得られた気がしました。多次元的な創造のメカニズム、存在のサイクル、使命と形態の変化など、この壮大な計画の中で私たちは様々な役割を果たしています。自分対相手、という定義は狭い視野でしか成り立ちません。敵と味方はありますが、単に私たちがどちらの役割を選んだかにすぎません。転生前に魂が合意したのです。シンシアがこの考え方について詳細に説明しています。

ジュジュは「光は何かに反対するのではなく、光そのものを提供するだけ。いつでも使える。光の中に戦いや戦争はない。争いは低いエネルギーの産物」と言っていました。でももし光の存在である私たちが何らかの役割を演じているだけなら、どんな役割であろうがすべてがポジティブなエネルギーということにはなりませんか？　ジャクリンが「真珠が異物への抵抗によって作られるように、低い周波数を持つ人たちは摩擦を生み出すことで、みんなが自分の本質を思い出すのを助けている」と言ったのは、これと同じ見解のようです。私は相変わらず、複雑なアイデアや経験を誰もが理解できる枠組みにはめようとしているようです。この「二極性の世界」で光の役割を受け持っている人たちは、この考え方を使ってもっと光を作り出すことができます。でもやはり「善」と「悪」は相対的な用語です。この惑星に毒をまき、金持ちをもっと裕福に、貧者をもっと貧しくしたいと思っている人にとっては、それに反対する人が「悪」ということになります。

翌日、そのことを熟考しながら「ブック・ダウジング」をすることにしました。棚からランダムに本を取り出し、ランダムなページを開いて、私が知る必要のあることが書かれているかどうかを見るのです。私が選んだ本はナショナルジオグラフィックの世界の神話に関する本で、開いたのはヒンドゥー教の聖典バガヴァッド・ギーターのページでした。この本の編集者は数ある物語の中からクリシュナ神がアルジュナ［聖典に登場する英雄］にカルマ・ヨーガ［古代インド発祥の修行法ヨーガの種類の一つ］について語る物語を選んでいて、「本質的に結果を気にすることなく義務を遂行すること」と述べていました。これです！　まさにそのときに読む必要があったものでした。それは私に「戦わない」、つまり相手に勝つという結果を求めないという概念について新たに考えさせました。私はただ本書を世界に提供するだけであり、結果への執着や、あるいは本書を使って闇を打ち負かすというような考えはありません。本と、著者としての私自身は、光として、ありのままだけを提供しなくてはなりません。

結果を気にせず義務を遂行するという概念はまた、「証明」に対する私の考え方にも影響を与えました。私は当初、本には十分な説得力が必要で、どんなに懐疑的な人の心にも刺さるようにするべきだと思っていました。でも今は、そういう考え方は邪魔だと思っています。私は再生可能エネルギーの活動をしていたとき、ある政策を支持していました。一般の人々が再生エネルギーについてもっと考えるようになり、世界中の世帯主、農家、地域社会などが再生エネルギー事業に出資できるようにするには、その政策が一番いいと思っていました。しかし政策は間違った方法で宣伝され、与えられた管轄区域の中で最善のやり方を選ぶという、熱意のない政策として誤解されてしまいました。「どの政策を支持するか」という問題が本当の問題からずれていたと気づくまで、長い時間がかかりました。エネルギーの生産、収入の流れ、エネルギー製作そのものについての議論を「誰がコントロールするか」というのが本来のポイントです。ですから、ＵＦＯやＥＴが実在することを証明するための討論は、本当に大切なポイントである「ＥＴが人間と交流することの意味」を考えるのには邪魔になります。ここでもやはり「誰がコントロールするか」が一番重要なポイントです。エネルギー論争と同様、結局のところ、金と権力に行き着きました。ほとんどの政策が同じだと言っていいでしょう。

しかし、ここで私が最も心配しているのは、人間の意識です。ＵＦＯやＥＴが存在せず、人類と交流していないと主張する人たちは、だいたいが物質主義者か、あるいは人類よりも優れた知性、能力、技術を持つ存在に脅威を感じている人たちです。なぜこの話題が抑制されるのかという問題については今ではすっかりおなじみですが、私は、民衆をコントロールすることが主な目的だと思います。ＥＴから得る現実は、その現実を経験した者たちに大きな影響を及ぼし、彼らの心は人間文化の限界と支配者たちから解放されます。極端な物質主義者にとって、物質主義からの解放や悟りほど脅威になることはありません。

私はもう誰かに何かを納得させる必要はないと感じていますが、情報が本物かどうかについての私の意見を共有します。得た情報を実際に経験することで真の知識を得られるとするならば、この本が提供するのは情報だけです。でも上述したように、あなたが経験に対してオープンであれば、様々な方法で、案外早く、知識を得ることができます。

私は、洞察を得られる情報が本物の情報だと感じます。経験がなければ洞察力は生み出されません。嘘から洞察は生まれません。誰かが「親友が死んだ」という嘘をついているとします。彼は繰り返しその話をします。でも本当にそういう悲しい経験をしたことがある人は、何年も、ときには何十年もかけて気持ちを整理し、その事実と向き合って生きていくことを学び、親友との関係について考える新しい方法を模索します。今頃どこにいるんだろうと考えたりもします。そうするうちに何か大切なことを理解し、その経験がその人を変え、世界観を変えます。恍惚を味わう経験も同じですし、他の経験もある程度は同じです。実際に起こることだけが洞察力を与えてくれます。ハイブリッドとの会話は、私に洞察力を与え続けました。ときには一人から得たのと同じ洞察を他の人から得ることもありましたが、それはまれで、ほとんどの場合はそれぞれの人からユニークな洞察を得ました。そういう意味で、私はハイブリッドたち全員がそれぞれ自分の言っていることを信じていると確信しています。

では、ハイブリッドたちが嘘をついていないなら、彼らは妄想に囚われているということでしょうか？これほど大規模で複雑な妄想の世界に生きながら、社会で機能していけるものでしょうか？私の知る限りでは、ハイブリッドたちは今日まで妄想的な様子を見せず、何の問題もなく社会生活を送ってきています。

現代の西洋科学的な基準を満たす証明を求めようとすると、物質的なことに囚われてしまいます。これは完全にポイントが外れています。ハイブリッド現象やアセンションはスピリチュアルで、経験によって理解できるものです。カルロス・カスタネダ［アメリカの作家。呪術師のもとで修業をした経験を書いた著作で有名］の本に深く影響されていた私のかつての同僚を思い出します。彼女にその情報の正当性を尋ねたとき、彼女は「アイデアと実践が大切であり、私は実践によって人生が変わった。重要なのはそこだ」と言い、本から学んだ明晰夢を見るテクニックを教えてくれました。夢の中で自分の手を見る、という方法です。おかげで私は一週間もしないうちに素晴らしい明晰夢を見ることができ、夢の中でその彼女を呼び出すことにも成功しました。同じ日に、夢が始まったのとまったく同じ場所に自分がいるのに気づきました。ロンドンのレスター・スクエアです。そのことに気づくと同時に、スクエアの向こう側にあるオデオン劇場の方をふと見ると、女性のハレー・クリシュナ〔ヒンドゥー教の神クリシュナを崇拝する宗教団体、クリシュナ意識国際協会〕の信者がいました。彼女も同じタイミングで顔を上げ、私を見ると真っすぐこちらに向かって歩いてきました。簡単な挨拶だけすると、彼女はアストラル・プロジェクションの本を私に見せてきました。私は驚き、ほんの3時間前に初めてその経験をしたばかりだと告げると、彼女は間髪おかず「あなたには神秘的なパワーがある」と言いました。

私が言いたいのは、教えられた知恵と個人的な経験から得た知恵の両方に対してオープンでいることは、あなた自身や、あなたが影響を与える人々にとって有益だということです。新しいアイデアやテクニックを使う準備ができていれば、人生が変わるような経験をすることができます。私は下書きと編集の過程を通して本書を少なくとも数十回読んでいますが、そのたびに初めて読んだかのような気づきがあり、ポジティブな影響を受けています。それはすべての読者にとって同じであると確信しています。読者の皆さんが気づきを得て、ポジティブな影響を受けられることは、この仕事に貢献した私たち全員にとって非常に意味のあることです。

バーバラとの二回目の退行催眠で、私は今世での使命について探求しました。その答えは「美しい真実を発見し、共有すること」でした。私の魂が深く呼吸をしているとき、私は自分の使命を果たしているのだと学びました。この本の出版プロジェクトは非常にパワフルで多次元的な経験となりました。理解するのに何年もかかるでしょうし、それだけで本をもう一冊書けそうです。それでも今、私の魂はかつてないほど深く呼吸をしています。

## バーバラ・ラムの旅

私は昔からずっと何らかの方法で人の役立つことをしたいと思っていましたが、人助けに関する職業の中で特に惹かれるものはありませんでした。アメリカ北東部のニューイングランド地方にある名門女子大学で哲学の文学士号を取得し、プロテスタント教会の牧師と結婚し、子供を持ち、ダンスセラピストと太極拳の先生になり、やがて夫婦セラピストとファミリー・セラピストの資格を得て大規模なカウンセリングセンターを指揮することになり、深い意識状態を使ったセラピーに取り組むようになりました。その後、前世療法国際研究協会による5年間の集中的なトレーニングを受け、前世療法を自分のセラピーに取り入れ始めました。この間ずっと、ＵＦＯや地球外の現象には関心がありませんでした。ＳＦの世界の話だと思っていたのです。

１９８３年、ヘレン・ウォンボー博士のワークショップで退行催眠を受け、今生に生まれ変わる準備をしている段階の、魂だった頃の自分に戻りました。博士に「今回生まれ変わってくる目的に注目しなさい」と言われたとき、私はすぐにそれが「人々に事実を示すこと」だと分かりました。この「事実」とは、私たちはみんな霊的領域から来た魂で、様々な人生に転生すること、それに無数の魂が、人間だけではなく様々な存在として転生を繰り返す、という事実です。当時は地球外生命体という呼び名をまだ知りませんでしたが、人間以外の存在がいることは退行催眠を受けた人たちからの情報で知っていたので、その事実を人々に広めようと決心しました。その決心が何につながるのか、数十年後になるまで分かりませんでした。

　1988年、前世療法士になるための5年間のトレーニングの最後の年に、トレーナーが言いました。

「プロの前世療法士になると、人間以外の奇妙な存在から訪問を受けたと言ってくるクライアントに会うことがあるかもしれません。そういう人たちは混乱していたり、トラウマを抱えていたりします。連れ去られた間に起こったことの詳細を退行催眠で知りたい、と言ってくる人もいるでしょう」

　トレーナーは地球外生命体やUFOには言及しませんでしたが、私はこれを聞いて驚き、認知的不協和［自分の中で矛盾する認識が起こったときに持つ不快感］を経験しました。そしてトレーナーがこれを言った直後に、私の頭の中ではっきりとした、大きな声が響いたのです。

「バーバラ、この話をよく聞いておきなさい。これがあなたの仕事になるんだから！」

　この声に私はさらに驚き、そのような経験をしている人が本当にいるのかどうか確かめたくてUFOやET現象について調べ始めました。

　1991年のある朝、私は考えていました。

「ETと人間の出会いは実際に起こっていると思う。私の退行催眠療法で体験者たちを助けることができそう」

　私はそれまでの調査で、UFOを目撃したりETと会っている人が世界中に大勢いることを確信していました。その二時間後、形而上学の本を専門とする書店に行くと、店員の女性が声をかけてきました。私が退行催眠療法士であることを知っていて、その女性の21歳になる娘に会ってもらえないかと言うのです。ひどいトラウマを抱えていて、夜になると娘さんの部屋に人間ではない存在が入って来て、娘さんに何か変なことをしていると言います。私は同意し、６回の退行催眠セッションをした結果、毎回違う種類のＥＴとの体験が浮かび上がってきました。これらのＥＴは、彼女が抱えていた深刻な耳の感染症を癒したり、彼女の生殖細胞を使ってハイブリッドの赤ちゃんを作り出したりと、彼女に様々な処置を施していました。宇宙船から青い光のビームを発射して彼女のひどい腰痛を癒したこともあり、これについては彼女の姉による目撃証言も得られました。すると最後のセッションの後、彼女はニコニコしながら堂々とした雰囲気で私のオフィスに来て言いました。

「今は、私がＥＴたちに選ばれたことが光栄だし、ありがたく感じます。もう怖くないから、また来てほしいです」

これには驚きました！

それが私にとって初めてのＥＴ／ＵＦＯ現象でした。なんて素晴らしい経験でしょう。同じような悩みを持つ人が来たら、きっと助けられると思いました。でもまさかこれほどまで忙しくなるとは、当時は想像もしませんでした。この原稿の執筆時点で、過去24年間の退行催眠のクライアントの数は１７００人、退行催眠の回数は２６００回にのぼります。１９９４年には月例のＥＴ／ＵＦＯ体験者の支援グループを始めました。このグループは今でも続いています。１９９０年代に国際ＵＦＯ会議でこのような支援グループの必要性を紹介してからは、他の多くのＵＦＯ協議会でも支援グループが作られるようになりました。ＥＴとの出会いについて、協議会、ラジオ、テレビ、映画のインタビューなどで話すことは、私にとっての喜びです。私は、ＥＴと人間の出会いやハイブリッドなどのテーマがごく一般的な話題になり、人々がＥＴやハイブリッドに対して敬意を持って接する世の中になることを目指して努力しています。

この仕事にさらに深く関わるようになると、私自身にもETとの出会いが訪れました。私は1991年以降、ミステリーサークルを研究するために毎年夏になるとイギリスに行っていたのですが、1994年、私のクライアントの一人であり、ET／UFO体験者の女性によるチャネリングを通して、アンタレス〔別名さそり座α星。主星アンタレスAと伴星アンタレスBからなる連星〕からのETと話すという素晴らしい機会に恵まれました。そのETは、私が望めばミステリーサークルを作るところを見せてくれると言いました。私はETに教えてもらったコンタクト方法に従い、ETの宇宙船に乗り、ミステリーサークルを作るところを見せてもらいました。翌日、ETたちが作ったミステリーサークルは本当にあり、それを最初に発見したのは私でした。

数年後、カリフォルニアの高速道路を運転中に車ごと連れていかれ、フレンドリーなETから私の脳に直接、情報のダウンロードをされました。私のET／UFO体験者のクライアントたちがETとの出会いから学んだことや、ETとの出会いが彼らにどのように影響を及ぼしたかについての情報です。メインのETが質問に答えてくれて、膨大な量の情報を得ることができました。このとき私に退行催眠を施し、ETに質問してくれたのはドロレス・キャノン〔退行催眠療法士。UFO研究者としても有名〕です。

それから二年ほど経った後、ある午後、男性のレプティリアンが私の家の居間に現れました。私はすぐにそのレプティリアンに近づき、数分間彼の手を握りました。その後に受けた退行催眠で、そのレプティリアンは親善大使になるために生まれ、私の意識がはっきりしている日中に私の前に姿を見せてくれたのだと言っていました。人々のETとのコンタクトが事実であることを、私に信じさせるためでした。

一番最近の体験は2008年、このときも午後で、私は家の屋根を抜けてピンクがかった霧が立ち込めるエーテル界のような場所へと連れていかれました。そこにはひょろっと背の高い、美しい、ほとんど透明なETが10人ほどいて、私と共著者のネイディン・レイリッチが『Alien Experiences（エイリアンとの遭遇体験）』という本を書き終えたことをそのETたちが非常に喜んでいることを伝えてきました。さらにこう強調しました。

「宇宙には他の存在がいて、人間と交流していることを地球の人々に知らせるときが来た」

私は退行催眠を通して知り合った素晴らしい人々から、様々なET種、それらが人間に対して行う多くの医療処置、彼らが人間を癒すこと、彼らが行う教育と訓練、それと彼らの影響によって起こる意識の向上について学びました。また、ETたちが人間の女性と男性を使って様々な方法でETと人間のハイブリッドを作っていることと、これらの人間の多くが、宇宙船に住んでいる彼らのハイブリッド・チルドレンと関係を持っていることも学びました。私は徐々に、クライアントの中にはハイブリッドがいるかもしれないと考え始めました。自分がハイブリッドではないかと疑っている人もいたし、接触のあるETから確認が取れた人もいました。2011年のMUFONシンポジウムで講演を依頼されたのをきっかけに、私は過去のファイルをくまなく捜し、ETと人間のハイブリッドについてさらに研究を深め、見つけた情報に完全に魅了されました。

2011年より前に、大きなUFO協議会で初めてシンシア・クロフォードを見かけました。普通の人より大きな美しい目をしていて、珍しいエネルギーを発していたので、私は彼女がハイブリッドだと直感し、話しかけました。

「気を悪くしないでくださいね。でもあなた、ハイブリッドみたいな雰囲気ですね」

するとシンシアは自分はハイブリッドだと答え、その瞬間から私たちは親友になりました。その一～二年後、ある会議である女性を紹介されました。私は彼女を見てすぐ言いました。

「気を悪くしないでくださいね。でもあなた、マンティスみたいな雰囲気ですね」

すると彼女が答えました。

「さすが！　その通り、私はマンティスですよ」

さらにもう一人の女性と同じような出会いがあり、その女性はレプティリアンのハイブリッドでした。

この非常に興味深いET現象の中でも、私にとって一番魅力的なのはハイブリッドの研究であることが徐々に明らかになってきました。ハイブリッドの中には、かなりの割合のETのDNAを持っていて、ET仲間とコンタクトを取り続けながら地球に人間として住んでいる人がいます。私はそんな人たちに特に感謝の気持ちを覚えます。カリフォルニア州パームスプリングス近郊でハイブリッドとET／UFO体験者の内輪だけの集まりがあり、うれしいことに私も招待を受けました。この集まりはワイオミング州ララミーとアリゾナ州フェニックス近郊でも行われました。このグループは「IHCI（人間と宇宙の交流研究所）」と命名され、ETおよびハイブリッドと人間の交流について一般の人に教えることを使命としています。私の一番の興味がハイブリッドの研究であることは明確で、いつかハイブリッドについての本を書きたいと思っていましたが、忙しいスケジュールの中でその時間を見つけるのは不可能に思えました。でもあきらめてはいませんでした。

過去数年の間に、ダリル・アンカのチャネリングによってバシャールというETから「ハイブリッド・チルドレンがいる」と告げられた複数の女性の退行催眠を行いました。彼女たちは意識的にＥＴと会った記憶はありません。どの女性もハイブリッド・チルドレンがいることを喜んでいて、子供たちに会いたいと望んでいました。地球で育てたいという人もいたし、せめて直接会ってできるだけ子供のことを知りたいという人もいました。過去に退行催眠を行った別のクライアントも、男女を問わず、自分のハイブリッド・チルドレンに会って関係を築きたいと言っていましたが、子供たちは地球で生きていくには人間の部分が足りず、宇宙船で暮らしているのだと退行催眠セッションで言われていました。私のＥＴ／ＵＦＯ体験者のサポートグループにいる女性二人はハイブリッド・チルドレンに非常に献身的で、ウェブサイト hybridchildrencommunity.com を立ち上げ、ハイブリッド・チルドレンが宇宙船から来て安全に暮らせるように、地方の広大な土地を探しています。

このような経歴と経験から、ミゲル・メンドンサが「地球で人間と一緒に暮らしているハイブリッドについての本を書きたいので協力してほしい」と私を誘ってくれたときは、本当にうれしかったです。私はシンシア・クロフォード、ロバート・フロスト・フリントン、ジャクリン・スミスとすでに知り合いだったので、彼らにインタビューすることを勧めました。それからシンシアがジョージャリー・キュータとヴァネッサ・ラモートを提案し、ミゲルがイギリスでシャーメイン・ディロザリオ・セイチ、マット（マシュー）・トーマス、タティアナ・アモーレを見つけました。あともう二人、知り合いのハイブリッドを追加しようかとも思いましたが、最初の本を書くには十分な資料がすでに集まっていました。

それぞれのハイブリッドがこのプロジェクトに参加できたことに感謝の意を表してくれました。私たちも、彼らがオープンに知識を共有してくれたことに感謝しています。彼らは、ＥＴのユニークな視点と、ハイブリッドとして地球に住んでいる彼ら自身の経験、特に地球での使命について共有できる場所を与えてもらったことに感謝しています。彼ら一人ひとりが本当に美しい存在であり、本物の無償の愛、高い周波数、善意、精神的なインスピレーションを共有してくれました。彼らは普通の誠実な人のように見えますが、ヒーリング、人にインスピレーションを与える仕事、直感、知識、知恵のどれを取っても人並外れています。この本のインタビューを受けたことで、彼らの地球での経験、ETからの訪問、宇宙のどこから来たか、本当の家族は誰か、それと今このときに地球にいることの重要性が、一層明確になったと言う人もいました。彼らがお互いにつながり、より多くのハイブリッドとスターチルドレンが集まれるよう望んでいるのは素晴らしいことだと思います。

本書に協力してくれたハイブリッドたちは私の日々の経験に深い感謝をもたらしてくれました。次に記すすべてに感謝します。自然とすべての生き物、可能な限り高い周波数でいること、ハートで生きて、より多くの愛を表現すること、宇宙の展望を広げてくれたこと、宇宙や他の次元に住む存在に一層の感謝を持たせてくれたこと。以上です。彼らからはアセンションのプロセスについても多くを学びました。それまでは話に聞くだけであまり興味がなく、理解していませんでした。彼らは人類の弱点や残虐行為に対してさえ批判的な見方をせず、人類を正確に捉えています。私は今まで人類に対して失望と嫌悪感を抱いていました。戦争・貪欲・利己主義・競争、互いを傷つけあう行為などからまだ抜け出せずにいるのですから。でもハイブリッドたちのおかげで新たな視点で人類を見ることができるようになりました。

ミゲルとハイブリッドたちに行った退行催眠では、彼らに起こった重要な経験の詳細が明らかになり、非常に興味深かったです。私がこれまで行ってきたETや異次元の存在に関する退行催眠と同様、今回もさらに多くの学びがありました。

ジャクリンのスター・オリジン・リーディングは私にとって特別な宝物でした。ジャクリンが挙げた存在の中には私が強く共鳴するものがありました。私が一番最初に生まれてきたのは光の天上界で、これは自分の内部で光が爆発するという、私が過去に経験した珍しい、私にとって特別な経験とマッチしました。私の周りにマンティスが見えると言われたとき、私はマンティスたちの存在を強く感じました。ジャクリンがマンティスの言葉を話してくれたときはワクワクしました。その言葉で私の名前を発音してくれて、私が本当の家族とコンタクトを取りたいときはその名前を声に出して言うといいと教えてくれました。過去生でマンティスだったことがあると聞いたときにはうれしかったです。何年もの間、私はマンティスに対して強い愛情を感じていましたが、私がマンティスだったことは知りませんでした。また、プレアデス人としての過去生が何度かあったことも分かりました。ここ30年以上、自分がプレアデス人だと認識していたので、これも満足する答えでした。

ジャクリンは、宇宙のどこで私たちの魂が最初に生まれてきたのかということと、私たちのETとしての過去生のいくつかを「見る」能力を持っています。「多くの人がETである過去生を持つ」という私の退行催眠の結果を裏付けてくれるので、私はジャクリンのこの過去生を見ることができる能力にとても感謝しています。私が過去生で仲間だったETを知ることができて満足ですし、ジャクリンがくれた情報と、私が以前から興味と親しみを持っていた特定のET種がマッチしていました。ジャクリンも他のハイブリッドたちも、なんて素晴らしい能力を持っているのでしょう！

私はこの本のプロジェクトの途中で二回、脳卒中を経験しました。そのためイングランドで開催される毎年恒例のミステリーサークルツアーや、その他の人気イベントなど、多くの予定をキャンセルしなくてはなりませんでした。療養していた数週間で唯一した仕事が、この楽しいハイブリッドたちとの長時間にわたるビデオ通話インタビューと、ミゲルとの会話でした。ミゲルとは一度に4時間以上話すこともありました。全員の地理的な距離と時間帯の違いにもかかわらず、私たちのやり取りは非常に興味深く内容の濃いものになり、それぞれのインタビューで特別なエネルギー、高い周波数、インスピレーション、洞察を得ることができました。私はプロとして催眠療法士というこの仕事を続けていく自信を取り戻し、この人生を続けようという決意も強まりました。ハイブリッドたちから受けたヒーリングによって脳の血管が新たに形成されたと感じます。このプロジェクトに参加したおかげで私は順調に回復できたのだと信じています。それぞれのハイブリッドから有益な視点を学び、愛を感じました。このプロジェクト全体と、私の人生で大切な存在となった素晴らしいハイブリッドたちに感謝しています。

本書に登場するハイブリッドたちに出会う前から、私はＥＴに関する退行催眠を数千回行ってきました。おかげで私の頭はすっかり柔らかくなり、新たな理解への展望が開けました。さらに、私たちの研究においてそれぞれのハイブリッドと話すことで、私の視点と感謝の念は飛躍的に拡大しました。おかげで気づいたのです。ＥＴと人間の交流についての私のそれまでの見解は、ハイブリッドたちから学んだ視点が大学院レベルだとしたら、まるで幼稚園レベルでした。ハイブリッドたちはワンネス、無償の愛、「源」についての宇宙的な理解、それとアセンションに重きを置いています。今、私はこれまで以上に確信しています。人間を怖がらせる、自分の利益だけを考えているＥＴだけでなく、宇宙には光り輝くような、慈悲深い、愛情のある、精神の進化したＥＴが様々な次元にいて、使者としてハイブリッドたちを地球に送り、人類を助け、啓発しています。この本を出すためのハイブリッドたちとの仕事は、私にとってかけがえのない旅となりました！

# 全体像

この本を読んだ人はそれぞれ違う感想を持つでしょう。情報がたっぷりあるので、誰もが何か学ぶことがあるはずです。読者それぞれが独自の方法で学び、それぞれのタイミングでそれぞれ違う情報に共鳴するでしょう。この本を10回読むと、毎回違う発見があるはずです。読むたびに理解が深まると思います。ハイブリッドたちが何度も言っていました。彼らが提供しているのは今の時点で分かっていることだけ、つまりパズルのピースにすぎない、と。では彼らのパズルピースをはめていくと、どんな絵が見えてくるでしょうか。中心はこんな感じになるようです。

宇宙にいる生命体は人間だけではない。
ホモサピエンスはハイブリッドである。
現実は多次元である。
サイキック現象は現実のものである。
私たちは多次元的な進化の過程にある。
時間という概念は錯覚である。

すべてはつながっている。
神はすべてのものであり、すべての人である。
私たちは皆、不滅の魂である。

人類が抱く大きな疑問の答えのほとんどがこの中にあります。地球に人類が現れたときから、私たちは人間の本質とは何か、現実とは何か、ずっと考えてきました。「答えを与えられるのは我のみ」と主張する人々は莫大な権力を要求し、乱用してきました。その結果、答えをめぐって人々の分離が進み、歴史を通して何百万人もの命が犠牲になりました。ハイブリッドたちはその答えを利己的な理由ではなく、人々の教育と解放のために提供してくれます。

アセンションの核となる考え方としては、「物質から非物質への移行」であると考える人と、ロバート・フロスト・フリントンが言うように「この惑星での人生の新しい表現」と考える人とで意見が分かれました。

しかし両者に共通するのは、アセンションはフラクタル（全体像とその一部分が相似の性質を持つこと）であるという考え方です。つまり、すべての存在がそれぞれ独自のアセンションに独自の規模で取り組んでいて、その規模が大きいほど、全体的なアセンションへの貢献も大きくなるという意味です。

宇宙からの視点をいったん脇に置いたとしても、ハイブリッドたちのメッセージが地球で何千年もの間伝えられてきたことに気づくでしょう。「愛」と「ひとつ」というメッセージは、多くの人によって説かれてきました。権力を欲する人は、自分の欲望を正当化するためにこのメッセージを使う傾向があります。権力を欲する理由は人によって様々ですが、スピリチュアリティと道徳心が欠乏していることは明らかです。「愛」と「ひとつ」というメッセージは、その意図が純粋であるならば、見返りを求めません。目的はないのです。すべての人が成長するためのメッセージです。

人はそれに共鳴するか、しないかのどちらかです。共鳴しない人については、ハイブリッドたちは「人々が自分のペースで自由に進化し、好きなときに好きなだけ学べばいい」とよく言っていました。それぞれの転生は、ワンセットの経験にすぎません。シンシア・クロフォードはインタビューと普段の会話の両方で「私たちは経験するためだけに地球にいる」と何度も言っていました。ロバートも「善悪はなく、ただ経験でしかない」と言っています。

ジャクリン・スミスは、私たちが果たす二元的な役割について、こう述べています。〈真珠が異物への抵抗によって作られるのと同じです。低い周波数を持つ人たちは摩擦を生み出すことで、みんなが自分の本質を思い出すのを助けているというのが私の捉え方です。みんなで協力してこのプロセスを作り出しているのです〉

ハイブリッド化計画に闇の側面があることを否定する人はいませんでしたが、様々な見方がありました。闇を引き付けたくないので注意を払わないという人もいれば、それは視点と解釈の問題であり、人々が思っているよりポジティブな現象かもしれないと言う人もいました。振動を高め、白い光で自分を囲むことによって闇が近づかないようにしている人もいます。ここでもまた、より広い視野で考えると、個人のアセンションが全体のアセンションにつながるという考えに戻ります。上なる如く、下もまた然り。

ハイブリッドたちのメッセージの素晴らしいところは、人間以外の生命体にまで意識を広げられないという人にも、基本的なレベルで毎日の生活に役立つスピリチュアルな知恵を届けられるところです。「私たちは経験するために地球にいる」「私はこの肉体ではないし、この人格でもない。私は創造の美しい光。神の愛だ」といった、物質や肉体を超えた考え方を心に留めておくことで、解放感を得ることができるでしょう。

このような考え方は現実と自分自身に対する視点を大きく広げ、人間生活の日々のごたごたに囚われるのを防いでくれます。人々の価値観がますます物質主義的になってきている中で、苦悩を引き起こす原因となる執着心や依存心を持たずに生きる方法を教えてくれるのです。苦悩を引き起こす原因となるものには人生そのものも含まれます。人は一度しか生きられないと信じていると、「生きているうちに欲しいものを全部手に入れられるだろうか」と考えて不安になります。中には「人生は永遠に続くわけじゃない。苦しみはいつか終わる」と考えて慰められる人もいるでしょう。しかし「この人生だけがすべてじゃない」という考え方も、同じくらいの慰めになります。

人間以外の知的生命体が実際に存在して、様々なレベルで人類と交流していることを認めると、視野の拡大が次の段階に進みます。ETからのコンタクトは、チャネリングによるメッセージ、サイキックガイダンス、ETによる訪問、ハイブリッド化計画など、肉体的または非肉体的なレベルで行われます。「誰でもETとコンタクトが取れる？」の章で説明したように、ETと直接つながる方法は複数あります。どんなコンタクトになるかはあなたの準備ができているかと、どんなエネルギーと意図を持っているか次第です。また、魂の合意の内容も関係してきます。

ここが厄介なポイントです。ハイブリッドがよく言及する「魂の合意」は、私たちの人生がある程度決まっていることを示唆しています。しかし、それが気に入らない場合は？ 利己的なＥＴと関係を持つことが魂のレベルで合意されていたけれど、それを変えたいという場合、どうしたらいいのでしょう。耐え抜いて、そこから学ぶべきことを見極めるか、それとも自分の振動を高めて保護を呼び出し、寄せ付けないようにすべきでしょうか。どちらにせよ、人生でネガティブな経験をしたときこそが成長するチャンスだと考えれば、利己的なＥＴに対処することで嫌でも成長させられるでしょう。私たちが経験のためだけに地球にいるのならば、この前向きな視点を受け入れるのがよさそうです。方法にこだわりすぎてはいけません。

現実をこのように大きな視野で見るならば、永遠なのは魂と、時空を超えた魂の旅です。シンシアによる「『源』が分身を作ってすべてを新たに経験する」という表現は、魂の旅という概念と一致しています。人間の姿をしていると魂は別々に見えますが、皆の意識が一つに団結するのを感じるときもあります。スポーツの試合で味方のチームが得点したときにファンたちが一斉に歓声を上げたり、コンサート会場で数千人が一斉に合唱したときなどに、グループ意識を経験することがあるでしょう。

ラリー・ドッシーの本『One Mind（ひとつの精神）』では、「共用の知能を網羅する無限の次元」というアイデアを複数の角度から徹底的に検証しています。ドッシーは、予知、遠く離れた人との意思や感情の共有、なくした物を奇跡的に見つけるなど、多くの人がこれを違う形で経験すると説明します。数々の科学者、予言者、賢者が「意識の非局所性は分かりやすい形で人間の間に存在している」という結論に行き着いています。

「意識の優位性」については、トリッシュ・ファイファーとジョン・Ｅ．マックによって編集された名著『Mind Before Matter（物質以前の精神）』で探求されています。様々な分野の20人の思想家によるショートエッセイで、意識が二次的（物質の派生物）ではなく一次的であるということを説明しています。

意識の性質に関するこれらの研究は両方とも、ハイブリッドによって共有される情報、特にサイキック現象、魂の合意、より高い次元をアストラル体で旅する、距離に関係なくガイドとつながる、といった能力と一致します。

私たちが不滅の魂で、すべてを生み出す一つの意識の一部であるならば、どんな人生を選ぶことも可能です。私たちは真に「ひとつ」であり、全員が創造主です。神秘主義者、探求者、聖人たちは何世紀にもわたって、現実を超越するような体験を通してこの理解に至りました。神を知ることは私たちの本質を知ることであり、その逆も同じです。

人類が皆ハイブリッドであるという考えと、私たちの魂が人間以外のものとして転生したことがあるという考えを受け入れると、さらにワイルドな展開になります。私たちは皆、宇宙人だということです。「私たちはひとつ」という考えを持つことは、人類の将来にとって非常に意味のあることです。現在、地球の自然環境はどんどん破壊されています。私たちが究極的には一つの団結した魂ならば、必要以上に資源を採取する理由はないはずです。それは自分から採取しているのと同じことなのですから。

私たちが様々な側面を持つ一つの集団的な自己であることを理解すると、「違い」を讃え、そこから学べることに感謝することができます。

創造主として、私たちが創造できる現実の可能性は無限です。解放された心とオープンなハートを持っていれば、好きなやり方を選んで自分の現実を経験することができます。

それでもまだ私たちは他人にとって有害な方法で行動するでしょうか? まだ害を生み出す役割を果たす必要があるでしょうか? ワンネスを理解するポイントまで到達することで、私たちは境界線を超え、天国のような場所に入れるのかもしれません。みんなで同じ天国を共有するには、そこに入るときに私たちが「ひとつ」でなければ共有は成立しませんから。

読者の皆さんは、この本を読んでそれぞれ独自の経験と理解を得るでしょう。役に立つアイデアや実践方法が見つかれば幸いです。核となる部分は、「愛すること」と「つながること」。これは誰もが聞いたことのあるメッセージでしょう。しかし今回、このメッセージはET・人間ハイブリッドを介して宇宙から伝えられました。ジャクリンが言うように、そして彼らもまた、私たちです。

〈どっちの味方、というのはないのです。自分と違う側にいると思っている人だって「私たち」なのですから〉

# 推薦図書

※邦訳出版されている本のみ邦題を記載しました。

Andrews, A. and Ritchie, J.
Abducted: The Ture Story of Alien Abduction

Boylan, Richard
Close Extraterrestrial Encounters: Positive Experiences With Mysterious Visitors

Browne, Sylvia
Life on the Other Side

Browne, S. and Harrison, L.
The Other Side and Back

Bryant, A. and Seebach, L.
Healing Shattered Reality: Understanding Contactee Trauma

Cannon, Dolores
The Custodians: Beyond Abduction
The Three Waves of Volunteers and the New Earth
ドロレス・キャノン『人類の保護者――ＵＦＯ遭遇体験の深奥に潜むもの』（ナチュラルスピリット）

Carroll, Lee
Kryon series
リー・キャロル『クライオン』シリーズ（ナチュラルスピリット）

Colli, Janet Elizabeth
Sacred Encounters: Spiritual Awakenings During Close Encounters

Dennett, Preston
Extraterrestrial Visitations: True Accounts of Contact
UFO Healings

DeRohan, Ceanne
Right Use of Will series

Dossey, Larry
One Mind: How Our Individual Mind Is Part of a Greater Consciousness and Why It Matters

Fowler, Raymond E.
The Andreasson Affair: The True Story of a Close Encounter of the Fourth Kind
The Watchers

Gilbert, Joy S.
It's Time To Remember: A Riveting Story of One Woman's Awakening to Alien Beings

Greer, Stephen
Extraterrestrial Contact: The Evidence and Implications

Hopkins, Budd
Intruders: The Incredible Visitations at Copley Woods
Missing Time
Witnessed: The True Story of the Brooklyn Bridge UFO Abductions

Howe, Linda Moulton
Glimpses of Other Realities

Jacobs, David
The Threat: Revealing the Secret Alien Agenda
Walking Among Us: The Alien Plan to Control Humanity

Kuita, Jujuolui (ed.)
We Are Among You Already: True Stories of Star Beings on Earth

Lalich, N. and Lamb, B
Alien Experiences:25 Cases of Close Encounter Never Before Revealed

Laszlo E., Grof S., Russell P.
The Consciousness Revolution

La Vigne-Wedel, Michelle
The Alien Abduction Survival Guide: How to Cope with Your ET Experience

Lewels, Joe
The God Hypothesis: Extraterrestrial Life and its Implications for Science and Religion

Littrell, H. & Bilodeaux, J.
Raechel's Eyes, Volumes I and II

Mack, John E.
Passport to the Cosmos: Human Transformation and Alien Encounters

Marciniak, Barbara
The Bringers of the Dawn: Teachings from the Pleiadians
バーバラ・マーシニアック『プレアデス＋かく語りき　地球30万年の夜明け』（太陽出版）

Nidle, Sheldan
Your Galactic Neighbors

Oram, Mike
Does It Rain In Other Dimensions? A True Story of Alien Encounters

Pearce, Stewart
The Angels of Atlantis: Twelve Mighty Forces to Transform your Life Forever

Perry, Yvonne
Light Language Emerging: Activating Ascension Codes and Integrating Body, Soul, and Spirit

Pfeiffer, T. and Mack J. E. (eds.)
Mind Before Matter: Visions of a New Science of Consciousness

Quiros, CristiAnne
Exo-Psychology Research: A Phenomenological Study of People Who Believe Themselves to be Alien-Human Hybrids

Ring, Kenneth
The Omega Project: Near-Death Experiences, UFO Encounters and Mind at Large
ケネス・リング『オメガ・プロジェクト――ＵＦＯ遭遇と臨死体験の心理学』（春秋社）

Royal, Lyssa
The Prism of Lyra: An Exploration of Human Galactic Heritage
Visitors from Within: Extraterrestrial Encounters and Species Evolution
リサ・ロイヤル『プリズム・オブ・リラ――銀河系宇宙種族の期限を求めて』（ネオデルフィ）
リサ・ロイヤル『宇宙人　内なる訪問者――未来人類が銀河と意識をともにする日』（徳間書店）

Rodwell, Mary
Awakening: How Extraterrestrial Contact Can Transform Your Life

Romanek, Stan
Messages: The World's Most Documented Extraterrestrial Contact Story

Russell, Peter
From Science to God

Slattery, D. R. and Grey, A.
Xenolinguistics: Psychedelics, Language, and the Evolution of Consciousness

Smith, Jacquelin
Animal Communication: Our Sacred Connection
Star Origins and Wisdom Of Animals: Talks With Animal Souls

Smith, Yvonne
Chosen: Recollections of Abductions Through Hypnotherapy

Sparks, Jim
The Keepers: An Alien Message for the Human Race

Strieber, Whitley
Hybrids
Communion
Confirmation
The Secret School
Transformation

ホイットリー・ストリーバー『コミュニオン——異星人遭遇全記録』（扶桑社）

Turner, Karla
Taken: Inside the Alien-Human Abduction Agenda
カーラ・ターナー『エイリアン 戦慄の人間誘拐——衝撃の告白！ 8人の〝体験者たち〟が語った恐るべき真相』（ロングセラーズ）

Walden, James L.
The Ultimate Alien Agenda: The Re-engineering of Humankind

Wells, Sixto Paz
The Invitation

Wilson, Katharina
I Forgot What I Wasn't Supposed to Remember: An Expanded View of the Alien Abduction Phenomenon
The Alien Jigsaw

# 訳者あとがき

本書『ハイブリッドに会う!!』、原題『Meet the Hybrids』は、２０１５年に著者ミゲル・メンドンサとバーバラ・ラムがアマゾン・クリエイトスペース（Amazon CreateSpace：アマゾンによる個人出版サービス。現在はKindleダイレクト・パブリッシングと合併）から出版した自主出版本です。Amazon.comでペーパーバックおよび電子書籍として発売され、ＵＦＯやスピリチュアリティの分野に興味のある人々の間でたちまち話題になりました。

最初に書名に入っているハイブリッド（Hybrids）について説明しておきたいと思います。ここで言うハイブリッドとはＥＴ（地球外生命体）と人間のハイブリッドのことで、ＥＴの遺伝子を持つ人間のことを指します。原題の『Meet the Hybrids』は「ハイブリッドたちをご紹介します」という意味です。タイトルの通り、本書は自分のことをハイブリッドであると認識している8人の人物を紹介し、自分がハイブリッドであると気づいた理由や、どんな種類のＥＴの遺伝子を持っているかなど、それぞれの話をインタビュー形式で聞いていきます。フィクションではなく、全員が実在の人物です。

自分のことをＥＴ・人間ハイブリッドだと認識している人がいるだけでも驚きなのに、インタビューを読み進めると、その内容の深さにまた驚かされることになります。

アメリカの動物学者テンプル・グランディンをご存知でしょうか。自閉症を持つグランディンは、本人の目線から自閉症について書いた画期的な本（邦訳は『我、自閉症に生まれて』学研プラス）を出したことで、人々に多くの気づきを与え、研究者だけでなく、自閉症の家族や友人を持つ人々の自閉症に対する理解を格段に高めてくれました。本書も同じで、ハイブリッド本人の話をこれほどじっくり聞かせてくれる本がかつてなかったため、とても興味深く、一言で言えば「面白い！」のです。

本書の出版後、著者やハイブリッド本人がラジオ番組やネット動画にゲストとして呼ばれてインタビューを受けるようになり、２０１６年にはバーバラ・ラムが本書のハイブリッド８人のうち６人と一緒に国際ＵＦＯ会議（The International UFO Congress）でレクチャーを行い、大好評を博しました。そのときの様子はこちらに詳しく書かれています。

https://meetthehybrids.wordpress.com/2016/03/

そして２０１８年にはオーディオブック版が発売され、翌２０１９年にはヒストリーチャンネルの人気テレビ番組『古代の宇宙人』がＥＴと人間のハイブリッドをテーマにしたエピソードを放送し（シーズン14、第10話）、バーバラ・ラム、ロバート・フロスト・フリントン、シャーメイン・ディロザリオ・セイチが出演するまでに至りました。

本書が発表される以前は、ＥＴと人間のハイブリッドを作る「ハイブリッド化計画」が存在することや、ＥＴと人間のハイブリッドが地球で暮らしているという情報は、一般的にはまったく知られていませんでした。ＵＦＯ、オカルト、スピリチュアリティの分野に興味のある人々の間では、知っていてもフィクションと捉えるか、またはデイヴィッド・ジェイコブス博士が言うように「脅威」として捉える意見が大半でした。

　バーバラ・ラムやシンシア・クロフォードをはじめ、数々のＥＴ／ＵＦＯ体験者、コンタクティ（ETとコンタクトを取っている人）、チャネラー、研究者たちが本を書いたり、ＵＦＯ協議会などで発言して「ハイブリッド現象」のポジティブな側面を啓蒙してはいたものの、その声は広く届いてはいませんでした。

　しかしこれを書いている２０２０年現在、ＵＦＯやＥＴに興味を持つ人々、中でもスピリチュアリティに重きを置く人々の間で、ハイブリッド現象をポジティブに捉える意見が確実に増えてきているのを感じることができます。一番の原因はインターネットの普及に伴って人々がテレビよりも YouTube などのネット動画を見るようになり、これまでは手に入りにくかった情報が簡単にどんどん得られるようになったためでしょう。

　ミゲル・メンドンサがバーバラ・ラムに連絡を取った理由も、バーバラがハイブリッドについてレクチャーをしている動画をミゲルが YouTube で見たためでした。こうして生まれた『ハイブリッドに会う!!』が、ハイブリッドについての情報を世に広める大きなきっかけとなったことは間違いありません。

　メインの著者であるミゲル・メンドンサは１９７３年、ローデシア（現在のジンバブエ共和国）の首都ソールズベリ（現在のハラレ）で生まれ、現在はイギリスのブリストルを拠点に執筆、音楽、芸術活動をしています。イギリスの大学で林学と園芸学を学んでその分野で仕事をしたのち、地理学と歴史学の学位を取得、さらに社会科学と環境倫理学も大学院レベルで学びました。その後は再生可能エネルギーの仕事を専門とし、国際ＮＧＯのリサーチ・マネージャーに就任。

ミゲル・メンドンサは、自然エネルギー政策ネットワークの国際的な組織である「REN21」が毎年発行している年次報告書『自然エネルギー世界白書（2008〜2011）』や、国際連合環境計画（UNEP）が2008年に発行した冊子『Green Breakthroughs（グリーン・ブレイクスルー）』に寄稿している他、テキストブックや記事の執筆も行っています。また、世界各地で講義を行い、よりよい再生可能エネルギー政策を実現するため、持続可能性の分野での活動に従事しています。再生可能エネルギーに関する本としては次の3冊を出版しています。

『Powering the Green Economy: The Feed-in Tariff Handbook（グリーンエコノミーの推進固定価格買取制度のハンドブック）』（2009年）

『A Renewable World: Energy, Ecology, Equality（再生可能な世界エネルギー、エコロジー、平等性）』（2009年）

『Feed-in Tariffs: Accelerating the Deployment of Renewable Energy（固定価格買取制度再生可能エネルギー開発の加速）』（2012年）

そして2013年にマイケル・フォードというペンネームでフィクション短編集『Quick! Act Normal（急いで普通なフリをしろ！）』を発表。本書の「ミゲルの旅」の章で説明されているアルバートというキャラクターは出てきませんが、ミゲル・メンドンサが本格的なUFO研究を始めたのがこの年です。その結果、本書の共著者であるバーバラ・ラムとの出会いにつながりました。

バーバラ・ラムの名前は、アメリカでET／UFO研究に携わる人なら知らない人はいません。退行催眠を使ったUFO研究のパイオニアの一人であるドロレス・キャノン（1931〜2014）と同様、退行催眠によるＵＦＯ研究の分野ではアメリカを代表する催眠療法士・心理療法士であり、ＵＦＯ研究者です。ミステリーサークル研究者としても有名で、各地で講演をしています。

ミステリーサークルに関する書籍に、ジュディス・Ｋ・ムーアとの共著『Crop Circles Revealed: Language of the Light Symbols（ミステリーサークルの解明：ライトシンボルによる言語）』（２００１年）があります。

本書でも触れられている通り、バーバラ・ラム本人もＵＦＯやＥＴと遭遇した体験をしています。「バーバラの旅」に短く書かれている、高速道路を運転中に車ごと連れて行かれた体験については、ドロレス・キャノン著『人類の保護者―ＵＦＯ遭遇体験の深奥に潜むもの（原題：The Custodians）』（邦訳はナチュラルスピリット刊）の第14章に詳しく書かれています。

ボニーという偽名が使われていますが、実はバーバラ・ラムの体験であることは、今では本人が公表しています。ＥＴ／ＵＦＯ研究に関しては２０１７年に『Alien Experiences−25 Cases of Close Encounter（エイリアンとの遭遇体験―25件の体験例）』を出版します。共著者のネイディン・レイリッチのケースを含め、バーバラ・ラムが過去に行った退行催眠セッションから25人のケースを紹介し、ＥＴとの遭遇および拉致について論議しています。

本書に登場する８人のハイブリッドについて少し触れます。

タティアナ・アモーレとマシュー（マット）・トーマスに関する情報は、２０２０年６月の時点では、本書以外で目にすることはほとんどありません。「自分がハイブリッドであることを他人に話す必要はない。ただ使命を果たすのみ」というタティアナの考えに共感する読者もいるのではないでしょうか。

タティアナとマットのように、自分がハイブリッドであることを知って間もない人たちの戸惑いや心境の変化について知ることができる、貴重なインタビューと言えるでしょう。

ジョージャリー・キュータに関する情報も、「自分のことは他人に話さない」と言っている通り、あまり目にすることはありません。けれど「話す必要があるときに限り、聞かれた場合や理解できる人には話す」とも言っている通り、ジョージャリーの話をもっと聞きたい人のために『We Are Among You Already（私たちETはすでにあなたたち人間と一緒に暮らしている）』を出版していますし、ミゲル・メンドンサが『ハイブリッドに会う!!』の続編として出版した『Being with the Beings（存在と存在する）』（２０１７年）と『We Are the Disclosure（我々がディスクロージャーだ）』（２０１８年）でもインタビューに答え、さらに深い話を聞かせてくれています。

ヴァネッサ・ラモートは自身のウェブサイトやネット動画を通じて、ETコンタクトのスペシャリストおよびレイキマスターとしての活動を積極的に続けています。ヴァネッサの宇宙語を聞いてみたい人はぜひ「Vanessa Lamorte Light Language」で動画検索をしてみてください。歌ったり、手話のように手振りをつけながら話す様子は、宇宙語を初めて聞く人にとっては大変興味深い体験になるはずです。

ヴァネッサの公式ウェブサイト

https://www.vanessalamorte.com/

シャーメイン・ディロザリオ・セイチは自身のウェブサイトを通して、人間、ハイブリッド、ETの架け橋となり、ET／UFO体験者、拉致被害者、ハイブリッドのサポート活動を行っています。積極的にメディアに登場し、人間とレプティリアンのハイブリッドとしての自身の体験や意見を世に広めています。

シャーメインの公式ウェブサイト
http://www.galactic-federation.co.uk/

ロバート・フロスト・フリントンは、ジョージャリーと同様、前掲の『Being with the Beings』と『We Are the Disclosure』でより深い話を聞かせてくれる他、ネット動画やラジオでもインタビューを受けて自身の経験を語っています。日本でスタント俳優として活躍していたことでも知られるルーベン・ラングダンによるドキュメンタリーシリーズ『Interview with E.D. (Extra Dimensionals)（次元外生命体とのインタビュー）』では、ジャクリン・スミスと一緒にマンティスとの関わりについて、自身の経験や考察を述べています。

ジャクリン・スミスは自身のウェブサイトを通して、スター・オリジン・リーディング、遠隔ヒーリング、個人カウンセリング他、サイキック能力を使った様々なサービスやレッスンを提供しています。著書には、動物とのコミュニケーションについて書いた『Animal Communication – Our Sacred Connection（動物とのコミュニケーション 私たちとの神聖なつながり）』と、地球外を起源とする動物からのメッセージについて書いた『Star Origins and Wisdom of Animals（動物のスター・オリジンと知恵）』の2冊があります。

ウェブサイトではジャクリンの宇宙語を聞くこともできます。ロバート・フロスト・フリントンと共に『Interview with E.D. (Extra Dimensionals)』に出演した他、ネット動画やラジオのインタビューにも積極的に答えています。

ジャクリンの公式ウェブサイト

https://www.jacquelinsmith.com/

シンシア・クロフォードは『ハイブリッドに会う!!』が出版されてから2年後の2017年、惜しくも68歳で他界しました。脳腫瘍が原因でした。

シンシア・クロフォードはスターシードやハイブリッドの母親的な存在として知られ、多くの人々の相談に乗り、救いの手を差し伸べていました。シンシアが作っていたETの彫刻は、シンシアの遺志を継いでダイアンという女性が作り続けています。ロバート・フロスト・フリントンは、自分がハイブリッドであると確信する前に、シンシアのウェブサイトでマンティスの彫刻を見て、強烈なつかしさを感じて一時間ほど見入ったことがあるそうです。

本書でシンシア・クロフォードが言及するETの他にもいろいろな種類のETの姿を知ることができますので、ぜひウェブサイトで彫刻のカタログを見てみてください。ただし、「彫刻を手に入れると必ず何か不思議な現象が起こるので、ETとコンタクトを取る覚悟ができていない人は買ってはいけない」とシンシアは生前に語っています。

シンシアのETの彫刻公式ウェブサイト

https://etsculptors.com/

次に、翻訳する際に気をつけた点をご説明します。

なるべく多くの人に楽しんでもらえるように、UFOやスピリチュアリティの分野に精通している人にしか通じないカタカナ用語は避けるようにしました。例えば「アブダクティ」は拉致被害者、「エクスペリエンサー」はET/UFO体験者、「ソース」は源《みなもと》、といった具合です。

逆に、人によって解釈が様々ある用語は和訳せず、カナ表記にして簡単な説明を付けました。例えば「アストラル体」。幽体と訳されることが多いようですが、文脈によっては意識、魂、霊魂などと訳されることもあります。辞書で調べると「星気体」という、一般の人にはまったくなじみのない言葉も出てきます。他にも「バイロケーション」や「パラレルライフ」がこの例に当たります。

ハイブリッドたちが使う用語の中には、英語圏の読者でも意味が分からないものが多々あります。例えばジョージャリーが言う「スターエッセンスエネルギー」は、スター（星、宇宙）、エッセンス（本質、特質）、エネルギー（力）と、それぞれの言葉の意味からして「星の本質部分に含まれるエネルギー」といった意味なのかもしれませんが、実際の意味は説明されていないので分かりません。ヴァネッサが言う「ギャラクティック・オリジン」や「ギャラクティック・インプリント」なども同様です。

これらは一つの言葉を説明するために本が一冊書けそうなほど、深い意味がありそうです。以上のような用語はカナ表記にして、必要な場合は直訳を付けるのみとしています。あえて憶測による説明は付けないようにしました。

映画や小説から引用されているセリフは独自に訳しています。なお、巻頭（2ページ）の「道は空にはない。道は心にある（The Way is not in the sky; the Way is in the heart.）」は英語圏でよくブッダの言葉として紹介されますが、実際にはブッダの言葉ではないという議論があります。

参考：https://fakebuddhaquotes.com/the-way-is-not-in-the-sky-the-way-is-in-the-heart/

発音については、ETの種類や惑星の名前など、調べても読み方が分からない言葉がいくつも出てきます。このような場合はオーディオブック版を確認し、耳で聞こえる通りの表記を採用しています。

例えばジャクリンのネット動画を見るとQuabarを「クエイバー」と発音していますが、本書のオーディオブック版では読み手が「クァバー」と発音しているため、クァバーを採用しました。唯一の例外はNadine Lalichで、オーディオブック版ではネイディン・ラリックと発音されているのですが、本人がラジオに出演した際にネイディン・レイリッチと紹介されているため、レイリッチを採用しています。

「ET」という訳語についてもご説明します。ハイブリッドたちは、いわゆる「宇宙人」を指す言葉として、「スタービーイング」や「ビーイング」という言葉を使います。直訳すると「宇宙の存在」や「存在」となります。英語としては相手への尊敬がこもった、一番しっくりくる言い方だと思います。けれど日本ではまだ一般的な用語ではないため、本書では使っていません。

「エイリアン」という言葉には「よそ者」を意味する排他的な響きがあるため、ハイブリッドたちはほとんど使っていません。映画『エイリアン』シリーズの影響もあり、日本人もこの言葉からはネガティブなイメージを受けるのではないでしょうか。皮肉がこもっていたり、他の誰かの言葉を引用しているときなど、あえてエイリアンという言葉が使われているときには、そのままエイリアンと訳しています。

宇宙人という訳語を選ばなかった理由は、宇宙人というとどうしても、人間型を連想してしまうためです。例えば「イルカは宇宙人です」と言われたら、なんとなく違和感を覚えますよね。その点、ET（Extra Terrestrial）は「地球外生命体」の意味なので、どのケースでもしっくりきます。

映画『E.T.』が人々に植え付けた印象もポジティブなものですし、「地球外生命体」なら、人間型だけを想像させる言葉ではありません。そして何より、「I feel so ET.（自分はETであると強く感じる）」など、ハイブリッドたちが自身を表現するときに使う用語でもあるため、本書ではETで統一しました。

ハイブリッドたちが使う言葉の訳し方について考えあぐねていると、私たちが普段使う言葉が、いかに人間中心の考えに基づいているかに気づかされます。日本人、外国人、地球人、宇宙人など、私たちが「〜人」と言うとき、動物、虫、菌などは含まれません。

シンシア・クロフォードの章にアントピープルの話が出てきます。ネイティブアメリカンの物語には、ラビットピープルやサーモンピープルなども登場します。ウサギ頭の人間や半魚人という意味ではありません。ウサギがラビットピープルで、鮭がサーモンピープルなのです。訳すとしたら「ウサギの人たち」や「鮭の皆さん」といった感じでしょうか。

人間が特別という感覚はなく、生きとし生けるものすべてがお互いを尊重し合い、共存しているという世界観です。ジャクリン・スミスが著書の中で動物について語るときにも、決して「飼い主」や「ペット」という言葉は出てきません。上下関係は存在しないのです。

いつか「宇宙人」に変わる、もっとピッタリな言葉が一般的になる日が来るかもしれません。もっとずっと先になれば言葉すらなくなり、皆がテレパシーで通じ合える日も来るのかもしれません。でもそれまでは、英語と日本語の架け橋となって、ハイブリッドやETたちの言葉を伝え続けていけたら幸いです。

アメリカにはETコンタクティやチャネラーとして公に活動をしている人が数多くいます。彼ら自身がハイブリッドであるという話は聞きませんが、チャネリングを通してハイブリッドの話題は頻繁に出てきます。

本書でも名前が出てくるチャネラーのダリル・アンカ（Darryl Anka）、リサ・ロイヤル・ホルト（Lyssa Royal Holt）、コンタクティのジェームズ・ギリランド（James Gilliland）は日本でも名が知られていますね。アートの分野ではチャネリングやサイキック能力を使ってETの姿を絵に描くヴァシュタ・ナラダ（Vashta Narada、出身はセルビア）が有名ですし、本書（原書・邦訳版両方）のカバーアートを担当したクリスティーン・ケサラ・デネット（Christine Kesara Dennett）もいます。

他にもチャネラーのロブ・ゴーティエ（Rob Gauthier）、ミケイラ・シェルダン（Micheila Sheldan）、ハイブリッド・チルドレンとその両親のサポートに力を入れているブリジット・ニールセン（Bridget Nielsen）など、これから日本でも名が広まることが期待されるETコンタクティやチャネラーがたくさんいます。

上記の方々の多くが前掲のドキュメンタリーシリーズ『Interview with E.D. (Extra Dimensionals)』に出演しています。現時点では日本語字幕がついているエピソードはほとんどありませんが、日本で活躍されている関野あやこさんも出演していて、バシャールとのコンタクト体験を日本語で聞かせてくれますので、ご興味のある方はぜひ見てみてください。

https://vimeo.com/ondemand/interviewwithed/

彼らは皆、自身のウェブサイト、著書、講演、個人セッションなどを通して、人々の意識を高める活動をしています。彼らのメッセージは本書のハイブリッドたちのメッセージと一致します。

日本でもアメリカでも、ET・人間ハイブリッドの存在は一般的にはまったく知られていません。本書の勇気ある8人のように自分がハイブリッドであることを公表するケースは非常にまれです。これは無理もないと思います。「私は宇宙人の遺伝子を持つハイブリッド人間なんです」などと言えば好奇な目で見られ、嘲笑を受けることは容易に想像できます。ただの目立ちたがり屋だと思われるかもしれません。

人には話さないけれど、自分の故郷は地球ではないと感じている人や、ETとコンタクトを取っている人は、実は日本にもたくさんいるのではないでしょうか。誰にも話せずに孤独を感じていた人が、本書を読んで元気になってくれたらうれしいです。

また、ハイブリッドたちのインタビューを読んで、「自分にも同じ経験がある！」と思った人も結構いるのではないでしょうか。「そういえば自分の子供が同じようなことを言っていた」と思うお父さん・お母さんも、きっといると思います。もしくは私のように、庭にいるトカゲやカマキリが急にかわいく見えてきた人もいるかもしれません。

どんな小さなことでもいいので、本書が何かのきっかけになってくれることを願っています。

本書の翻訳にあたっては、シンシア・クロフォードが地球での任務を終えて宇宙の家族のもとに帰る直前に残してくれたメッセージを日本の皆様にお届けできたことを、特にうれしく思っています。

惜しみなくアドバイスをくださった編集担当の高橋聖貴様、質問に心よく答えてくれたミゲル・メンドンサ、そしていつも私を助けてくれる皆さんに、心より感謝いたします。

２０２０年５月12日
古川　晴子

## ◉ 著者略歴

### ミゲル・メンドンサ　Miguel Mendonça

1973年、ローデシア（現在のジンバブエ共和国）で生まれ、現在はイギリスのブリストルを拠点に執筆、音楽、芸術活動をしている。イギリスの大学で林学と園芸学を学び、その分野で仕事をしたのち、地理学と歴史学の学位を取得、さらに社会科学と環境倫理学も大学院レベルで学んだ。その後は再生可能エネルギーの仕事を専門とし、国際NGOのリサーチ・マネージャーに就任。

再生可能エネルギーに関する著書に、『Powering the Green Economy: The Feed-in Tariff Handbook（グリーンエコノミーの推進　固定価格買取制度のハンドブック）』（2009年）、『A Renewable World: Energy, Ecology, Equality（再生可能な世界 エネルギー、エコロジー、平等性）』（2009年）、『Feed-in Tariffs: Accelerating the Deployment of Renewable Energy（固定価格買取制度 再生可能エネルギー開発の加速）』（2012年）がある。

2013年にマイケル・フォードというペンネームでフィクション短編集『Quick! Act Normal（急いで普通なフリをしろ！）』を発表。この頃から本格的なUFO研究を始め、2015年に本書『Meet the Hybrids』を出版した。その後、その続編として2017年に『Being with the Beings（存在と存在する）』、2018年に『We Are the Disclosure（我々がディスクロージャーだ）』を発表した。『Meet the Hybrids』を含むこの３作はUFO研究３部作とされる。

### バーバラ・ラム　Barbara Lamb

アメリカ南カリフォルニア在住の認定心理療法士、催眠療法士および退行催眠療法士。これまで1700人以上にカウンセリングと退行催眠を行い、2600件の地球外生命体との遭遇体験に関する証言を取ってきた。UFO研究に関する退行催眠セラピストとしては、アメリカを代表する存在であり、UFO研究者。IUFOC（国際UFO会議）を含む主要な会議でハイブリッドについて発表している。

著書に、ミステリーサークルに関する研究書『Crop Circles Revealed: Language of the Light Symbols（ミステリーサークルの解明：ライトシンボルによる言語）』（ジュディス・K. ムーアとの共著、2001年）と、過去に行った退行催眠セッションに基づき、ETとの遭遇体験を研究した成果をまとめた『Alien Experiences（エイリアンとの遭遇体験―25件の体験例）』（ネイディン・レイリッチとの共著、2008年）がある。

## ◉ 訳者略歴

### 古川晴子（ふるかわ・はるこ）

千葉県出身の翻訳者。2002年にアメリカに移住、現在はロサンゼルスで暮らしている。日本映像翻訳アカデミー（JVTA）ロサンゼルス校で講師を務める他、字幕翻訳を含む様々なジャンルの翻訳を手がける。代表的な訳書に『アンカル』（パイインターナショナル）がある。

# ハイブリッドに会う!!
## 地球にいるＥＴ大使の生活と使命

●

2020年11月11日　初版発行

著者／ミゲル・メンドンサ、バーバラ・ラム

訳者／古川晴子

装幀／斉藤よしのぶ
編集／高橋聖貴
DTP／細谷毅

発行者／今井博揮

発行所／株式会社ナチュラルスピリット
〒101-0051　東京都千代田区神田神保町3-2　高橋ビル2F
TEL 03-6450-5938　FAX 03-6450-5978
E-mail info@naturalspirit.co.jp
ホームページ https://www.naturalspirit.co.jp

印刷所／創栄図書印刷株式会社


ISBN978-4-86451-351-7 C0011